혼백과 귀신

魂魄論・下

혼백과 귀신

신성대 지음

東文選文藝新書 395

魂魄論·下

혼백과 귀신

초판 발행	2018년 9월 10일
지 은 이	신성대
발 행 처	東文選
	제10-64호, 1978년 12월 16일 등록
	서울 종로구 인사동길 40
전　　화	02-737-2795
팩　　스	02-733-4901
이 메 일	dmspub@hanmail.net

ⓒ2018, 신성대

ISBN 978-89-8038-697-0 94000
ISBN 978-89-8038-000-8 (세트)
정가 19,000원

"귀신(鬼神)은 마음의 그림자다!"

차 례

귀신도 모르는 귀신 이야기

미학이 넘쳐나는 시대입니다. 세상을 아름답고 재미있게, 삶을 의미 있게 표현하고 규정하고 격상시키고 승화시키려는 노력이 지나치다 싶을 정도입니다. 아무려면 그러한 것들이 진실 혹은 진리일 턱이 없지요.

불순물 없는 정화된 순수한 삶 혹은 영혼? 현실에 살 수밖에 없으면서 비현실적인 이상 세계를 꿈꾸는 일? 그런 게 가능한들 저는 싫습니다. 혼탁한 세상을 벗어나 자기만의 세계를 만들어 그 속에서 때 묻히지 아니하고 살다가겠다고요? 자신도 없지만 그렇게까지 자기 최면에 생을 바치고 싶지 않습니다. 그렇게 고매하게 살고 싶은 욕심이 없습니다. 싱거워서 싫습니다. 어떤 삶이든 산다는 것 자체가 행운이지 '인생은 고해'라는 데에 동의하기 싫습니다. 그냥 이대로의 삶이 좋습니다. 불만도 많고 아쉬운 점도 있지만, 기실 그런 것도 삶의 일부겠지요. 오히려 삶이 진해졌다고 생각하면 편합니다. 어떻게 사는 게 용감하고, 어떻게 사는 게 비겁한 일인지는 각자가 판단할 일이겠습니다.

저는 진리란 게 반드시 비밀한 곳에 꼭꼭 숨겨져 있다고 생각하지 않습니다. 있는 그대로가 진리이고 진실이라고 믿습니다. 단지 인간이 그걸 보고도 못 알아보고 엉뚱한 곳을 뒤지는 터일 것입니다. 선입견과 편견으로 왜곡되이 세상을 보는 바람에 있는 그대로를 받아들이기 힘든 것이겠습니다. 현실에 만족하지 못하기 때문일 겁니다. 진리란 찾고 구하는 것이 아니라 깨닫는 것이겠습니다. 소유가 아니라 인식이겠습니다. 하여 버릴 것을 버리고 나면 남는 게 진리가 아닐까 생각합니다. 뭘 버리고 어떻게 버릴까요? 결코 쉬운 일이 아니지요. 해서 수행이 필요한 것이겠지요.

이 과학의 시대에 웬 비과학적인 귀신 이야기?

공자는 괴력난신에 대해서 말한 적이 없다고 합니다. 비과학 시대의 선(先)지식을 가지고 자신의 것인 양 자랑하며 신비 세계를 팔아 누군가를 현혹시키려고 쓴 책이 아닙니다. 그렇다 한들 순수한 신앙심만을 가진 종교인에게는 이런 방술류가 사술(邪術)에 불과할 것입니다. 그렇게 따지자면 그동안 일어난 수많은 종교적 기사이적(奇事異蹟)들도 마찬가지가 아닐는지요?

길이 있는 곳엔 반드시 귀신이 있습니다.

사람 사는 일이 곧 귀신이 사는 일이니까요. 수년간의 메모량을 보고서 처음엔 2,3천 쪽을 예상하였으나, 가볍게 두 권으로 내고 그칩니다. 각 종교단체마다의 귀신(야바위)놀음까지 다 쓰려고 하였으나, 아무래도 오지랖 넓다는 소리 들을 것 같고, 또 남의 비즈니스에 영업 방해하는 것 같아 그만두었습니다. 책 한 권 팔자고 수많은 귀신들과 원수질 수야 없지 않겠습니까? 이 정도의 얘기만으로도 미루어 짐작할 수 있을 겁니다. 또 필자의 주장에 대한 보충 자료들을 찾아 실었으면 좋으련만 그 역시 학자도 아닌 필자가 할 일은 아닌 듯해서 요점적인 얘기만 간추렸습니다. 조금만 관심을 가지면 그런 사례들은 이미 여러분의 주변에 널려 있습니다. 참고 및 인용도 일일이 밝히지 못했습니다. 당장 그럴듯해 보이기는 하지만 증명할 수 없는 철학적인 얘기들도 내다 버렸습니다. 그렇게 해서 이제 더 이상 이런 문제에 대한 호기심이나 미련을 남기지 않으려 합니다.

마무리짓고 보니 안타깝기도 하고, 미안한 점도 없지 않습니다. 구체적인 수행법에 동작 설명이 필요한 것들이 있는데, 글로 써놓고 보니 오히려 복잡해져 전달하는 데 오해가 생길 것 같아 지웠습니다. 그리고 와전되어 왜곡되거나 남용될까봐 몇 가지 비결과 비방은 끝내 공개하지 못했습니다. 책을 떠나 선수들끼리 나눌 얘기들은 가급적 자제했지만, 아무려나 분수를 넘긴 곳도 없지 않은 것 같습니다. 또 좀 더 자세한 설명을 덧붙여야 할 곳도 많은데 그냥 넘기는가 하면, 갖가지 비슷한 상황을 설명하다 보니 같은 말을 계속 반복한 곳도 여럿입니다. 한 차례 더 다듬어 원고를 줄였어야 했지만, 다음 작업을 핑계로 헐렁한 원고를 그냥 밀어냅니다. 각자 수행하면서 직접 깨닫는 재미도 조금은 남겨둬야 하지 않을까 하는 변명으로 건너뛰기한 곳도 있습니다. 이미 수행의 길에 든 분이라면 그 빈 곳을 채우는 것이 그다지 어렵지 않을 것입니다.

아무튼 이 반(反)철학적, 반(反)종교적, 반(反)명사적인 발칙함에 대해 어떤 분이 어떤 반응을 보일지 짐작이 됩니다만 개인적으로는 혼백론을 쓰면서 참 많이 놀랐습니다. 동서양을 막론하고 학문의 역사를 짧게 잡아도 3천 년은 될 텐데, 어쩌면 그동안 혼백(魂魄)과 귀신(鬼神)에 대한 개념조차 세우지 못하고 중구난방 뜬구름 잡는 귀신 잠꼬대 같은 소리만 했는지 어이가 없었습니다. 현대에 와서도 사정은 전혀 달라지지 않았습니다. 너나없이 장님 코끼리 만지고 남긴 듯한 옛사람들의 (이미 명사화된, 화석화된) 현학적인 용어들을 긁어모아 놓고 무슨 불변의 진리라도 되는 양 합창하듯 읊조리고 있습니다. 진리를 전파한다는 사람들이 웬 미사여구를 그렇게들 좋아하는지? 잔뜩 금칠만 해놓았지 결국 그 말이 그 말! 한 줄 건지기 위해 한 짐을 내다 버려야 할 만큼 허황된 내용의 책들이 산더미처럼 쌓였습니다.

현대는 미학이 곧 미신입니다!

눈부신 신학문·신과학도 이 분야만은 비켜 간 듯싶습니다. 학문할 가치도 없는 헛된 것이어서 아무도 손대지 않았던 걸까요? 감히 과학하면 안 되는 신성한 영역이라 접근조차 못했던 걸까요? 상식적으로 도통 말도 안 되는 말들이 버젓이 진리인 양, 지혜인 양 팔려 나가고 있습니다. 뿐만 아니라 다시 천 년이 흘러도 역시나 똑같은 소리를 하고 있지 않을까 싶기도 합니다. 철학의 본색은 위선! 과학자들이 입에 담기조차 꺼리는 바람에 철학자들이 이들을 하늘 끝간 데까지 밀어올려 가물가물하게 만들어 놓았습니다. 누천년 동안 말입니다. 덕분에 야바위꾼들만 살판났지요. 물론 그들 때문에 역사가 엄청난 동력을 얻을 때도 있었지만 말입니다.

언제나처럼 머릿속을 다 비우고 나면 홀가분하리라 생각하고 글을 씁니다만, 어떤 주제든 쓰면 쓸수록 써야 할 것들이 점점 늘어나는 글쓰기의 속성 때문에 곤혹스러울 때가 많습니다. 특히 이번 주제가 그렇습니다. 끝없이 옆길로 빠지려는 통에 많이 허우적댔습니다. 평생을 써도 어차피 끝을 못 낼 주제겠습니다. 하여 최대한 혼백귀신심령(魂魄鬼神心靈)을 정리하는 쪽으로 방향을 잡았습니다만 얽히고설킨 원시림 속을 끝없이 헤쳐 나가는 것 같아 진이 다 빠졌습니다. 이 혼백론만은 정말이지 다시는 손대지 않으리라 단단히 결심하고 그만 마칩니다. 연이어 정신나간 원고를 다듬어 준 편집 주간님께, 명리학의 이치를 깨쳐 주신 우정 선생님, 요가와 명상을 일러주신 박지명 원장님, 온갖 이바구를 들려준 인사동 사랑방 뺑쟁이 친구들, 좋은 책을 펴내게 해주신 필자님들과 역자님들께 고마움을 전합니다. '혼백론'에 관심을 보이시며 책으로 써내라시던 김형효 교수님은 얼마 전에 그만 돌아가셔서 감사를 전할 길이 없습니다. 30여 년을 곁에서 지켜보시면서 출판의 도리를 일러주신 심우성 선생님께 이 책을 바칩니다.

지식과 지혜는 다른 성질의 것! 지식이 명사라면, 지혜는 동사입니다. 명사를 거부한 건 그간의 선(先)지식에 낀 편견과 선입견을 옮기기 싫어서입니다. 어쭙잖은 이야기를 가능한 동사 위주로 쓰다 보니 문장의 품격이 다소 떨어지고 거칠어졌습니다만, 뒤적거리다 보면 어느 구석에선가 책값은 건질 수 있을 것입니다. 건승을 빕니다!

2018년 초여름, 지은이 씀.

제1부

귀신산책(鬼神散策)

신령스러움을 탐구하는 사람들은 과학이 자신에게 가까이 올수록 오히려 뒷걸음질로 도망을 친다. 과학적 추궁이 닿지 않는 뒷방 구석이나 먼 우주로, 심지어는 먼 과거로 혹은 먼 미래로! 그러고는 증명할 수 없는, 너 모르고 나 모르는 애매모호한 선(先)지식을 붙들고 늘어진다. 덕분에 과학의 시대에도 귀신이 살아남아 인간과 계속해서 공존하게 된 것이리라.

인간과 귀신(鬼神)은 도대체 무슨 관계인가? 인간은 왜 끊임없이 귀신을 만들어내는가? 그리고 왜 자신들이 만든 귀신의 지배를 갈망하는가? 왜 인간은 귀신이 되고자 하며, 귀신 같은 능력을 지니고자 하는가? 왜 귀신을 지배하는 자가 인간을 지배하는가? 만약 귀신이 없었다면 과연 인류가 그 짧은 기간에 이 정도의 문명을 일궈낼 수 있었을까? 미래에 생겨날 귀신들은 어떤 모습으로 우리를 인도할 것인가? 일단 귀신들을 만나 보자!

1. 귀(鬼)란 무엇인가?

비과학 시대의 인간들은 내과나 정신과 질병을 귀신의 장난으로 돌려야 했는데, 그때마다 귀신을 달래거나 내쫓기 위한 갖가지 퍼포먼스를 벌였다. 재물과 희생을 바치는 것으로 달랠 수 없을 때에는 그 귀신이 무서워할 더 괴기하고 힘센 귀신으로 겁주어야 했다.

그외에도 인간은 자연계에 대한 두려움과 경이를 감당해 줄, 그리고 위안과 의지를 위한 절대적인 무엇이 필요했다.

그러던 중 총명한 인간이 있어 귀신을 쫓고, 계도의 목적으로 신령을 형용하는 괴기스런 형상으로 사람들을 통제하였는데 그것이 바로 탈(가면)이다. 그렇지만 그 모양은 인간이 경험하고 보아 왔던 형상에서 벗어날 수 없었다. 다만 그 효과를 극대화하기 위해 보통 사람의 형상보다 훨씬 과장하거나 사나운 짐승을 본떠 갖가지 모양의 무시무시한 탈을 만들어내었다.

중국 갑골문의 귀(鬼)자는 사람이 거대한 탈을 쓰고 있는 모습이다. 우리말 '도깨비'가 바로 그것이다. 그러니까 귀신이란 애초에 인간이 만들어낸 것이다. 그밖에도 탈을 쓰고 무기를 든 모습인 외(畏), 탈을 쓰고 춤을 추는 모습의 이(異), 탈을 쓴 귀신이 인광을 발라 번쩍이는 모습인 매(魅) 등이 나온다. 이후 혼(魂)이니 백(魄)과 같은 귀(鬼)자와 관련된 수많은 글자들이 생겨났다. 더불어 귀신에 대한 이야기가 끊임없이 꽃을 피워 나가 수많은 신화와 전설을 낳았다. 이후 계속해서 생겨나는 온갖 귀신들을 분류하고, 또 그것들을 다루는 방법이 발달하면서 각종 무속과 종교가 생겨나기 시작하였다. 당연히 귀신을 다루는 전문가가 권력을 쥐게 되었는데, 그 귀신이 널리 퍼질수록 그들의 권력 또한 커져 갔다.

탈을 쓰고 귀신인 양 행동하려면 그 하는 짓도 보통의 사람과는 달라야 했다. 우리가 흔히 미친 사람을 두고서 "귀신이 씌었다!"고 말하는 것은 곧 탈을 쓰고 귀신같이 이상한 짓을 한다는 의미겠다. 넋이 나갔다거나 얼이 빠졌다는 것도 혼(魂)과 백(魄)이 놀란 비정상적인 상태를 표현한 말이다. 그리고 귀신이 탈을 쓰고 나오는 바람에 자연히 귀신은 햇빛을 무서워하는 것으로 인식되었으리라. 하여 밤을 귀신이 지배하게 된 것이겠다. 탈도 안 쓰고 환한 대낮에 정신없이 돌아다니는 귀신을 일컬어 '허깨비'라 한다.

2. 신(神)이란 무엇인가?

짐승이나 고대 인류에게 가장 공포스러운 것이 바로 천둥과 번개였다. 하늘에 어마어마한 귀신이 있어 벼락을 때리고, 눈과 비바람을 내린다고 여겼다. 그러다가 벼락 치는 곳에 가면 불을 얻을 수 있다는 이치를 깨닫게 된다. 맹수나 잡귀들이 불을 단순히 뜨거워서 피하는 것이 아니라 하늘의 큰 귀신이 내린 것이어서 더욱 무서워한다고 여겼으리라. 하여 그 불을 지니고 있으면 그것들로부터 자신들을 지킬 수 있다고 믿었을 것이다.

신(神)이란 글자는 갑골문에서는 나오지 않는다. 주(周)나라 때에 제사를 지내는 과정에서 만들어진 것으로 번개신을 의미한다. 제단(示)과 번개(申)를 조합해 만들었다. 시(示)는 단 위에 제물을 올려서 하늘에 보이고, 또 알리는 모양이다. 그러니까 문명의 발달로 만들어진 의례(가식)적인 글자인 셈이다.

고대에 불을 관리하는 것은 무리의 우두머리나 제사장의 책임이자 권력이었을 것이다. 그러니 이왕 하늘로부터 직접 불을 내려받아 천부(天符)의 권능을 부여받았음을 증명하고자 했을 것이다. 하여 처음엔 높은 곳에 단을 만들어 번갯불을 구하다가 불을 내려준 하늘에 감사하는 의식으로 발전된 것이리라. 더불어 벼락을 받으려면 구름과 비를 불러야 했으니 자연스레 기우제가 생겨난 것이겠다. 축제나 제사 때 불을 피우고 향을 태워 연기를 올리는 건 그 옛날 벼락불받기의 유습으로 하늘에다 행사를 알리는 신호라 하겠다.

고대인들은 강·산·호수·바위·맹수 등에 정령이 깃들어 있다고 여겼다. 소위 토템이다. 특히 하늘을 향해 높이 솟아 있는 나무를 신과 소통하는 매개체로 여겨 경외하였다. 하여 죽은 사람의 시신을 그 나무 아래 묻거나 가지에 걸쳐 두면, 그 영혼이 나무에 깃들어 있다가 언젠가 비나 번개를 타고서 하늘로 올라간다고 여겼으리라. 그러고는 그 나무 밑에 단을 쌓아 제사를 지내며, 또 자손이 죽으면 그 시신을 올려두어 영혼을 하늘로 올려보냈을 것이다. 그 흔적으로 남은 게 고인돌이리라.

우리나라 민속학의 선구자인 이능화 선생은 《조선민속지》에서 한자가 들어오기 전 고대 우리말로는 신(神)을 '곰'이라 했노라 기록하고 있다. '깜짝이야!' '감쪽같다' '까무러치다' 등의 어휘가 귀신(탈)을 보고 놀란 데서 나왔으리라.

벼락맞은 나무를 신수(神樹, 神木)라 여겨 신성시하였다. 하여 그 아래에 단(壇)을 쌓아 모시니 바로 신단수(神壇樹, 神檀樹)다. 사람이 신수를 받들어 지키고, 구름 낀 날 꿇어앉아 신수 묘목을 심는 의식에서 예(藝)자가 생겨났으리라. 그리고 그 신수를 피뢰침으로 삼아 번갯불을 받았을 것이다. 또 벼락이 자주 때리는 곳, 신수를 심어 놓은 곳을 소도(蘇塗)라 하여 신성하게 여겼을 것이다. 구름과 맞닿는 높은 산이나 우뚝 솟아오른 큰 바위 역시 신이 머무는 신성한 곳으로 여겼으리라. 중국의 황제가 태산 꼭대기에서 단을 쌓아 천제를 지냈던 것도 하늘과 가까워 소통이 가장 잘 되는 곳으로 여겼기 때문이다. 그리하여 우중태산등정(雨中泰山登頂)! 즉 비와 번개를 하늘이 감응한 신호로 여겼다. 고대 이집트의 피라미드 역시 파라오의 영혼이 번개를 통해 하늘을 오갈 수 있도록 뾰쪽하게 쌓아올린 것이리라. 지금이야 올림픽 성화를 아테네 신전에서 반사거울로 받고 있지만, 거울도 없던 그 옛날에는 아마도 제사장이 번개로부터 직접 받았을 것이다. 그래서 신전이나 사당, 교회를 벼락맞기 좋은 언덕 위에 세웠던 것이리라.

위험하지 않느냐고? 당연히 무섭고 위험하며 때로는 목숨까지 바쳐야 했지만, 그렇게 하늘과의 소통을 해내지 못하면 무리의 지도자가 될 수 없었다. 벼락을 맞아 죽든, 희생으로 죽든 신의 간택을 받아 육신을 바치고 영혼이 하늘로 올라가는 걸 더없는 영광으로 여겼었다. 그렇게 고대인들은 신을 믿음에 의심이 없었다. 돌을 깨트리고 나무를 갈다가 스스로 불을 만들게 되자 그때부터 인간은 신에 회의를 품기 시작했다. 차츰 인지가 발달하면서 자신의 가장 귀한 것(자식) 대신 포로나 노예를 바쳐 신을 시험한다. 그게 먹혀 들어가자 그마저도 다시 토용(土俑)이나 짐승으로 대신하게 된다. 드디어 신이 눈먼 당달봉사임을 확인한 인간들은 술과 고기 몇 점으로 신을 속이고, 그마저도 저희들끼리 먹고 마시는 잔치로 변질시켰다. '기만'을 터득한 것이다. 이후 인간은 본격적으로 신을 도구(상품)화하기 시작하였다. 소위 말하는 종교가 그것이다.

3. 혼(魂)과 백(魄)이 갈라서다!

백(魄)은 혼(魂)보다 나중에 생겨난 글자다.

애초에 고대인들은 사람이 죽게 되면 육신과 함께 영혼이 땅속에 머문다고 생각했다. 그러다가 화산이나 지진이 일어나는 것을 보고 땅 깊은 곳에도 엄청나게 무서운 귀신이 산다고 여겼다. 이에 천신(天神)과 지신(地神)의 개념이 생겨나면서 혼령(魂靈)은 하늘에, 백령(魄靈)은 땅에 대응하도록 하여 혼백을 분리시켰다. 이후 혼(魂)은 정신을, 백(魄)은 육신을 담당하는 존재로 여기게 되었다.

그렇게 해서 사람이 죽으면 혼(魂)은 하늘로 올라가고 백(魄)은 육신과 함께 땅으로 내려가게 되는데, 하늘로 올라간 혼(魂)을 신(神), 땅으로 돌아가는 백(魄)을 귀(鬼)라 일컫게 되었다. 중국 최초의 자전인 허신(許愼)의 《설문해자(說文解字)》에서는 양기(陽氣)는 혼(魂)이 되고, 음기(陰氣)는 백(魄)이 된다고 하였다. 이후 종교의 선악 개념이 추가되면서 신(神)은 제사를 지내 받들어 모셔야 할 존재로, 귀(鬼)는 땅에서 못 나오게 밟아야 할 부정적인 존재로 갈라져 온갖 스토리텔링이 시작되었다.

　귀(鬼)가 탈을 쓴 유형의 것이라면, 신(神)은 그 모습이 드러나지 않는 무형(영적인)의 것으로 그만큼 인간의 인지(창조적 상상력)가 발달한 것이다. 귀(鬼)가 하늘로 올라가지 못해 인간 주변에 기식하는 하급한 귀신이라면, 신(神)은 하늘에서 노니는 상층의 고매한 귀신을 일컫는다. 하여 음(陰)한 귀(鬼)는 밤에 돌아다니고, 양(陽)한 신(神)은 낮에 활동하게 되었다. 귀(鬼)는 악한 것으로 인간에게 해코지를 하고, 신(神)은 잘 받들어 모시면 인간을 보호해 준다는 믿음도 생겨났다.

　일찍이 중동 지역에선 유일신으로 통합되어 강력한 절대자로서 군림하는 데 비해 다른 지역 민족들은 다신(多神) 숭배로 끊임없이 새로운 신들을 만들어 추가하는 바람에 신들이 그다지 큰 힘을 지니지 못하고, 그나마도 살아남기 위해 저들끼리 죽도록 싸워야 했다.

　영(靈)은 사람들이 모여서 비가 내리기를 비는 모습인 영(霝)자에 무당 무(巫)가 더해진 글자다. 무당이 기우제를 지내는 모습으로서, 비가 내리는 것이 곧 신(神)이 내리는 것이라 여겨 신령(神靈)·혼령(魂靈)·영혼(靈魂)·영령(英靈)·정령(精靈) 등 혼백과 귀신을 통칭하는 의미로 사용되었다. 식물에는 뇌가 없으니 당연히 혼(魂)이 없고 백(魄)만 있다. 고대인들은 나무나 바위에도 영(靈)이 깃들어 있다고 여겼는데, 이를 정령(精靈)이라 하였다. 따라서 백(魄)을 정령 또는 백령이라 해도 되겠다.

만약 인간이 꿈을 꾸지 않았다면 이런 영혼이니 귀신이니 하는 용어들이 생겨나지도 않았을 것이다. 고대인들은 꿈의 생리적 현상에 대해 아는 바가 없었기 때문에 또 하나의 현실로 인정할 수밖에 없었다. 더구나 죽은 조상이나 잡아먹은 짐승을 만나고 온 꿈은 현재의 육신이 갈 순 없지만 영혼만이 갈 수 있는 저승 세계가 반드시 존재한다고 믿게 했다. 그리하여 죽는다는 사실에 그다지 서운해하지도 않았으며, 단지 혼령이 어떻게 죽은 육신을 빠져나가 다음 세상으로 무사히 갈 수 있는가에만 관심이 많았다. 인간의 '상상'이란 것도 실은 이 꿈에서부터 시작되었다고 해도 과언이 아니다. 그러니 꿈이 인류 문명사에 끼친 영향은 그 어떤 것보다도 크다 하겠다.

4. 혼백(魂魄)은 귀신(鬼神)이 아니다!

인간은 불신의 동물이다. 의심하는 유일한 동물이다. 자신에게도 솔직할 수 없는 게 인간이다. 자신을 믿지 못하면서 신(神)은 믿는 게 인간이다. 왜 인간은 자신을 믿지 못하는가? 만물의 영장이라면서 왜 불안해하는가?

동양의 사상은 대부분 한자로 표현되기 때문에 음양 사상을 바탕으로 하지 않은 것이 거의 없다. 언어적 표현 역시 그러한데, 우리가 흔히 말하는 귀신(鬼神) 역시 마찬가지이다. 하여 귀(鬼)는 음(陰)의 영(靈)으로, 그리고 신(神)은 양(陽)의 영(靈)으로 배치시켰다. 그러나 사람들이 정서적으로 음(陰)한 것을 부정적으로 보는 습관이 생겨 귀(鬼)를 음습한 것으로, 신(神)을 양명한 것으로 배치시켜 놓았다. 따라서 귀(鬼)는 백(魄)에, 신(神)은 혼(魂)에 배치시켜야겠지만, 이미 그 의미가 많이 변질된데다가 그냥 두어도 혼백론을 이해하는 데에 그다지 방해되지 않기 때문에 굳이 구분하지 않아도 무방하리라. 왜냐하면 어차피 혼백(魂魄)은 귀신(鬼神)이 아니기 때문이다. 혼백은 신경계의 기능이지만, 귀신은 두뇌 의식(혼)의 아이디어 상품이니 전혀 다른 성질이고 다른 개념이다. 죽음과 함께 당연히 혼백도 사라지지만, 그 허전함을 달래기 위해 혼만이라도 귀신이 되어 영계에서 삶을 이어 간다는 이바구를 꾸며낸 것이다.

누가 뭐래도 귀(鬼)든 신(神)이든 모두 인간의 상상이 만들어낸 것이다. 말 그대로 가면(假面), 거짓된(미친) 인간의 얼굴이다. 고대 주술사로부터 현대의 종교인들까지 기실 모두가 귀신을 빙자해 민중을 겁주어 계도하고, 그걸 권력으로 이용하기 위해 만들어낸 도깨비·허깨비일 뿐이다. 악귀를 물리쳐 인간을 보호해야 한다고? 헛소리! 보호를 핑계로 복종을 강요하는 것이다. 짐승이 사람을 속인 적이 있던가? 거짓을 할 줄 아는 유일한 동물이 인간이다.

아무려나 귀신(신)이 사람을 해코지한다고 하지만 언제 귀신이 사람을 속인 적이 있던가? 사람이 사람을 속이지 귀신은 사람을 속이지 않는다. 사람을 속이기 위해 만든 게 귀신이지만 정작 귀신 자신은 사람을 속인 적이 없다. 만약 귀신이 단 한번이라도 인간을 속였다간 그날로 굶어죽는다. 어떤 인간이 그 귀신을 믿고 받들겠는가? 진실로 무서운 건 사람이지 귀신이 아니다. 귀신도 속이는 게 사람이다. 귀신 곡(哭)하게 만드는 게 사람이다. 사람은 못 믿어도 귀신은 믿는다. 사람을 못 믿어서 귀신을 만든 것이다. 귀신을 믿는 데에는 의심이 필요 없지만, 인간을 믿는 데에는 의심을 놓을 수가 없다. 귀신의 존재 이유가 바로 거기에 있다.

귀신은 마음의 그림자다. 마음이 없으면 귀신도 없다. 귀신은 문명의 그림자다. 문명이 없으면 귀신도 없다. 자연에는 귀신이 없다. 자연에는 거짓이 없다. 귀신이 없으면 거짓도 없다. 그러므로 귀신은 거짓이다. 거짓이 없으면 종교도 없다. 거짓이 없으면 철학도 없다. 거짓이 없으면 문명도 없다. 그렇지만 인간에게 귀신은 '참'이다. '참'은 '거짓'에서 나온 것이다. '참'이든 '거짓'이든 마음에서 나온다. 고로 마음은 참이자 거짓이다. 이러고도 참나(眞我)를 찾을 수 있겠는가, 없겠는가?

5. 정말 용한 점쟁이!

20여 년 전쯤 세상에 신묘한 재주를 가진 이들의 능력을 검증하는 텔레비전 프로그램이 유행했었다. 당시의 방송 프로그램 이름은 기억나지 않지만, 유명하다고 소문난 명리역학자들을 테스트하는 걸 본 적이 있다. 방송팀이 장안에서 잘 알아맞히기로 소문난 네 명의 역술가를 찾아가 인물 사진 한 장을 보여주며 그 사진 주인공의 운명을 묻는 과정이었다.

처음 사진은 젊은 여성의 것이었는데, 그 사진을 보여주자 맨 먼저 찾아간 역술가는 그 여성이 죽었노라 하였고, 다음에 찾아간 역술가는 자신 있게 물에 빠져 죽었노라고 하였다. 그 다음은 확실치는 않으나 죽었을 것 같다 하였고, 마지막 한 명은 전혀 엉뚱한 횡설수설을 늘어놓았다. 그 정도면 '사망'이라는 공통점이 나온지라 촬영팀도 고무되어 상당히 수긍하는 분위기였다.

이번에는 다른 사진 한 장을 보여주며 똑같이 그들의 예지력을 테스트했다. 그러자 네 역술가들의 말이 모두 달라 어떤 공통분모를 찾아내지 못하였다. 길에서 지나가는 사람들을 무작위로 붙들고 물어봐도 엇비슷한 대답을 들었을 것 같았다.

그 며칠 후, 예의 방송 프로그램에서 이번에는 계룡산 근처에 산다는 유명 풍수가를 테스트하였다. 그를 데려가서는 어느 마을 뒷산에 있는 무덤을 보여준 것이다. 그러자 그 풍수가는 기(氣)가 어디로 흐른다느니 하면서 이러저러한 풍수론을 펼친 연후에 그 자손들이 어떻게 살고 있을 것이라는 등등의 설명을 덧붙였다. 이에 촬영팀이 무덤 옆에 있던 후손에게 마이크를 들이대며 풍수가의 말이 맞는지를 확인해 달라고 하자 그 후손이 흥분된 어조로 상당히 일치한다고 말하였다.

그러자 방송팀은 그 풍수가를 한 번 더 테스트해 보기로 하고서, 근처에 있는 다른 한 무덤을 가리키며 길흉을 봐 달라고 청하였다. 한데 이번에는 풍수가가 왠지 자신 없어 하는 듯한 평가를 내렸는데, 아니나 다를까 수소문해서 그 무덤의 후손을 이웃 마을에서 찾아 물어보니 풍수가의 예측과 일치하는 것이 거의 없었다.

앞의 역술가 테스트 프로그램에서 처음 보여준 사진은 물에 빠져 죽은 여성의 것이었고, 두번째 사진은 촬영팀도 전혀 알지 못하는 여성의 것이었다. 이를 역으로 추론하면, 만약 첫번째 사진조차도 촬영팀이 그 사진의 주인공이 죽었는지 살았는지를 몰랐다면 두번째 사진과 비슷한 결과가 나오지 않았을까? 역시나 촬영팀에게 두번째 사진 주인공의 신상을 미리 알려주었더라면?

그리고 만약 풍수가가 첫번째 무덤을 볼 때에 그 후손이 그곳에 없었더라면? 또 두번째 무덤을 볼 때에도 그 후손이 그 자리에 참석했더라면 어찌되었을까?

한참 더 거슬러 올라가서 필자의 어렸을 적 얘기다. 지역에서 꽤 유명한 무당이 굿을 하러 왔을 때였다. 하도 용하다고 소문이 자자한지라 동네 사랑방 장정들이 그 무당을 한번 시험해 보기로 하였다. 누군가가 대청에 나가 콩 세 알을 쥐고서 그 무당에게 "이게 몇 갠가 알아맞혀 보라!"며 주먹을 들이밀었다. 그러자 무당이 "몇 개긴 몇 개야, 세 개지!"라며 서슴없이 알아맞혔다. 혹시나 해서 다시 나가 이번에는 여덟 알을 쥐고 들어갔다. 그리고 다시 빈 주먹으로…. 역시나 안 틀리고 정확히 알아맞히자 방 안에선 탄성들이 터져 나왔다. 부아가 난 예의 장정이 또다시 밖으로 나가 이번에는 집히는 대로 한 움큼을 쥐고 들어갔다. 그러자 무당 왈, "지랄하고 있네! 니 모르는 걸 내가 우째 아노?"였다.

　무슨 일이든 경험이 많으면 보통 사람이 느끼지 못하는 미세한 신호를 직감적으로(의식의 판단을 통하지 않고) 감지한다. 장사를 오래 해온 사람은 손님이 문을 열고 들어서는 순간 그가 물건을 살 사람인지 그냥 나갈 사람인지를 상당한 확률로 알아차린다. 증권업에 오래 종사한 한 친구는 "관상 공부를 한 적은 없지만, 이제는 고객의 얼굴만 봐도 그 사람이 주식 투자로 돈을 벌 사람인지 아닌지를 알 수 있다. 거의 틀리지 않는다"고 자신한다. 베테랑 수사관들과 마찬가지로 오랜 체험을 통해 직감이 발달한 때문일 것이다.

　이심전심(以心傳心)? 점집을 찾는 대부분의 사람들은 기실 스스로가 그 답(答)을 가지고 온다. 해서 척하면 무슨 일로 왔는지 바로 감이 잡힌다고 한다. 문을 열고 들어오는 손님의 얼굴 표정이며 눈빛, 동작, 자세, 말투, 관상에 이미 문제와 답이 잔뜩 묻어 있어 곧장 감으로 전해 온다는 것이다. 여기에 사주를 보고, 전후 사정 몇 마디만 들으면 거의 확신에 가까운 점괘를 내놓을 수 있다. 그렇지만 그 정도로는 '용하다!' 소리 듣기엔 부족하다 하겠다. 동시감응(同時感應)할 정도의 신통력은 지녀야 점쟁이라 할 수 있을 테다. 그렇지만 너 모르고 나 모르는 건 귀신(무당)도 모른다!

　핑계 없는 무덤 없다는 말이 있다. 마찬가지로 핑계 없는 땅 한 평 없다. 구실·핑곗거리를 찾자고 뒤지면 뭐가 나와도 나오게 마련이다. 제아무리 명당이라고 우겨도 한번만 뒤집으면 산통 다 깨진다.

가령 낙동강 부근의 어느 마을에서 우리 나라의 쟁쟁한 대기업주들이 나왔는데, 그 마을 강에 있는 바위가 영물처럼 생겨 그같이 큰 부자가 나왔다고 한다. 이에 "아니? 그동안, 그러니까 천 년 내지는 2천 년 동안 뭐하다가 왜 이제야 부자가 나왔대?"라고 뒤집으면 할 말이 없다. 아무려나 그 풍수가는 당연히 그에 대한 변명거리를 찾아낼 것이다. 스토리텔링이 전문이니까!

풍수도 신앙이다! 긍정하고 들어가면 모든 게 당연해 보이고, 부정하자고 들면 모든 게 억지다. 결과가 좋으면 이러저러해서 길지(吉地)고, 결과가 나쁘면 이러저러해서 흉지(凶地)다. 성공할 땐 길지고, 망할 땐 흉지다. 정히 구실을 못 찾으면 그 집 돌절구통이 복스럽다거나, 개의 꼬리가 희다거나 검어서 그랬다고 하면 그만이다. 누가 뭐래도 제 마음에 들면 길지고, 싫으면 흉지다! 남이야 땅을 사든 집을 짓든, 망하든 흥하든 제발이지 옆에서 덕담·악담일랑은 보태지 말았으면 싶다.

내친 김에 한마디 더 보태자! 한국인들은 지나치게 흥하는 것에 집착하고, 망하는 것을 두려워하는 성향이 있다. 흥하면 망하고, 망하면 흥하는 게 세상의 이치 아닌가? 흥하는 자가 있으면 그로 인해 망하는 자가 있을 테고, 망하는 자가 있으면 그 덕에 흥하는 자가 있게 마련 아닌가? 그걸 왜 중간에서 간섭하려 드는가? 빨리 흥하고 빨리 망하는 걸 세상에서는 진보라 하고, 발전이라 하지 않던가? 망해야 할 때 망하지 않으려고 억지를 부리다가 조선이 결국 그 모양 그 꼴이 된 것 아닌가? 조선이 진즉에 망했더라면 새 왕조가 들어서서 새로운 세상을 열지 않았을까? 땡초가 권력에 붙어 오백 년 도읍지를 정해 준 게 무에 그리 장한 일일까? 제 풍수 실력 자랑한 것까진 좋았는데, 그래서? 누굴 위한 풍수였던가? 누구네가 자자손손 잘살고, 누구네가 자자손손 못살던가? 그게 풍수 때문인가? 그런 게 좋은 세상인가? 오백 년이 지나고도 왜 한양이 계속 수도인가? 아직도 빨아낼 지기(地氣)가 남아 있단 말인가?

6. 환생(還生, 幻生), 믿어도 될까?

환생이란, 불교에서 이야기하는 윤회(輪廻)에서 파생된 개념이라 하겠다.

불교 종파의 하나인 라마교 신자들은 달라이 라마가 죽으면 환생해서 돌아온다는 믿음을 가지고 있다. 특히 13대 달라이 라마는 임종 직전에 자신의 환생을 예고하였는데, 그의 유언에 따라 제자들이 '앞에 호수가 있는 하얀색의 집'을 찾아나섰다. 1935년에 암도 지방에서 그 집을 발견하였는데, 그곳에 14대 라마가 될 라모 돈드럽이 있었다. 아이는 라마들의 이름을 알아맞혔다고 한다. 그리고 돈드럽을 라싸로 데려와서 큰북과 작은북을 각각 보여주었는데 놀랍게도 아이는 작은북을 집었다. 그 북은 13대 달라이 라마가 자신의 시종을 부를 때 사용하던 것으로, 이렇게 해서 달라이 라마의 환생이 증명되었다고 주장한다. 아무려나 전생이 없고서야 어린아이가 어떻게 그런 걸 알 수 있을까?

또 유일신 하나님(알라)을 섬기는 이슬람교의 한 종파인 알라위파가 있는데, 이들은 죽기 전까지의 지상에서의 행위가 어떠하였느냐에 따라 다음 생에서의 환생 여부가 정해진다고 믿는다 한다. 고대 그리스나 인도의 신화 속 신들 역시 여러 모습으로 환생을 거듭하고 있다.

아무튼 현재까지 윤회나 환생이 과학적으로 증명된 예는 없다. 당연히 그걸 증명하려는 한심한 과학자도 없을 테지만, 만약 그것이 증명된다면 환생의 종교적 유용성은 사라지고 말 것이다. 왜냐하면 그 증명은 곧 부정일 테니까. 그러니 안심하고 믿어 주는 척할 뿐이다.

그럼에도 불구하고 왜 우리 나라 민간 사랑방에서는 이 환생(전생)에 관한 이야기들이 끊이지 않고 이바구 소재로 등장하는가? 이는 대부분 도교(道敎)의 영향을 받은 민간 설화에서 기인했다고 볼 수 있다. 고대 종교 중에서 가장 판타스틱한 것이 도교이다. 도교에서는 환생이 언제든 가능하고, 지금도 천 년 전에 죽은 진인(眞人)들이 환생을 거듭하고 있다고 믿고 있다. 이런 환생이니 전생이니 하는 공담(空談)을 인정하지 않으면서도 필자가 굳이 언급하는 이유는 사실(과학, fact)과 판타지의 경계를 구분하고자 함이다.

필자가 정좌 수행(참선, 명상)을 통해 삼매에 들면, 소위 말하는 유체(의식) 이탈이 언제든 가능하다고 했다. (물론 그런 초자연적인 체험을 하거나 특이공능을 익히는 것이 수행의 목적은 아니지만) 만약 그렇다면 다음과 같은 주장이 논리적으로 가능해진다. (여기서부터는 판타지다.) 무슨 이야기인가 하면, 죽기 직전 혼(魂)이 육신[魄]을 떠나 (해탈) 다른 사람(대부분 방금 태어나는 아이, 아직 이성이 발달하지 않은 어린아이, 지진아, 혼이 빠져나가 가사 상태에 빠진 사람, 마땅한 사람을 못 만난 경우에는 가축)의 몸 안으로 들어갈 수도 있지 않겠느냐 하는 가설이다. 그래야 달라이 라마의 환생 주장이 성립된다. 누군가가 죽어 저승사자를 따라 염라대왕 앞에 갔더니 실수로 엉뚱한 사람 대신 불려 왔단다. 해서 되돌아왔더니 그사이 시신을 묻어 버린 바람에 영혼이 갈 데가 없어 때마침 죽은 다른 사람의 육신에 들어가 환생해서 겪는 온갖 우스개 이야기가 야담의 단골 소재다.

어쨌든 그렇게 환생한 아이는 전생(?)의 기억과 습관을 지니고 있을진대, 몇 가지 테스트를 통해 확인한 다음 환생임을 인정하는 것이다. 과학적인 사고에서 보자면 허무맹랑한 판타지에 불과할 뿐이지만 신앙인에겐 충분히 수긍이 가는 논리(?)가 된다. 석가님도 끊임없이 윤회를 해서 다시 태어났었고, 예수님도 부활했었고, 언젠가는 다시 재림할 것이라고 믿고 있다. 우리 나라의 어느 종교도 죽은 교주가 반드시 재림해서 천지공사를 해준다고 하였으니 환생쯤이야 얼마든지 주장할 수 있으리라.

더하여 환생을 믿는 사람들은 그 믿음의 증거로 "만약 달라이 라마의 환생이 아니라면 처음 보는 아이가 제자들의 이름을 어찌 알아맞히고, 또 달라이 라마가 애용하던 물건을 어찌 알아서 거머쥐겠는가?" 하고 재차 항변할 것이다. 아무려나 그 말도 필자가 그 자

리에 없었으니 그러한 사실을 곧이곧대로 믿을 건 못되지만 유추는
해볼 수 있을 것 같다.

　잠시 현실로 돌아와서 필자가 이 책을 쓰는 중에 겪었던 일이다.
마침 사무실에 후배와 둘밖에 없었다. 칸막이 두 개를 건너 각자의
책상에서 자기 일에 몰두하다가 잠시 기지개도 켤 겸해서 돌아보며
말을 건네는데, 어라? 난데없이 그 후배가 누구네 아이가 자폐에
걸려 병원에 치료받으러 다닌다는 얘기를 한다. 순간 필자는 살짝
놀라지 않을 수 없었다. 왜냐하면 필자가 방금 자폐증에 관한 글을
막 쓰고 난 터였기 때문이다. 그걸 쓰는 동안 필자는 그 후배의 존
재를 의식한 적도 없고, 또 먼저 '자폐'라는 단어를 입에 올리지도
않았다. 그 원고를 쓰는 한 시간가량 필자가 속으로 '자폐'란 단어
를 수백 번도 더 되뇌었을 텐데 어느 순간에 그 단어가 후배에게로
전이되었나? 그후로도 두어 차례 더 비슷한 일이 있었다. 심지어
누군가에게 전화를 하는데도 상대방이 뜬금없이 방금 전 필자가 골
몰해 쓰고 있던 주제나 단어를 언급하는 일마저도 있었다. 또 점심
시간에 산책을 하면서 언뜻 스쳐가는 생각 한 줄을 붙잡아 입력해
놓고 난 날 퇴근 무렵에 머리를 식힐 겸해서 오락영화 한 편을 다운
받아 보고 있는데, 그 끝머리에 나오는 내레이션이 아까 적어 놓은
그것과 너무도 똑같아서 섬뜩했던 적도 있다. 우연의 일치였을 테
지만 신경을 곤두세우고 작업중일 때에는 그런 게 마치 뭐에 홀려
서 일어난 현상처럼 여겨지기도 한다.

　바람을 피우는 한 선배는 어느 날 새벽 아침 운동을 핑계로 추리

닝 바람으로 나가 집에서 한참 떨어진 여관에서 애인과 함께 있다
가 돌아오니, 마침 일어나 아침을 준비하던 부인이 난데없이 어딜
다녀오느냐고 묻더란다. 새벽녘 꿈에 당신이 어느 골목의 여관으로
들어가는 것을 보고 깼는데, 너무도 생생해서 물어보는 거라고 하
는 바람에 기겁을 한 적이 있노라고 털어놓은 적이 있다. 이와 유사
한 경험담은 남자들끼리 얘기할 때 종종 듣는다. 어쩌면 지혜로운
부인이 지레짐작으로 경고했을 수도 있겠지만 전혀 우연의 일치인
경우도 많은 것 같다.

7. 전이감응(轉移感應)!

어떤 순간에 우연히도 둘이서 똑같은 단어나 이미지를 머릿속에
떠올려 서로가 깜짝 놀라는 현상으로, 독자들 중에서도 살다가 이
와 같은 경험을 한 적이 꽤 있을 것이다. 이러한 현상은 부모와 자
식 간에, 형제간에, 부부간에, 가족간에 잘 일어나며, 아주 친한 친
구 사이에 그야말로 우연히 둘만이 무심코 일에 몰두하다가 겪게
된다. 심령 연구를 하는 이들은 이런 걸 일컬어 '텔리파시'라고들
하지만, 필자는 조금 다른 성질의 현상으로 본다.

흔히들 신앙적으로 상당히 몰입한 사람이 방언(方言)을 읊거나 주
술적인 언행을 하는 경우가 있는데, 어린아이들 중에서도 간혹 그
런 영특한 능력을 지닌 경우가 있다. 하여 그런 아이를 어떤 신의
환생으로 받드는가 하면, 데려다가 점을 치는 데 이용하는 무당도

있었다.

왜 어린아이인가? 이런 아이들은 대개가 골똘하고 당돌한 성격인데, 그만큼 단순하고 집중력이 뛰어나다고 할 수 있다. 하여 전이감응이 잘된다. 최면술에 잘 걸리는 사람처럼 무당이나 찾아온 고객과 전이감응해서 어린이답지 않게 상대방이 알고 있는(알고자 하는) 어떤 얘기를 방언처럼 내뱉어 주변 사람들을 깜짝 놀라게 만들기도 한다. 두뇌에 정보가 많지 않아(그만큼 순수한 백지 상태, 편견 및 선입견이 없는 순수이성) 뇌파 사이클이 그만큼 단순해서 상대방과 동시감응이 잘되는 것이다. 그렇지만 이런 신통한 능력은 그다지 오래가지 않는다. 왜냐하면 그리 멀지않아 온갖 정보와 선입견이며 편견이 학습되어 두뇌에 기억 저장되고 나면 머릿속(뇌파)이 복잡해진다. 덩달아 감정도 복잡해지고 눈치를 보게 되면서 집중이 잘되지 않아 남들과 전이감응하기가 어려워지는 것이다. 대개 7,8세를 넘어가면 그러한 신통력이 차츰 사라진다.

다시 달라이 라마의 환생으로 말을 돌리면, 그 제자들이 아이를 데려다가 테스트하는 과정에서 그들 사이에 전이감응으로 제자들의 이름을 알아맞히고(아마도 이름을 불러 주자 그 사람을 가리킨 것이리라), 또 죽은 달라이 라마의 유품들을 골라잡았을 것으로 유추할 수 있겠다. 실제로 웬만큼 정신 수양한 사람이라면 이런 정도로 아이를 유도하는 것은 그다지 어렵지 않다. (물론 본인은 이 이치를 모르고 있어 의도하지 않았을 것이어서 필자의 이런 설명에 동의하지 않겠지만) 이 또한 역으로 반증할 필요가 있는데, 그때 만약 죽은 달라이

라마의 제자가 아닌, 그 기물들이 누가 사용하던 것인지조차 모르는 사람이 아이를 테스트해도 같은 결과가 나왔을까? 제자들의 의식(정보)이 아이에게 감응되지 않았다면 아이가 그러한 선택을 하지 못했으리라 짐작할 수 있다.

다시금 환생 주장이 제기될 수 있다. 달라이 라마가 죽기 직전 유체 이탈해서 때마침 태어나는 아이의 육신에 깃들었기 때문에 아이의 기억세포에 그 정보가 저장되었다가 제자들에게 내보인 것이라고! 물론 아직 뇌세포가 많이 늘어나지 않아 전생의 일부 기억만 저장할 수 있었다거나, 나머지는 잠재의식 깊은 곳에 저장되어 있는데 이는 나중에 서서히 발현될 것이라고 주장할 수도 있겠다.

한데 이에는 다시 반론이 제기된다. 그게 가능하다면 왜 굳이 그아이 한 명한테만인가? 평소에 유체 이탈해서 여기저기 태어나는 아이들과 접신해서 손오공처럼 수없이 많은 환생을 만들어 놓을 수 있지 않은가? 마음에 드는 아이가 아니면 안 된다? 임종(해탈) 때에만 가능하다? 내 몸에서 유체 이탈해 실버코드(그런 게 있기나 한지?)를 끊고 남의 육신에 혼(魂)이 들어가긴 하지만, 일단 한 번 들어가면 그 육신이 죽기 전에는 못 나온다? …등등의 이야기는 끝이 없다. 어디까지 가능한지는 우리 모두가 수행(사망)해 봐야 알 수 있는 일이니 공리공담(空理空談)일 수밖에! 판타지 소설을 쓰는 사람에게나 유용할지 모르겠다.

8. 윤회(輪廻), 정말 가능할까?

고대는 물론 현대에도 인간은 세상사에 대해 많은 의문을 가지고 있고, 또 그것을 주변 사람들에게 묻는다. 소위 지식인이나 학자는 그에 대하여 설명해야 할 의무를 진다. 왜냐하면 그들에겐 그것이 호구지책이기 때문이다. 고대에는 그 일을 대개 주술사들이 담당했었다. 그들은 하늘과 땅에서 일어나는 일들이며 인간사의 온갖 갈등들, 또 삶과 죽음, 질병과 불행 등, 중생에게 그 이치를 설명하고 계도해야 할 책무를 지녔다. 기실 지금도 모든 종교인들이 중생들의 고민과 의문에 대하여 설법·설교하거나, 굿과 같은 퍼포먼스를 통하여 병을 고치거나 고민을 해결해 주고 있다. 그걸 안하면 누가 쌀과 돈을 갖다 바치겠는가? 필자 역시 지금 당장 책 한 권을 팔기 위해서는 불특정 누군가의 의문에 대해 설득력 있는 답을 제시하거나, 변명에 불과할지라도 그럴듯한 감언이설을 늘어놓아야 한다.

'윤회'란 산스크리트로 '삼사라'라고 하는데, 전생(轉生)·재생(再生)·유전(流轉)의 의미를 지닌다고 한다. B.C. 600년경《우파니샤드》에서 비롯된 이 윤회 사상은 현재의 힌두교에까지 전해져 보편적인 사상으로 자리잡고 있으며, 특히 불교 사상의 중추적인 핵심으로 자리하고 있다.

고대 인도인들은 인간(동물)이 죽으면 육신은 지수화풍(地水火風)으로 돌아가고, 정신적 요소인 영혼〔受想行識〕이라는 분별심(의식)은 흩어지되 각각이 그 업(業)과 연(緣)에 따라 윤회를 거듭한다고 생각했다. 인간이 죽으면 썩은 물이 나오고, 땅에 묻으면 삭아서 흙이 된다. 그 흙에서 식물이 자라고, 동물들이 그것을 먹고 자란다. 또 화장을 하면 불로 타고, 연기가 되어 하늘로 올라가 구름이 되었다가 비로 내린다. 타고 남은 재는 먼지가 되어 바람과 함께 날아간다. 이런 자연 현상을 보고 윤회를 생각해낸 것이겠다. 비과학 시대의 추리이지만 꽤 설득력 있는 가설로 현대 종교에서도 중생의 계도 수단으로써의 효력을 유지하고 있다. 따지고 보면 이 우주에서 생물이든 무생물이든 윤회 아닌 것이 있던가? 그렇다면 "All is nothing!"이 아닌가?

이 윤회 사상에서 전생이 나오고 환생이 나와 또다시 여러 종교·종파로 분화되어 나갔다. 설마 비현실적인 이야기임을 옛사람들인들 몰랐을까마는 굳이 부정한다고 해서 세상이 달라질 것도 없기 때문이기도 하려니와, 그러한 믿음이 현실 삶에 지친 이들에겐 위안이 되겠기에 그냥 두고 본 것이리라.

조금 냉정하게 달라이 라마의 환생을 불교적으로 해석하자면, 그는 수행이 모자라 윤회의 고리를 끊고 해탈하지 못했다는 의미가 되겠다. 설마 중생들에게 윤회의 증거를 보여주기 위해 환생했을까? 아니면 환생을 해서라도 그 자리를 지키겠다는 것일까? 그러니까 자식 대신 본인이 세습? 귀신이 되어 남의 육신을 빌려 생을 이어 가겠다는 것이 아닌가? 고작 평생을 수행해서 익힌 것이 그딴 술법이란 말인가?

9. 텔레파시(원격정신반응)와 외계인?

예로부터 사람들은 언어를 사용하지 않는(자기들만의 간단한 의사소통 수단이 있기는 하지만) 짐승들은 어떻게 의사를 주고받을까에 관심이 많았던 듯하다. 그리고 인간보다 수십 내지는 수백 배 뛰어난 후각이며 시각·청각 등에 경외감을 가졌었다. 나아가 원래 인간도 언어를 사용하기 전엔 다른 동물들처럼 초감각적인 능력을 지니고 있지 않았을까? 가령 지진 등 재난에 대한 예지력을 지니고 있지 않았을까? 그랬다면 인간은 왜 그러한 능력들을 잃어버렸을까? 등등의 의문을 끝없이 품었었다. 그리고 증명할 길 없는 그런 짐승들의 신기한 능력을 설화나 야담 속에 녹여 후대로 전하여 왔다. 하여 수많은 이들이 투시며 예지·신통 등 인간의 잠재된 능력 혹은 초능력을 계발한다고 각자의 방식대로 수행에 일생을 바쳤는데, 지금도 세계 곳곳에 그러한 추종자들이 헤아릴 수 없이 많다. 텔레파시도 그런 능력 중의 하나일 테다.

텔레파시(telepathy)란 말·몸짓·표정 등의 오감을 사용하지 않고 타인의 생각이나 감정을 주고받는 심령 능력을 말하는데, 1882년 영국심령연구학회가 창립되던 해에 창시자의 한 사람인 프레데릭 마이어스가 그리스어로 먼 거리(tele)와 느낌(pathe)을 뜻하는 단어를 합쳐 '떨어진 곳에서 느끼기'라는 의미로 만든 용어이다. 그 학회에선 사람이 죽음을 당하여, 그 죽음을 알지 못하는 사람에게 일어난 환각 경험을 조사하였는데, 그 일치가 우연에 의한다고는 생각할 수 없다는 결론을 내리고 그런 것이 텔레파시를 증명한다고 주장했다. 그후에도 몇 차례 텔레파시에 대한 실험이 있었고, 그때마다 그들은 성공했노라 주장하지만 온전히 과학적 현상으로 인정받지는 못하고 있다.

　그럼에도 사람들 사이에선 동시에 마음이 통하는 일이 우연히 일어나기도 하고, 또 같은 꿈(특히 태몽)을 꾸기도 하는데, 그때마다 그걸 설명할 방법이 없어 텔레파시란 용어가 그 효력을 잃지 않고 계속해서 유통되고 있다. 심지어 분석심리학의 창시자인 카를 구스타프 융도 일찍이 텔레파시와 같은 초자연적 현상이 환상이 아니라고 주장하며 '공시성(동시성)'이란 용어로 설명을 시도한 적이 있다고 하며, 요즘은 텔레파시의 본질은 뇌파라는 주장까지 나오고 있다.

　감각기관을 통하지 않고도 자연스럽게 상호 교감하는 능력, 우리말로는 '감응' 혹은 '직감'이란 표현이 적당하겠는데, 그런 현상이나 실험 결과가 우연이 아닌 반복적이고 상시적이어야 사람들이 수긍할 수 있으련만 안타깝게도 그렇지가 못하고 우연일지도 모르는 고작 한두 가지 사례가 끝없이 확대 재생산되어 사람들을 미혹하고 있다. 믿고 싶은 사람은 누가 뭐래도 그걸 붙들고 늘어진다. 그렇게 믿고 나면 자기 부정이 어려워져 점점 강박증이 된다. 결국 헛짓으로 인생을 낭비(?)하게 되는데, 아무려나 스파이나 범죄수사관이라면 모를까 굳이 텔레파시에 관심 가질 이유는 없겠다.

　스마트폰 하나면 전 세계 어디서든 음성·문자·이미지·영상 등을 동시적으로 공유할 수가 있는데, 그깟 동물적 감각 하나 계발해서 뭣에 쓰려고? 외계인과 교신한다고? 몇십, 몇백억 광년 떨어진 우주에서 밀려오는 중력파까지 측정해내는 시대에 아직도 외계인을 못 찾았다면 그건 곧 없다는 거다. 설사 외계인의 메시지를 포착했다 한들 그마저도 몇만 년 혹은 몇십억 년 전에 보낸 걸 이제 받은 거다. 답을 보내도 빛이나 전파가 다시 그만큼의 거리(시간)를 가야 한다. 신호가 도달할 때까지 그쪽 은하계나 우리 은하계나 살아남아 있을지 장담할 수도 없다. 게다가 그걸 굳이 인간의 뇌로 포착해야 한다는 것도 웃기는 발상이다. 영적 소통만이 시공을 초월할 수 있다고? 아무려나! 상상의 자유는 진보의 원동력! 과학이 도달하지 못하는 그곳에 귀신이 사는 법!

중국 육조시대 간보(干寶)가 편찬한 《수신기(搜神記)》라는 책은, 귀신·영계·전생·환생·환각·예언·꿈·요술·초능력 등 천하의 신비한 사건과 이야기들을 다 모아 놓았는데, 가히 괴기학(怪奇學) 콘텐츠의 보고라 할 수 있다. 이 책에 외계인에 관한 기록이 나오는데 너무 사실감 넘쳐 마치 요즈음 이야기 같다.

삼국시대, 오(吳)나라 건국 초기 변방의 장수들은 누구나 아내와 자식을 볼모로 경성에 두고 가야 했는데, 이들을 보질(保質)이라 일컬었다. 어느 날 쏘다니며 놀고 있던 또래 보질 아이들 가운데 난데없이 처음 보는 아이가 한 명 섞였다. 키가 4척 남짓, 나이는 예닐곱 정도로 푸른 옷을 입고 있었다. 그러자 모두들 "너는 뉘집 아이냐? 오늘 어찌 갑자기 나타났느냐?"고 묻자, "너희들이 모여 즐겁게 노는 것을 보고 나도 같이 놀고 싶어 찾아왔다"고 대답했다.

그런데 그 아이를 자세히 보니 눈에서 빛이 나는데 번쩍번쩍하기가 마치 밖으로 내쏘는 것 같았다. 이에 아이들이 두려워 거듭 캐물으니, 그 아이가 "너희들은 내가 두려운가? 나는 이 세상 사람이 아니다. 나는 형혹(熒惑, 화성의 별칭)이라는 별에서 왔다. 내 너희들에게 한 가지 비밀을 일러 주겠다. 삼공(三公)이 모두 사마씨(司馬氏)에게 귀의할 것이다"라고 하자 아이들이 모두 놀라고, 그 중 어느 아이는 집으로 달려가 어른들에게 이 사실을 고하였다. 어른들이 달려가 보니 그 아이가 "너희들을 두고 간다!"고 소리치며 몸을 곧추세우더니 공중으로 뛰어올라 펄럭펄럭 옷자락을 날리며 점점 높아지더니 이윽고 하늘로 사라져 버렸다고 했다. 그후 그 아이의 예언대로 오(吳)와 촉(蜀)이 차례대로 망하고, 위(偉)는 결국 265년 사마염(司馬炎, 武帝)이 제위에 올랐다.

　그 시대에 이미 E.T.가 다녀갔던 것이다. 인간의 모습을 한 외계인이라? 아무러나 인간의 편견이겠다. 외계는 있어도 외계인은 없다. 인간이 만든(믿고 싶은) 외계귀신만이 있을 뿐이다. '믿는다'는 건 없는 것을 믿는다는 말이다. '있는 것'은 굳이 믿고 말고 할 까닭이 없다. 없는 것 또한 마찬가지여야 마땅하지만 인간은 없는 것을 있었으면 하고 바란다. 남이 못 보는 것을 보고, 남이 모르는 것을 안다고 믿는 것을 남보다 우월한 능력인 줄로 착각하고 과시하는 것이다. 하여 불가해한 무엇을 찾아 끊임없이 우주를 뒤지는 것이겠다. '의심'을 만들면서까지 그 '믿음'을 붙들고 싶은 거다. 그렇지만 믿든 말든 있는 것은 있는 것이고, 없는 것은 없는 것이다. 산은 산이고, 물은 물이다! '산'이고 '물'이면 그만이지 '이다' '아니다' 소리 하지 말라는 거다. 아무튼 E.T.든 UFO든 신(神)의 대용품일 뿐이다. 눈앞에 나타나면 그때 가서 인정하면 그만이다. 어차피 인간은 그때 가서 또 다른 대용품을 찾아나설 테니까.

10. 유체 이탈과 공중부양

시중에 유체 이탈에 관한 체험을 모아 나름대로 분석한 책들이 셀 수 없을 만큼 많다. 동서양을 막론하고 고대인들도 영혼이 육신에서 빠져나가는 그림들을 많이 남겨 사람들로 하여금 초자연적인 심령 세계에 대한 호기심을 부추겨 왔는데, 때로는 수행이나 종교적 영성 체험으로 언급되기도 하였다. 그러나 차분히 그 내용을 들여다보면 거의 대부분이 가수면 상태에서 꾸는 꿈(상상), 수면마비(가위눌림)와 같은 자각몽 현상에 상상력을 가미시킨 것들이다.

꿈이란 게 원래 잠이 들 듯 말 듯한 그런 상태에서 일어나는 두뇌의 작용이지만, 수면마비는 그보다 좀 더 의식이 깨어 있는 상태에서의 자각 현상이다. 수면마비는 백(魄)에 속한 모든 두뇌 신경세포들이 수면 상태에 들어가 있고, 어쩌다 보니 의식(魂)을 담당하는 대뇌 신피질의 극히 일부 부위만이 살짝 깨어 있는 상태에서 일어나는 현상이다. 이 분야의 탐구자들 사이에서는 수면 상태와 각성 상태의 중간지대를 페이즈(phase)라 일컫는다. 이때에도 역시 꿈과 같이 반(半)의식이 학습된 정보(기억)들을 끄집어내어 편집(상상)하게 되는데, 꿈과 달리 약간의 의식이 깨어 있어 사지를 의지대로 움직여 보려고 애를 쓴다. 하지만 깊은 잠 속에 빠져 있는 다른 뇌 부위가 깨어나지(평소에는 동시에 깨어나지만) 않아 움직이고자 하는 의지의 신호가 전달되지 않는다. 이런 상태에 빠질 경우 대개의 사람들은 으스스한 추위와 함께 공포심을 느끼게 되는데, 그와 함께 평소 학습된 정보(사람들 각자가 알고 있는 저승 세계에 대한 지식)를 끄집어내어 편집하기도 한다. 물론 얼마 지나지 않아 무서움과 놀람에 의해 다른 대뇌 부위가 잠에서 깨어나면서 근육으로 보내는 명령 신호가 전달됨으로써 가위눌림에서 깨어나게 된다.

대개 이런 경험을 하는 이들은 평소 수면 부족으로 신경이 예민하거나 허약해진 사람들이 대부분이다. 건강한 사람도 간혹 자다가 이불을 놓쳐 추위에 노출되거나 찬 바닥에서 잠들었을 적에 경험하는 수가 있다. 그들 가운데 어떤 사람은 이를 신비하게 여겨 탐구하기도 하고, 또 어떤 사람들은 이를 '유체 이탈'이라 하여 대단한 영적 체험인 양 여기기도 한다. 나아가 다른 사람들에게도 자랑하고 유체 이탈의 요령까지 선전하면서 따라 해볼 것을 권하기도 하는데, 기실 별것도 아닐뿐더러 괜한 짓일 따름이다. 그동안 많은 사람들이 신비하게 꾸민 얘기(정보)들에 학습된 대로 자신도 따라서 의식(상상)하는 것일 뿐, 깨고 나면 그만으로 현실에서 달라지는 것은 아무것도 없다. 그리고 그 가위눌림에서의 유체 이탈이란 것도 자신의 의식(학습된 지식)의 테두리 안에서 잠깐 노는 것일 뿐이다.

게다가 경험자들은 유체 이탈중에 자칫 영혼이 육신을 떠나 너무 멀리 나가 버리면 '실버코드'가 끊겨서 되돌아오지 못한다는 주장을 하는데, 역시 허무맹랑한 소리다. 꿈과 마찬가지로 그냥 깨고 나면 그만이다. 간혹 저체온으로 몸이 식어 굳어 가는 중에 이같은 체험을 했다가 깨어난 경우가 있는데, 경우에 따라서는 제법 긴 시간 동안 가위눌림으로 깨어나지 못하고 임사와 비슷한 상태에서 소위 '사후 세계'를 다녀온 듯한 체험을 겪기도 한다.

유체 이탈은 수행자들이 흔히 체험하는 현상이다. 하지만 보통 사람들도 몇 날을 술에 취하여 놀다가 지칠 대로 지치면, 졸음을 참을 수 없을 지경에 이르렀음에도 불구하고 의식은 각성 상태를 유지하려 억지로 버티려고 애쓸 무렵, 반(半)수면에 빠져 혼백이 분리된 상태에서 그러한 체험을 할 때가 있다. 그렇게 실낱같이 깨어 있는 의식이 몸에서 빠져나가 공중에서 주변을 훤히 내려다보는 경험을 할 때가 있는 것이다. (물론 실제로 혼이 빠져나가 날아다니는 건 아니다.) 어느 유명 작가는 젊은 시절 이러한 체험을 하고 난 후 신비한 영적인 세계가 따로 있다고 믿고 이후 평생 그런 세계를 소재로 글을 쓰기도 하였다. 하여 영계(靈界)가 어쩌고 우주가 어쩌고 하면서 신비 세계의 존재를 주장하지만, 기실 뇌의 비정상적인 오작동에서 오는 경험 중의 하나일 뿐이다.

이처럼 가위눌림이나 자각몽중에 일어나는 유체 이탈은 본격적인 수행을 통해 체득한 유체 이탈과는 달라 자기 의지대로 원할 때마다 경험할 수 있는 것이 아니다. 아무려나 수행하는 사람이든 보통 사람이든 이런 특이 체험에 지나치게 반응해서 초자연적(비현실적) 세계를 탐구한다며 시간과 에너지를 낭비할 필요가 없다. 오히려 심신이 허약해졌다는 신호이니 보약이라도 지어먹고 백(魄)을 강하게 가꿀 일이다.

11. 의식 유영(遊泳)과 우주 합일!

인간을 포함한 지표면에 사는 생물들은 평소 중력의 무게를 느끼지 못한다. 사실 한 생물이 감당해야 하는 중력의 무게를 무중력 상태에서와 비교하면 엄청난 것임에도 불구하고 말이다. 당장 물속에서의 부력만큼만 가벼워져도 기분이 훨씬 좋아진다. 그러니 우주선을 타고 하늘로 올라가 무중력 상태에서 유영을 한다는 것은 실로 황홀한 느낌일 것이다.

중력뿐만 아니라 인간은 평소 감각을 통해 우리 신체를 인식하고 있는데, 너무 익숙해서 평소에는 별로 부담스러워하지 않는다. 그러다가 아프거나 지치게 되면 온 의식을 통해 그 무게와 고통을 새삼스레 느끼게 마련이다.

명상(참선) 훈련을 통해 집중을 하게 되면, 두뇌의 인식을 담당하는 극히 일부분만 남겨두고 나머지는 차례차례 휴지 상태로 들어가게 된다. 계속 반복해서 집중이 잘되면 두뇌 활성화 부위를 점점 좁혀 들어가게 되는데, 나중에는 실낱 같은 의식만 깨어 있게 되고 나머지 모든 부위가 수면 상태가 된다. (그렇지만 의식은 명료해서 꿈꿀 때와 같이 멋대로 활동하지 않는다.) 혼백(魂魄)이 분리된 상태다. 바로 이때 의식은 특이 상태를 체험하게 되는데, 눈을 사르르 감으면 자기 몸이 공중에 뜨는 듯한 느낌을 받게 된다. 평소 무의식적으로 느끼던 중력의 무게를 잊게 된 것이다. 처음 겪게 되는 수행자는 순간 깜짝 놀라서 눈을 뜨게 되는데, 그러면 주변 대뇌의 다른 부위들까지 활성화되는 바람에 바로 감각이 깨어나 상황을 비교·분석·판단하게 된다. 당연히 눈을 뜨고 각성 상태에서 자신을 보면 도로 원래 자리에 앉아 있다.

바로 이런 특이 현상에 놀라 어떤 이는 평소 학습된 자신의 선입견으로 그 상태가 우주와 합일한 것으로 착각해서 희열을 느낀다. 마치 영혼이 머리 위로 빠져나가 공중(우주 공간)을 자유자재로 떠돌며 주변을 투명하게 내려다보는 듯한 느낌을 받게 된다. 흡사 자신이 우주와 하나가 되는 그런 느낌에 전율하기도 한다. 그렇게 초월적인 신비한 체험을 한 것으로 자신의 영혼이 특별하게 정화 내지는 승화된 것으로 오인하는 경우가 많다. 물론 그들 대부분은 체계적인 수행 과정을 거치지 않았기 때문에 어쩌다 겪은 그러한 체험에 흥분해서 현실 세계 너머에 초자연적인 영적 세계가 존재한다고 믿게 된다.

그렇지만 이런 체험은 수행중에 나타나는 여러 특이 현상 가운데 하나일 뿐으로 놀라거나 신기해할 필요가 없다. 그외에도 의식과 기억을 담당하는 뇌세포의 어느 부위가 활성화되고 어느 부위가 휴지 상태로 되느냐에 따라 갖가지 다른 특이 체험을 하게 된다. 그럴 때마다 놀라지 말고 계속해서 정진하다 보면 곧 안정되어 아무렇지도 않게 된다.

　휴식이나 잠을 잔다는 건 혼(魂)이 그 모든 일상의 의무로부터 해
방되어 아무 일도 하지 않는 상태를 말하는 것이겠다. 본격적인 수
행을 하지 않더라도 철학자들처럼 뭔가를 골똘히 생각하다가 비몽
사몽간에 들면 특이한 체험(환각)을 할 때가 있다. 장자(莊子)의 호
접몽(胡蝶夢)이 그러한 예라 할 수 있다.

12. 임사 체험과 사후 세계

　여기까지 읽은 독자라면 필자가 굳이 설명하지 않아도 사후 세계
가 임사(근사) 체험중에 겪은 일종의 자기 환각이라는 사실을 짐작
할 것이다. 사후 세계며 윤회·환생을 주장하는 종교인의 입장에선
무척 무례한 발언일 테지만, 아무려나 그 핑계로 착하게 살자는 선
한 의도를 모르는 사람이 있을까? 그러나 그 주장 또한 논리적으로
는 가당치가 않다. 착하게 산 사람은 천당 가고, 악하게 산 사람은
지옥 간다는 주장 역시 억지에 지나지 않는다. 증명할 수 없는 헛소
리인 줄 알지만 그렇게 믿어 주는 것이 공동선을 추구하는 데 도움
이 되기에 허용되는 것이겠다.

　예로부터 죽었다가 살아난 사람들이 종종 있어 왔고, 그들 중에
는 저승 세계를 다녀왔노라 증언하는 사람도 드물게 있었다. 심지
어 분석심리학의 창시자 카를 구스타브 융과 같은 철학자들도 죽음

이후의 문제에 관심을 가졌었고(그렇다고 해서 사후 세계를 증명하거나 인정한 것은 아니다), 그외에 수많은 정신과 의사들도 임사 체험을 통해 초월적인 영적 세계에 대한 의문을 풀 수 있지 않을까 해서 연구에 몰두했었다.

그들 중 일부 공통적인 증언도 있는데, 그 가운데 하나가 죽음의 문턱에서 목격한 불빛의 터널이다. 터널(동굴)은 자궁으로, 태아가 자궁을 빠져나와 빛을 보게 되었을 때의 원초적인 기억이라고 주장하기도 한다. 그리고 또 어떤 이는 죽음이 다가오면서 평온한 상태가 되며 우주와 일체가 되는 느낌을 받았는데, 곧이어서 몸과 정신이 분리되는 유체 이탈 현상이 일어났었다고도 한다.

뇌사에 의한 정상적인 죽음의 경우 후뇌의 기능이 가장 나중에 중지되었다가 가장 일찍 활성화되기 쉬운데, 이때 눈 운동 조절에 중요한 뇌의 기저부에 있는 상구와 시각 처리에 영향을 미치는 후두 피질이 갑자기 활성화되어 빛을 감지할 수도 있다. 그러니까 임사 상태에까지 갔다가 차츰차츰 의식이 돌아올 때 후뇌가 먼저 눈꺼풀을 뚫고 들어오는 빛을 느끼자 전두엽이 비몽사몽간에 그것이 혹여 이승과 저승을 관통하는 터널일지도 모른다는 생전에 학습된 정보(기억)를 끄집어내어 편집하기 시작한 것이리라.

또 어떤 원인으로 호흡이 중지되었다가 주변인들이 죽은 줄 알고 담요를 덮어 주자 방바닥 온기로 굳었던 사지 육신이 풀리면서 숨을 쉬게 된 경우, 가족들이 울면서 주검을 붙들고 흔드는 바람에 다시 심장이 뛴 경우, 심지어 관 속에 들어갔다가 관이 흔들리는 바람에 심장이 뛰어 되살아난 경우 등등 일시적으로 가사 상태에 빠졌다가 살아난 경우도 있지만, 말이 임사 체험이지 심한 가위눌림(수면마비) 상태에서 깨어난 경우도 적지않다. 그들 중에는 일시적으로 마음이 아주 편안하고 담담하며, 육신조차 한없이 가벼운 듯한 신비로운 체험을 하는 사람도 있다. 몸이 식어 가면서 감각 등을 담당하는 뇌의 기능이 마비되고, 일부 남은 의식(인식) 기능이 작동한 데서 일어나는 현상이다. 그 상태에서는 고통이나 공포·두려움·슬픔·걱정 등을 생각하려 해도 떠올려지지가 않는다. 신진대사가 멈추면서 그런 기능을 담당하는 부위가 먼저 마비되어 작동되지 않기 때문이다. 감각 인지나 생각(사유)도 에너지가 있어야 가능하다. 하여 몸이 식어 가는 만큼 생각도 느려지고 시간도 늘어지는 듯한 묘한 느낌이 찾아온다. 그래서 임사 체험을 하고 난 사람들이 죽음이 전혀 공포스럽지 않았노라고 말하는 것이다. 그 옛날 로마인들이 따뜻한 목욕물에 몸을 담그고 손목을 그어 자결했던 것도 그 때문이다. 생의 끝에는 자율신경의 기능이 멈추면서 혼백이 분리되어 의식이 공중에 뜬 듯한 해방감을 느끼게 된다. 의지 없는 인식만의 경지를 맛보는 것이다.

13. 저승길은 누가 안내하는가?

임사중에 어떤 이는 혼(魂)이 육신에서 빠져나가 누워 있는 자신과 자신을 둘러싸고 있는 사람들을 내려다보는 듯한 체험을 하는 수도 있는데, 이는 이미 몸이 굳어 백(魄)이 휴지 상태로 들어가는 바람에 아직 깨어 있는 의식[魂]이 백(魄)으로부터 분리되어 일시적으로 느끼는 현상이다.

자기가 죽는다는 사실을 인지하고서 가사 상태에 빠졌다가 의식이 돌아올 때에는 생전에 학습된 지식(정보)을 동원해 저승(사후) 세계를 다녀오기도 한다. 이때 본인이 그리는 저승 세계는 반드시 이전에 자신이 사후 세계에 대해 품고 있던 상상력(정보)에서 벗어나지 않는다. 가령 저승사자가 나타나는 장면에서 한국인이라면 드라마나 소설 속에서 보던 검은 도포를 입고 갓을 쓴 모습일 테고, 서양인을 데리러 온 저승사자는 해골 얼굴에 검은 후드를 뒤집어쓰고 자루가 긴 커다란 낫을 든 이미지겠다. 또 불교도라면 어디선가 염불 소리가 들리고 극락과 같은 이미지를 그릴 것이며, 기독교인이라면 하나님의 목소리나 찬송가 같은 소리가 들릴 것이고, 십자가 모양의 빛의 인도를 받아 천당으로 가다가 돌아왔다거나, 또는 이전에 할머니로부터 들었던 죽은 조상의 인도를 받아 저승으로 가다가 어찌어찌해서 되돌아왔다는 등 각자의 기억 정보를 바탕으로 한 상상력이 만들어낸 단막극 동영상 이미지일 테다.

또 사람이 죽음에 이르렀을 때는 청각이 가장 오래 살아 있어서 죽은 후에도 주변인의 음성을 듣게 된다고들 한다. 영 틀린 말은 아니다. 호흡과 심장이 멈추면 몸이 식기 시작하는데, 식는다고 해서 모든 세포가 일시에 다 죽는 것은 아니다. 장기를 이식할 때처럼 세포는 생존 활동을 멈추지만 한동안은 완전히 죽지 않고 수면이나 질식 상태를 유지하다가 한참 후에야 완전한 죽음에 이른다. 그러기 전에 인공호흡과 심장소생술로 혈액을 통해 산소가 공급되면 세포들이 다시 활동을 시작하게 되는 것이다.

죽게 될 경우 사람의 몸이 점점 식어 가는데, 당연히 신체의 바깥쪽에서부터 차차로 차가워져 갈 것이다. 반면에 귓속은 약간 안쪽에 있어서 눈에 비해 천천히 식는다(따뜻한 방에서 침대에 누웠거나, 또 베개를 베었다면 더욱). 따라서 청각 기능이 시각보다 늦게까지 작동하게 될 것이다. 두뇌 내부에 온기가 남아 있다면 완전하지는 않지만 일부 지각 기능이 가동되고 있을 수도 있다. 그러니 누군가의 임종을 지킬 때에는 심장이 멈추고 숨을 거두었다고 해서 곧장 함부로 대하지 말고, 온몸이 다 식을 때까지 계속해서 찬송가를 불러주거나 불경을 읊거나 위로의 말과 덕담(?)을 해주어 편안하게 천당이나 극락으로 갈 수 있도록 도와줘야 한다. 죽는 이가 두려움 없이 희망적이고 평안한 믿음을 간직한 채로 영면하게 배려해 주어야한다는 말이다. 두뇌 속까지 다 식어 내부 신경 기능이 완전히 멈출 때까지 그 상태로 지켜 주는 거다. 비록 수십 초 내지는 수 분에 지나지 않는 짧은 시간이지만 죽는 이에겐 그 순간이 곧 영원이다.

임사 체험에서 깨어난 이들의 증언이 공통적으로 비슷한 이유가 이로써 설명되었을 것이다. 그러면 다른 체험을 말하는 사람은? 깨어날 때 그 육신이 처한 상태에 따라서 임사 체험의 상태 또한 달라져 모두가 똑같을 수 없는 까닭이다. 이를테면 몸(특히 두뇌)의 어느 부위에 온기와 산소가 먼저 공급되느냐에 따라 감각이 깨어나는 순서가 다르기 때문이다. 바닥이 찬 경우 혹은 따뜻한 경우, 주변에서 인공호흡이나 심장소생술로 살린 경우, 바로 누운 경우, 좌로 혹은 우로 누운 경우, 어두운 곳에서 소생한 경우 혹은 밝은 불빛 아래서 소생한 경우, 의식이 빨리 깨어난 경우 혹은 늦게 깨어난 경우 등등 그때마다 감각과 인지 기능을 담당하는 두뇌의 각 부분이 깨어나는 순서가 다르기 때문에 각자 다른 이미지 연상(환각 혹은 착각) 체험을 하는 것이다. 그렇지만 그냥 자다가 깨어난 것처럼 아무 기억이 없는 경우가 대부분이다. 편안한 상태에서 임사 체험을 할 때에는 의식이 서서히 깨어나면서 이런 낭만(?)적인 체험을 할 수 있지만, 급작스레 깨어나게 되면 백(魄) 또한 동시에 깨어나 의식[魂]이 미처 이런 연상(환각)을 할 틈이 없다.

분명한 것은 동양의 염라대왕 사자가 죽은 서양인을 데리러 간 적이 단 한번도 없다는 사실이다. 찬송가를 한번도 들어 보지 않은 사람에겐 백번을 죽었다 깨어나도 천사가 마중 나오지 않는다. 이렇게 한번만 뒤집어 생각해 보면 빤하게 드러나는 것을 인간은 왜 부정하길 마다하고 오히려 신앙하는가? 고대로부터 신비한 것에 대한 경외심이 끊임없이 다음 세대로 학습되어 이어진 덕분이다.

14. 또 다른 나, '도플갱어'

극도의 고통과 절망을 감당하지 못하여 혼백이 제자리를 지키지 못하고 흔들릴 때 '나'는 '나'가 아닌 '너'가 되어 버린다. 혼(魂)이

나가 버리고, 백(魄)만 남아 있게 된다. 그리하여 저 혼자서 허공을 맴도는 (듯한) 혼(魂)은 '나'를 '나'라 부르지 못하고 '너'라 부른다.

어느 날 독일의 한 청년이 길을 가던 중에 맞은편에서 자신과 똑같이 생긴 사람이 걸어오는 걸 목격한다. 옷차림 외에는 모든 것이 똑같은 또 다른 자신의 모습에 놀란 청년이 그대로 그 자리에 멈춰서자 예의 또 다른 자신이 홀연히 사라져 버렸다. 그 청년은 다름 아닌 독일의 대문호 괴테다. 훗날 괴테는 사랑하는 여인과 헤어진 지 얼마 되지 않아 이별의 아픔으로 힘들어했던 때, 또 다른 자신과의 만남이 큰 위안이 되었노라고 했다.

괴테가 경험한 것은 이른바 도플갱어다. 동양에는 없는 귀신 이야기 중 하나다. 이는 독일의 한 지방 민담에서 유래된 말로 '이중으로 돌아다니는 사람'이란 뜻이다. 우리말로는 분신(分身) 혹은 생령(生靈)쯤 되겠다.

세상 어딘가에 나와 모든 것이 똑같은 사람이 존재한다? 얼마나 재미있는 발상인가? 비록 정신착란의 한 형태일 뿐이지만, 이런 식의 스토리텔링이 하나 생겨나면 세상 여기저기로 퍼져 나가서 그러한 체험자가 나타나기 시작한다. 물론 그 이전에는 도플갱어를 몰랐으니(학습이 없었으니) 당연히 만들어낼 수가 없다. 만약 그런 민담(정보)이 없었다면 괴테가 그러한 경험을 했을 리도 없겠다.

다른 특이 체험과 마찬가지로 도플갱어를 초자연적 현상으로 믿고 싶어하는 사람들은 초끈이론에 근간한 공간 이동 등 온갖 우주의 물리 법칙을 이현령비현령으로 들이대지만 다 헛소리다. 전문가들은 오른쪽 측두엽에 손상이 있을 경우 자신이 동시에 두 장소에 있는 것 같다거나, 과거와 현재의 일이 동시에 존재하는 것 같은 느낌을 가질 수도 있다고 한다. '드라큘라' '뱀파이어' '강시'와 마찬가지로 영화·드라마·소설·만화·게임 등 각종 오락 작품의 소재로나 소용될 뿐이다. 아무튼 고대인이나 현대인이나 '귀신 만드는 일'은 수지맞는 일이다.

15. 구마(驅魔), 퇴마(退魔)의 원리

과학의 시대라 귀신(마귀, 악귀)이 실제로는 존재하지 않음을 모를 리 없건만 나약한 인간은 여전히 귀신이 있다고 믿고, 약은 인간은 그에 편승해 끊임없이 새로운 귀신을 만들어 팔아먹고 있다. 그리하여 이 과학의 시대에 귀신 들린 정신병자들이 오히려 늘어나고 있어 이를 정신병리 현상으로 봐야 할지, 아니면 문화병리 현상으로 봐야 할지 헷갈릴 정도다.

'구마(Exorcismus)'란 귀신을 쫓아내는 일을 일컫는 것으로, 우리나라엔 1990년대에 나온 《퇴마록》이라는 소설 덕분에 '퇴마'란 용어로 많이 알려져 있다. 고대에는 주술사들의 주업무가 귀신 쫓는 일이었으니, 구마사는 인류의 가장 오래된 전문직이라 할 수 있겠다. 인간의 영혼을 관장하는 종교인들이 전통적으로 이 구마를 도

맡아 왔는데, 제아무리 영성이 뛰어난 종교인이라 해도 이 구마 퍼포먼스는 여간 만만찮은 일이다. 하여 웬만큼 강단을 지닌 자가 아니면 해낼 수가 없었다.

요즈음 생겨나는 신(新)귀신은 사악하고 무시무시하기가 상상을 초월해서 염라대왕과 제우스가 손잡고 졸개들까지 다 데리고 덤벼도 못 당한다. 가히 울트라수퍼귀신이라 할 수 있겠다. 그리고 그런 선도적 예술 작품을 따라 인간들도 갖가지 형태로 미쳐 가고 있다. 왜냐하면 미치는 데도 모델폼(정보, 기억)이 있어야 하기 때문이다. 미치는 데도 유행이 있다는 말이다. 당연히 미친 환자를 치료하려면 그 사전 정보를 알아내어야 효율적일 테다. 그러다 보니 옛 전통적인 방식으로 구마 의식을 행하던 무당들과 신세대 구마사(퇴마사)와의 경쟁이 점점 치열해질 수밖에 없다 하겠다.

다행히(?) 늘어나는 귀신들만큼 귀신 씌인 사람도 폭발적으로 늘어나고 있다. 전 세계에서 구마사들이 사력을 다해 이들 귀신과 싸우고 있지만 도무지 역부족, 급기야 교황에게까지 구원병을 요청하기에 이르렀다. 교황청은 2018년 4월 16~21일 로마에서 엑소시즘과 악마로부터 해방되는 기도 등을 가르치는 구마 훈련 교육과정을 개설했다. 교황청은 이미 2014년에 교황청 대표 퇴마사인 가브리엘레 아모스가 1991년에 설립한 국제구마사협회를 정식으로 승인한 바 있다. 우리나라에서도 예로부터 무당이 굿을 하며 귀신을 쫓았는데, 요즘도 이 구마 의식이 널리 행해지고 있다. 더불어 극성 종교인들이 구마 의식을 하다가 환자를 사망케 하는 사고도 종종 일어나고 있다.

구마하는 방법이야 이미 소설이나 영화를 통해 널리 알려져 있는
바, 고대의 주술사나 현대의 무당이 하는 굿과 크게 다르지 않지만
각 종교에 따라 그 형태가 다양하다. 칼·부적·굿판·십자가·부
적·성수·독초·때리기·기도·최면·염력 등 수단 방법 안 가리
고 귀신을 달래거나 윽박질러 내쫓아야 했다.

기실 귀신이 없는데 무슨 해괴한 망발?
아무려면 귀신이 있기야 하랴마는 본인이 귀신에 씌인(정신 나간)
짓을 하니 귀신에 씌었다고 인정해 주고(믿어 주고), 그 귀신을 달래
서 내쫓는 퍼포먼스(사이코드라마)를 해주는 것뿐이다. 귀신이 들었
다는 건 누가 뭐래도 과학(의학)적으로 정신이상, 그 중 이중인격 혹
은 다중인격에서 비롯된 이상행동(해리현상)에 다름 아니다.
그러면 동물도 인간처럼 이중인(동물)격을 가지게 될까? 그럴 리
없다. 스트레스나 강박증·트라우마로 인한 자아 분리인 이중인격
은 인간만이 가질 수 있는 것이다. 대뇌가 지금처럼 남아돌 정도로
커지지 않았다면 그러한 현상이 생겨날 수가 없다. 신피질이 비정
상적으로 커져서 대뇌 각 부분들의 연결망이 복잡해지면서 생긴 질
병 아닌 질병이라 할 수 있겠다. 백(魄)이 원하는 본능적인 욕구와
혼(魂)이 만들어내는 상상적인 욕망이 상충되면서 일어나는 혼란이
라 하겠다.

쉽게 더듬어 보자. 동물들 가운데 거짓(말)을 행할 수 있는 유일

한 종이 바로 인간이다. 물론 처음에는 다른 일부 동물들처럼 위기 상황이나 사냥을 위해 죽은 척하거나 몸을 숨기는 데서 가장(거짓)을 학습하기 시작했을 것이다. 본격적으로는 인간이 옷을 만들어 입기 시작하면서부터일 테다. 꾸미는 것은 곧 가식이다. 그러다가 탈(가면)을 쓰고 귀신 흉내를 내면서부터 이중적 인격을 연출하는 법을 익히고, 거짓말을 만들어내기 시작했을 것이다. 이후 유혹과 속임수를 구사하며 문화를 발전시켜 온 것이리라. 그러니 문화란 원초적으로 야바위라 할 수 있겠다. 당연히 구마 의식(굿)은 인류 최초의 연극이 아닐 수 없는 것이다.

해서 인간은 가식의 동물이고, 모든 인간은 이중(다중)인격을 지니고 있다고 할 수 있다. 이 이중인격적인 사유가 평소 혼(대뇌신피질)의 영역에서 이성적 판단과 분별심으로 통제가 잘될 적엔 문제가 없는데, 이게 자칫 변연계(대뇌피질과 시상하부 사이의 경계 부위에 위치한 일련의 구조물들로서 해마·편도체·시상앞핵·변연엽 등으로 이루어지며, 분노·두려움·즐거움·행복 등의 감정과 행동, 욕망 등의 조절, 기억에 관여함)에까지 각인되고 나면 통제가 어려워진다. '마음'이 갈피를 잡지 못해 우왕좌왕하다가 정상을 이탈해 건강을 해치게 된다.

동서양의 귀신 모습이 다르듯 환자들의 '귀신 들린 짓' 또한 다르다. 문화적 차이에서 오는 학습 정보(기억)가 서로 다르기 때문이다. 요즘은 소설이나 영화를 통해 그 '짓'도 글로벌하게 서로 뒤섞여 가고 있다.

기실 구마 의식이나 정신과 치료로 나을 수 있는 정도는 완전한 이중(다중)인격이 아니라 일시적인 증상이라 할 수 있다. 그런 환자의 귀신 들린 듯한 비정상적인 행동은 자기 내면의 갈등을 드러내어 누군가의 도움을 받고자 하는 짓이다. 진정한 이중인격은 매우 드물며, 그들은 귀신 들린 이상행동을 하지 않는다. 당연히 치료도 되지 않고, 치료해 달라고 앓지도 않는다.

극단적인 범죄인들 가운데 더러 이중(다중)인격자가 있다. 이들은 대뇌의 공포(두려움, 수치심)를 담당하는 기억세포 부분이 제대로 발달하지 못하였거나, 그에 따른 호르몬 분비 등 제 기능을 발휘하지 못하고 있을 가능성이 매우 높다. 왜냐하면 인간은 공포에 대한 두려움이 없으면 억제(절제)심이 길러지기 어렵기 때문이다. 정상인이라면 대뇌 변연계에서 끊임없이 백(魄)으로부터 올라오는 본능적인 욕구와 그것을 그대로 실행했을 때에 감당해야 할 결과[喜怒哀樂恐恥]를 예상·비교해 가며 감정을 통제하기 때문에 이중성을 행동으로 옮기지 못한다.

16. 구마사(퇴마사)가 되려면?

귀신들림은 가식이라 했다. 당연히 그 귀신을 쫓아내는 구마 의식도 가식(굿, 사이코드라마)일 수밖에 없다. 그렇다고 해서 구마 의식 자체가 완전한 쇼일 수는 없다. 적어도 환자와 구마사에게는 진실이다. 정신과 의사라면 마땅히 상담이나 최면을 통해 무의식·잠재의식을 뒤져서 원인을 찾아내고, 또 그걸 풀어 주는 방법을 택하겠지만, 구마사나 무당이라면 전통적인 퍼포먼스로 환자를 이끌어 연극을 완벽하게 연출해내어야 한다.

이쯤에서 독자 여러분들 중에서 필자더러 "그렇게 잘 알면 당신이 직접 구마를 할 수도 있겠네?"라는 주문을 할 수도 있겠다. 하지만 필자는 못한다. 아니 안 된다. 필자는 귀신의 존재를 인정하지 않기 때문에 아무리 구마 의식을 행하여도 소용이 없다.

구마 의식은 먼저 환자와 구마사가 서로 교감해서 귀신들림을 인정하고 공감을 해야 성공할 수 있다. 그렇게 두 사람 사이에 신뢰가 구축되지 않으면 연극을 계속할 수가 없다. 당연히 구마사는 환자의 (황당한) 행동(생각, 주장)을 진심으로 인정하고 들어가야 한다. 환자는 그걸 확인할 때까지 의심을 풀지 않으며, 마음 문도 열어 주지 않는다. 확신이 생길(지칠) 때까지 환자는 온갖 변덕을 부리며 구마사와 밀고 당기는 신경전(체력전)을 벌이는 것이다. 이 과정에서 구마사가 환자의 가식적인 변덕에 일말의 의구심을 품고 무시했다간 산통 다 깨고 만다. 이미 환자의 신경은 극도로 예민해져 그런 기미를 귀신(?)같이 눈치챈다. 무속인이나 종교인들이 구마 의식을 전담할 수밖에 없는 이유가 여기에 있다.

귀신의 존재를 믿지 않으면 소통(교감)이 되지 않는다. 환자는 의심이 많아 계속해서 구마사를 테스트한다. 구마사가 만만해 보일 경우 종일 혹은 며칠을 두고 실랑이를 벌인다. 따라서 진심으로 인정해 주지 않으면 환자를 고칠(이길, 설득할) 수가 없다. 결국 누가 이기느냐의 시합을 하는 것이다. 먼저 지치는 쪽이 지는 것이다. 환자가 지쳐 항복할 때까지 진심(?)으로 '척'하며 싸워야 한다. 그러니 무척이나 고된 작업이 아닐 수 없는 것이다.

17. 귀신을 모르는 사람과는 못 논다!

필자와 같이 귀신을 본 적도 없는 사람이 진심으로 남의 귀신을 인정해 줄 리가 없겠다. 반대로 귀신을 본 적이 있는 사람이라면 당연히 상대의 귀신도 인정할 것이다. 그런 사람이어야만 환자의 신뢰를 얻어 소통할 수가 있다. 환자의 입장에선 귀신(자신)을 인정하지 않는 귀신과는 절대 연극을 같이할 수가 없다. 쌍방간의 신뢰가 깨어지면 어떤 무당도 귀신을 쫓아내지 못한다.

심리학적으로 설명하자면 환자의 또 다른 인격(무의식, 귀신, 이중인격)을 풀어 주어야 하는데, 이를 위해 무당은 일단 그 귀신을 의심 없이 진심으로 인정하고 들어가야 한다. 그렇게 해서 환자를 달래거나 협박하면서 그 귀신의 얼토당토않은 하소연과 변명을 들어 주고, 자기 인정(부정)을 하도록 유도해 항복을 받아내거나 마음의 응어리를 풀어 주어야 한다.

환자가 구마사를 비롯해 주변인들이 자신이 여태까지 저질러 온 해괴한 짓들이 자기가 아닌 자기, 즉 제3의 자기(귀신)가 한 짓임을 공인해(믿어) 주어야 그 귀신을 버리고 자신의 맨정신으로 돌아갈 염치(체면, 빌미)가 생기는 것이다. 그러니까 환자 스스로가 뒤집어 쓴 가면(鬼)을 벗고 나오도록 도와주는 것이 구마 의식이다.

귀신들림(귀신놀음)이라는 이중인격의 뿌리는 자기 기만과 수치심이다.

이런 부류의 정신이상이 아닌 트라우마나 조현병·몽유병·간질·자폐 등을 구마 의식으로 고치려 들다간 귀신을 쫓기는커녕 오히려 증상을 악화시키기 십상이다. 그런가 하면 수행(참선, 명상, 집중 기도)이 잘못되어 환각의 충격으로 정신이상을 보이는 환자도 꽤 많다. 선병(禪病) 중의 하나로 선방에서 용맹정진하는 승려들이 종종 걸리는데, 수도원이나 기도원에도 이런 환자가 적지않다.

수행을 해보지 않은 이들은 '뭐 그만 일로 사람이 미칠까?'라고 회의를 품을 수도 있겠으나, 기실 수행중의 환각과 그로 인한 트라우마는 상상 이상으로 강렬해서 여간해서는 지워지지도 않고, 이성적 판단으로 진정시키기도 어렵다. 이중인격적 증상이 아니기 때문에 구마 의식으로는 치료가 안 되며, 그대로 두면 조현병으로 악화되기도 한다. 이 경우 (한약으로) 혼백이 상호 피드백을 할 수 없도록 분리(격리)시켜서 일단 백(魄, 자율신경)부터 진정케 한 다음, 운동이나 노동으로 백(魄)을 강화시켜 주면서 혼(魂) 본연의 임무에 집중토록 유도하면 빠르게 정상으로 돌아온다.

18. '신내림'이란 진실일까?

대부분의 종교나 귀신 이야기가 그렇듯 한번 만들어진 것은 여간해서 없어지지 않는다. 고대인들이 탈〔鬼〕을 쓰고 귀신놀이를 하던 무속이나 축제는 지금도 세계 도처에서 수많은 민족들이 전승해 오고 있다. 마치 문화에도 DNA가 있는 것처럼 끊임없이 학습되어 유전된다.

흔히 빙의(憑依) · 접신(接神) · 강신(降神) 등으로 표현되는 신내림 현상(증상)은, 신(神)이 무당의 몸에 내려와서 의식(意識)을 지배하는 것을 말한다. 그렇다고 해서 무당이 완전히 자의식을 상실하는 것은 아니다. 그때그때 상황에 맞추어 반(半)무의식 상태를 유지하면서 신과 인간의 소통 매개체로서 초월 세계와 현실 세계를 연결하는 역할을 한다. 신이 내리면 몸의 감각은 흥분 상태에 들어가며, 전율과 발작을 일으키기도 하는데 바로 신과 인간이라는 이중(다중) 인격 상태에 들었음을 표현하는 행위다. 망아(忘我)의 상태에서 온몸으로 귀신놀음을 구현해내는 것이다.

무당이 되기 전에 신내림을 받게 되면 까닭 없이 시름시름 앓게 되는데, 이를 무병 혹은 신병이라고 말한다. 무병의 증상과 원인은 개인이 처한 문화적 지역성과 생활 환경에 따라 차이가 있어 이를 정형화하기는 어렵다. 당사자는 참을 수 없을 만큼 괴롭다지만 병원에서는 딱히 원인을 찾지 못할 때가 많다. 마음이 들떠 안정할 수가 없으며, 꿈속에서는 물론 생시에도 귀신과 접촉한 듯 환시 · 환청에 시달린다. 증상이 심해지면 집을 뛰쳐나가 산야를 헤매고 다니기도 한다.

무병은 의학적으로 치료가 불가능하고, 병원 치료는 역효과를 가져와 무병의 증세를 오히려 악화시킨다고 주장한다(어쨌든 의사들은 동의하지 않겠지만). 그러다가 무속인을 만나 자신이 무병에 걸렸음을 알고 내림굿을 통해 신을 받아들이게 되면 병이 씻은 듯이 낫는다고 한다. 내림굿은 무병을 앓는 자가 무당이 되기 위한 강신 체험 의식으로 그걸 반드시 거쳐야 강신무가 된다.

19. 누가, 왜 무병(巫病)에 걸리는가?

무속적인 입장에서 보면 무병은 신(神)의 간택을 알리는 징표라 하겠다. 신이라 하든 귀신이라 하든 과학적으로 실체가 없는데 무슨 간택? 영적 세계에서는 존재한다고? 이런 식의 논쟁으로는 진실(fact)에 접근하기가 불가능하다. 그러니 현장에 있는 증거물이나 흔적을 조사해서 차츰 본질로 접근하는 것이 바람직하겠다.

아이들 중에 유치원이나 학교에 가기 싫어서 배가 아프다며 꾀병(?)을 앓는 경우가 더러 있다. 해서 병원에도 데려가 보지만 달리 진단이 나오지 않는다. 왕따를 당하였거나, 아니면 누군가를 싫어하거나, 또 하기 싫은 일이나 먹기 싫은 걸 억지로 강요당할 때 흔히 일어나는 일이다. 이미 이런 증상은 상식적인 일이라 부모나 교사가 잘 달래거나 학교에 안 가도 된다고 하면 씻은 듯이 없어진다.

한데 그 원인이 해소되지 않은데다가 부모나 교사가 아무리 달래어도 아이가 그걸 극복해내지 못할 경우는 어떻게 되겠는가? 그런 상태에서 아이가 참고 억지로 학교에 다니게 되면? 그것도 지속적으로? 당연히 병이 되어 건강을 해치거나 극단적인 선택을 할 위험이 커진다. 해서 아이가 계속해서 학교 생활에 적응하지 못할 때에는 전학이나 휴학을 시키는 등 법석을 피우게 된다.

필자가 어렸을 적에 친척 할아버지의 한의원에서 겪은 일이다. 동네의 한 아이가 사지가 모두 오그라들어서 어른들이 아무리 당겨 보아도 펴지지가 않아 급히 데리고 온 터였다. 아이의 몸이 완전히 장작처럼 굳어 파랗게 질려 있었는데, 잠시 살피시더니 몇 군데에 침을 놓자 스르르 풀려서 돌려보냈다. 누군가가 아이에게 죽기보다 하기 싫어하는 일을 하라고 윽박지르는 바람에 그만 쓸개즙 분비가 끊어져서 그렇게 된 것 같다고 말씀하시던 기억이 난다.

집안의 조상 가운데 무업에 종사하였거나, 또 신을 모시는 일을 하는 집 자녀들은 무병에 걸리지 않고도 가업을 잇는 사례가 많다. 이를 '신줄이 있다'고 하는데, 그거야 당연한 이치겠다. 어렸을 적부터 보고 배웠으니 의식적이든 무의식적이든 거부감 없이 자연스레 학습이 된 것이리라. 의사 집안에서 의사가 많이 나오고, 연예인 집안 자식들이 그 부모들이 하던 일을 잇는 거나 마찬가지일 테다. 간혹 집안의 무업 잇기를 거부하고 다른 길을 택하였다가 어떤 불행한 일을 겪게 되면 그게 모두 신내림을 거부한 때문이라는 죄의식 혹은 가책으로 무병을 앓아 결국 무당이 되는 일도 잦다.

무당의 길을 걸어야 할 제자를 신이 간택하고, 그 징표로 신병을 내린다? 그런데 신내림을 받는, 무병을 앓은 이들을 살펴보면 대부분이 젊은 여성(처녀)들이다. 간혹 남성들도 있지만 매우 드물다. 그렇다면 왜 여성들을 점지해서 신내림을 하는가? 전통적인 관습인가? 무당이 모시는 신(神將)들이 남성이어서? 아니면 달리 이유가 있을까?

필자는 무병을 해소되지 않은 여성의 성적 욕구의 변태적인 발현으로 단정한다. 만약 서양에서도 한국과 같은 신내림이나 내림굿이 있었다면 아마도 프로이트가 이 말을 먼저 하였을 것이다. 뭐 그렇다고 해서 굳이 '아니마' '아니무스', 무의식, 잠재의식 등을 들먹일 것까지는 없겠다. 이미 정신분석학이나 심리학에서는 상식적인 일이니 말이다.

20. 성욕 해소가 안 되는 처녀

한국의 전통적 윤리관과 예법·관습에서는 여성이 자신의 속내(성적 욕망)를 밖으로 표현하기가 쉽지 않다. 율법이 보다 엄격한 중동이나 아프리카 회교권에서는 아마도 우리보다 더할 것이다.

고대의 자연 상태에서는 인간이 사춘기를 지나게 되면 당연히 섹스가 허락되었다. 성인식은 그에 대한 공인 행사인 셈이다. 이때부터 남녀는 섹스를 통해 욕구를 발산하게 되는데, 만약 어떤 연유로 인해 그것이 억압될 때 사람에 따라서 드물게 무병과 같은 이상 증세를 겪게 된다. 물론 각 민족마다 관습에 따라 결혼 적령기가 약간씩 다르지만 대부분 사춘기를 지나면 결혼이 허락되었다. 문명 국가일수록 점점 늦어지고, 결혼 조건과 환경이 오히려 까다로워져 성욕 해소가 여의치 못한 경우가 많다. 물론 그렇다고 해서 모든 남녀가 그러한 증상을 겪는 것은 아니다. 대개의 남성들은 수컷의 본능에 따라 손쉽게 자위행위를 하게 되고, 또 그것을 그다지 부끄럽게 여기지도 않는다. 그렇지만 여성들에게는 각자의 생리적 성향이 달라 남성들처럼 간단하게 성욕을 해소하기가 쉽지 않다. 자위로도 성욕 해소가 안 되는 여성이 적지않다.

그 증상의 강약이 문제지만 기실 문명화된 모든 인간은 남녀를 불문하고 성(섹스)에 대해 이중적 편견(선입견)을 가지고 있다. 그리고 섹스를 두고 일생 동안 갈등한다. 섹스를 하든 안하든! 대부분의 정상적인 사람들은 이 갈등을 이성적(윤리적) 분별심으로 잘 극복하며 살아가지만, 개중에는 이 문제가 잘못 얽혀 버려 풀지 못하는 이들이 간혹 있다. 남성의 경우 성도착·강간 등 범죄를 저지르는가 하면, 극히 드물지만 여성의 경우 무병과 같은 고통을 겪기도 한다.

21. 억눌린 성욕으로 인한 혼백의 갈등

혼(魂)은 교육받은, 혹은 체험을 통해 축적된 정보(기억)에 근거해서 백(魄)의 요구를 거절할 때가 많다. 물론 처음에는 멋모르고 백(魄)의 요구대로 하였다가 혼이 난 적이 있어서 거부하는 경우도 있고, 아니면 자신이 주위들은 선입견이나 교육받은 윤리도덕관 때문에 실행해 보지도 않고 판단해서 거절하기도 한다. 이럴 때는 백(魄)이 강하냐, 혼(魂)이 강하냐에 따라 용감해지기도 하고, 비겁해지기도 한다. 이런 백(魄)의 요구와 혼(魂)의 판단력에 대한 신호를 대뇌의 각 부분(변연계)이 여러 방향으로 서로 주고받아 비교 분석해서 '마음'이 행동을 결정하게 되는데, 그때마다 모두 올바른 선택과 결정을 내리는 것은 아니다. 당연히 백(魄)의 불만이 생기게 되고, 또 그것이 누적될 때 이중적·다중적 정신분열이 생길 수가 있다.

때가 무르익어 정(精)이 잔뜩 쌓이면 이성을 만나 섹스를 하는 것이 마땅하다. 욕구가 분출하는데도 불구하고 혼(魂)이 짝을 구하지 못하거나, 그동안 배운 성(性)에 대한 잘못된 선입견이나 편견 때문에 그 욕구를 지속적으로 무시하거나 억누르다 보면 혼(魂)과 백(魄)의 갈등이 생긴다. 처녀들의 신내림(무병)은 이 성적인 갈등에서 기인한 질환이다.

신내림은 남자보다는 여자에게서 절대적으로 많이 일어난다. 남자는 섹스를 욕망하지만 여간해서는 이중적으로 갈등하지 않는다. 동물적 본능으로 정액을 배출하기만 하면 그만이다. 암컷을 가리거나 선택을 고민하지 않는다. 그러나 여성은 섹스를 욕망하기도 하지만, 갈등도 해야 한다. 아주 오랜 동물 시절부터 수컷이 자신을 잘 보호해 줄지, 그리고 새끼를 무사히 잘 키울 수 있을지 등등을 고민해서 항상 짝을 선택해 오던 본능적 습관이 남아 있기 때문이다. 이처럼 상대를 고르는 조건과 선택, 그리고 때를 놓치면 안 된다는 조급함에 갈등하게 되고, 그것이 지나치다 보면 신내림이라는 정신이상으로 나타나게 된다.

22. 성적 수치심과 욕망 해소

자연의 섭리를 따르던 인간이 어느 시기부터인가 자신의 의지대로 아무 때고 섹스를 즐길 수 있게 되었다. 그러나 여성의 경우 생리적인 가임 사이클은 변함이 없어 남성처럼 아무 때나 내키는 대로 섹스를 즐길 수 없는 제한은 지금도 계속되고 있다.

자연 상태에서라면 여성의 임신에 대한 본능은 원래 강력하여 여성 스스로도 통제하지 못한다. 이때는 백(魄)의 기운이 극에 달하기 때문에 혼(魂)의 판단에 따른 통제가 거의 불가능하다. 다만 혼(魂)이 할 수 있는 일은 이왕이면 보다 강한 수컷을 고르는 것뿐이다.

그리고 모든 여성이 남성처럼 성(sex)에 대한 관념이 똑같지는 않다. 남성의 섹스는 단순하고 그 행위와 만족도도 똑같지만, 여성의 경우는 천차만별이다. 동물의 암컷은 원초적으로 성(sex)을 즐기기 위한 구조로 되어 있지 않기 때문이다. 아무리 성을 즐기는 여성이라 해도 저 밑바닥에는 임신에 대한 갈구 혹은 두려움이 도사리고 있는 까닭이다. 또한 스스로 능동적으로 섹스를 구하기보다는 수동적으로 받아들이는 구조로 되어 있다. 남성은 선택의 여지없이 기회만을 엿보지만, 여성은 허락하는 입장에서 선택을 고민해야 한다. 그리고 선택의 여지가 없을 때에는 섹스를 하고 싶어도 못하거나 하기 싫어도 응해야 할 경우도 생긴다. 그만큼 내적 갈등의 소지가 남성에 비해 크다는 말이다.

한데 성문화의 발달에 의해 여성도 섹스를 즐기도록 강하게 학습되었다. 본인의 생리적 욕구와는 상관없이 남들 따라 섹스를 갈망해야 하고, 가임 기간이 아님에도 섹스를 바라게끔 길들여졌다. 또 여성에겐 치명적인 불행일 수도 있는 일이 아무렇지도 않게 그냥 지나가기도 한다. 무슨 말인가 하면, 생리적으로 섹스를 해야 할 때가 되었는데도 여러 가지 사회적 제약에 의해 섹스를 할 수 없게 되는 경우가 생긴 것이다. 여러 가지 원인으로 몸이 절실히 원하는데도 불구하고 섹스의 기회가 주어지지 않는 것이다. 더 심한 경우, 섹스에 대한 욕구를 스스로 알아차리지 못하거나 윤리적 편견으로 인해 무의식적으로 억제하는 것이다.

학습된 선입견이나 편견에 의해 섹스를 불결한 행위로 자기 암시하였거나, 어떤 경험으로 인해 섹스를 도덕적으로도 아주 나쁜 것으로 혼(魂)이 인식한 경우도 있다. 그리하여 사춘기를 지나면서 임신에 필요한 백(魄)의 욕구는 점점 강해지는데도 불구하고 혼(魂)이 그에 부응하지 않는 경우가 생긴다. 이유는 가지가지다. 예를 들어 자신이 못생겨서 다른 남성들이 자기와 섹스를 하려 들지 않을 것이라고 지레 판단해서 행동에 옮기지 않는 경우도 있다. 또는 이웃의 멋진 남자를 짝사랑하다가 상사병에 걸리기도 하고, 종교적 이유로 섹스는 순결하지 못한 행동이라는 생각을 가진 여성도 있다.

사춘기를 지나면서 여성의 경우 성적 욕구를 해소하지 못할 때 혼(魂)은 백(魄)에게 미안해하며 스스로 수치심을 느낀다. 해서 그간에 학습한 윤리나 편견·선입견으로 백(魄)을 달래어 보기도 하지만, 남들에게 들킬까봐 표현도 못하고 내적으로 심히 갈등한다. 그럼에도 백(魄)의 요구는 생리적으로 점점 더 강해지고, 혼(魂) 또한 섹스에 대한 갈망으로 목말라한다. 그걸 모른(안 그런) 척하자니 자기 변명 내지는 자기 기만을 하게 되고, 그것이 결국 정신분열, 이중적 인격장애 형태로 발현되는 것이다. 자만심이 강해 이런 현상을 스스로 자각하지 못하는 여성도 많다.

그런가 하면 반대의 경우도 있다. 여성의 경우(드물게 남성에게서도 나타난다) 학습에 의해 혼(魂)이 섹스를 하고자 하는데도 몸[魄]이 따라 주지 않는 것이다. 어떤 원인으로 몸 안에서 성적 호르몬이나 흥분을 유도하거나 일으키는 신경전달물질을 분비하는 기능이 고장이 났거나 부실한 경우이다. 이런 여성은 몸이 점점 쇠약해져 간다. 신경이 비정상적으로 날카로워져 신경질적이 되어가다가 마침내는 차가운 성격이 되고 만다. 섹스를 해도 흥분되지 않아 불감증에 석녀라는 소리를 듣기도 한다.

간혹 결혼한 여성도 무병을 앓는 경우가 있는데, 이 역시 불감증 등 성(性)적인 문제에서 기인한 심신장애가 대부분이다. 그외에는 불행한 사건이나 사고로 인한 트라우마 혹은 스트레스로 인한 장애를 무병이라 단정해 절차상 내림굿을 받고 무속인이 되는 경우도 있지만, 엄밀하게 말하면 신내림은 아니다.

23. 접신(接神)이란 신장(神將)과의 섹스다!

2017년, 부산에서 어느 무속인이 내림굿을 하였다가 환자로부터 고발당해 처벌을 받은 적이 있다. 굿을 하는 도중 여러 사람이 보는 앞에서 환자의 옷을 벗겨 성적 수치심을 유발했다는 이유에서다. 처녀가 이유 없이 아프다고 해서 다 무병은 아닐진대, 아마도 진단에서부터 착오가 있었거나 성급했던 것 같다.

내림굿은 일반적인 굿(구마 의식)과는 그 목적에서 다르다.

내림굿을 본 적이 있는 독자라면 이쯤에서 그 이치를 짐작할 수 있을 것이다. 요란한 것 같지만 그 퍼포먼스의 최종 목적은 무병을 앓는 처녀와 신장과의 접신이다. 그러니까 무당이 신장을 불러내고, 환자로 하여금 신장을 받아들이도록 하는 것이다. 그러기 위해서 환자를 달래다가 위협하기를 반복해서 결국 환자의 항복을 받아내어 신장과의 교접을 성사시킴으로써 굿이 완성되는 것이다.

굿은 환자의 혼백(魂魄)을 완전히 지치게 만들어서 혼(魂)을 빼는 과정이다. 그러기 위해서 북과 징이며 꽹과리 등의 악기로 환자의 이성을 마비시키고, 또 환자를 굴리고 때리고 잠을 못 자도록 괴롭혀 차츰 지치게 만든다. 단순한 무병이 아닌 이중인격적 환자의 경우에는 먼저 구마 의식과 동일하게 무당이 환자의 이중인격을 귀신(잡귀)이 씌인 때문이라고 설득하고, 서로(주변인들까지) 그 사실에 공감케 하는 협상이다. 다음으로 무당이 모시는 신장을 강림케 하여(무당이 신장이 되어) 그 잡귀를 쫓아낸다. 그리고 진이 다 빠진 환자의 항복을 받아내 신장과의 교접(섹스)을 끈질기게 시도해 결국 성공시킨다. 물론 간혹 무당이 지쳐 환자에게 지는 경우도 생긴다.

하루, 이틀, 사흘, 밤낮없이 굿을 해대면 환자는 결국 완전히 탈진해서 비몽사몽이 되어 자기 방어력(수치심)을 상실하게 된다. 그리하여 신장(무당)에게 자기를 맡기게 되는데, 그걸 유도하기 위해 굿을 하는 중간중간 무당은 환자의 가슴을 풀어헤치거나, 발로 음부를 짓밟거나, 큰 칼로 사타구니를 쿡쿡 찔러댄다. 잔뜩 웅크리고 엎어져 있던 환자는 결국 항복하고 사지를 벌려 몸을 허락할 준비를 한다.

혼(魂, 의식)이 완전히 지쳐 버린, 혼백이 이완되어 반(半)각성 반(半)수면 상태에 놓인 환자는 드디어 환각 상태에 빠져 신장을 보게 되고, 그 신장을 받아들여 교접(섹스)을 함으로써 그동안 쌓인 성욕을 해소한다. 이때 무당이 발이나 다리로 환자의 음부를 강하게 압박하고, 환자는 오줌을 싸는 등 환희의 극치(오르가슴)에 이른다. 환자와 소통·교감·감응된 무당이 자신의 신내림 체험을 환자에게 고스란히 전하는 것이다. 그렇게 접신의 통과의례를 마친 환자는 강신무(降神巫)가 된다.

환각 상태에서 접신과의 교접은 보통 사람들의 섹스와는 비교가
안 될 만큼 강렬해서 그 기억이 영원히 지워지지 않는다. 왜냐하면
환각 상태여서 평소 자신이 상상해 왔던 그대로의 섹스를 재현(체
험)하기 때문이다.

이후 강신무는 보통 사람과의 섹스에 만족할 수가 없다. 해서 얼
마쯤 지나면 다시 몸이 시름시름 아프기 시작하는데, 그럴 때에는
굿으로 신장과의 접신을 통해 그 욕구를 배출하게 된다. 굿할 일이
없을 때에는 혼자서라도 신장 앞에서 치성을 드리는데, 그렇게 환
각으로 접신이 되면 그림 속의 신장이 걸어나와 자신과 교접을 한
다. 그리고 나면 몸이 다시 가뿐해진다. 무당이 '영빨'이 잘 받는다
고 하는 건 접신이 잘된다는 의미다.

신령 세계를 놓고서 감히 섹스 운운하다니? 종교계에서 '섹스'를
신앙적으로 불결한 것으로 여겼기 때문에 이런 내밀한 이야기들을
사람들은 온갖 그럴싸한 무속적(신앙적) 용어로 설명해 왔다. 그리
고 이런 비슷한 사례는 수녀와 여승 등 다른 종교계에서도 드물지
않게 일어나는 일이지만, 그때마다 쉬쉬하며 숨기거나 다른 원인으
로 돌려 본질을 회피해 왔다. 프로이트가 일찍이 이 방면으로 관심
을 돌렸더라면 보다 명확하게 자신의 학설을 완성시켰을 것이다.

무속(종교)적인 축제를 하다 보면 간혹 참여자나 구경꾼들 중에서

뇌전증(간질병)이 발작한 것처럼 입에 거품을 물거나 몸을 떨며 광란(희열)에 빠지는 사람들이 있다. 이 또한 신내림(빙의)으로 이해하는데, 신이란 본래 없는 것이고 보면 이는 감응으로 인한 흥분이 지나쳐 뇌압이 상승하여 뇌의 특정 부분을 자극해서 일어나는 현상이다. 몸을 사용하는 예술가들에게서도 간혹 이러한 현상이 나타나는데, 그런 특이한 체험이 창작 작업에 반영되면 별난 작품이 탄생하기도 한다. 하지만 그러한 자극에 길들여지면 맨정신으로 한 작업에 만족하지 못한다. 그러다가 결국 광기로 치닫거나 마약을 찾게된다. 참선이나 명상, 혹은 안수기도중에도 온몸이 진동하는 체험을하게 되는 경우도 있다.

24. 한국의 무당은 왜 신장(神將)을 모시는가?

한국의 무당들이 섬기는 신은 거의 다 남성이다. 도교의 신들을모시는 경우도 있고, 삼신할매나 산신령 등 토속신을 모시는 경우도 있지만, 역사 속에 등장하는 관운장 등 실존 무장(武將)을 모시는경우가 많다. 왜 그럴까?

무장 중에서도 아주 강렬한 인상을 주는 최영·김종서·남이·임경업 장군 등이 신장으로 모셔지는데, 의외로 우리가 잘 아는 이순신 장군을 모시는 무당은 드물다. 그러니까 억울하게 죽어 한스러운, 독이 잔뜩 오른 강력한 무장의 위력이라야 다른 잡귀들을 눌러쫓아낼 수 있기 때문이다. 해서 이순신처럼 고분고분한 선비 장수는 인기가 없는 것이다.

더 거슬러 올라가면 이는 신라 화랑들의 관습에서 유래된 습속이 아닌가 싶다. 신라시대에는 모계의 유습이 일부 남아 있었고, 또 성 (性)이 무척 개방적이었음을 그 시대의 출토 유물들이 대변해 주고 있다. 〈처용가〉에서 보듯 자기 부인이 외간 남자를 집으로 끌어들여 바람을 피워도 남편은 그저 노래로 달래는 것이 고작이었다. 김 유신과 천관녀(기생이 아니라 무녀) 이야기가 전하여지듯이 그 시절 무녀는 장수들에게 성(性)을 제공했던 듯하다. 전장에 나가는 전사라면 신의 가호를 받아 강력한 힘을 지니는 것을 소망했을 터, 신의 대리인인 무녀와 교접함으로써 그 기운을 전해받았을 것이다.

어찌 보면 신라 화랑은 고대 로마의 군단과 비슷한 형태로 결성된 것 같다. 가령 멋지고 잘생긴 귀족 가문의 청년이 화랑으로 나서면 수많은 낭도들이 그 아래에 몰려들었는데, 작게는 2,3백 명 크게는 2,3천 명으로 결성되기도 했다고 한다. 그렇게 집단을 이루어 산천을 돌아다니며 함께 무예를 익히고 심신을 단련했었다. 이들은 로마 군단이나 일본 사무라이들이 그랬던 것처럼 동성애를 하였으며, 그것이 무리를 더욱 강력한 결속력으로 묶어 전쟁에서 승리할 수 있는 힘이 되었으리라. 그들은 당연히 전투중 전사한 동료들을 위한 제사를 지냈을 것이며, 그 일 또한 무녀들이 맡았을 것이다.

신라가 통일된 후로 화랑은 그 목표와 존재 의미를 상실하여 차츰 와해되었는데, 당연히 타락해 자기들끼리 질투와 시기로 살인까지 저지르기도 했다. 그러다가 통일신라가 망하자 그 유습이 민간으로 스며들어 한국적 무속을 형성하여 오늘에까지 전해져 오고 있는 건 아닐까? 자고로 나라가 망하면 무장(武將)은 목숨을 부지하기 어려운 일, 통일신라가 망하면서 많은 무장들이 왜(倭)로 망명을 갔는데 그들이 바로 초기 일본 사무라이(騎馬武士)들로 동북 지방 영주들의 재산과 영토를 지켜 주는 일을 하였다. 일본의 동북 지방 신사(神事)는 물론 사무라이들의 행태에 신라 화랑의 흔적이 꽤 남아 있을 것으로 짐작된다.

25. 직감(直感), 직관(直觀), 직각(直覺)

경험 · 설명 · 증명 · 비교 · 분별 · 예측 · 판단 등 분석적인 사유 작용을 거치지 않고 대상을 직접적으로 느끼고, 알고, 깨닫고, 파악하는 것? 그러니까 이치나 경험으로부터의 지적 판단을 통해 결론 내리지 않고 '척!'하고 알아차린다? 가능할까?

간단히 말해서 인간적(문명적)이 아닌 동물적 감각으로 대상을 파악하라는 얘기인데, 보통의 인간에겐 쉽지 않은 일이다 보니 그런 용어가 생겨난 것이겠다. 직감을 흔히 육감(六感)이라고도 하는데, 이 육감이 뛰어나 진리의 해득이나 창작 등에 미칠 때에는 영감(靈感)이라는 표현까지 쓴다.

말이 안 되는 소리일 수도 있지만, 직관을 방해하는 장애물들을 없애 버리고 나면 절로 직관이 되지 않겠는가? 그러니까 인간 대뇌에서 사유를 담당하는 부분, 동물적 시절의 뇌인 구피질은 그냥 두고 신피질의 상당 부분을 제거하거나 그 부분의 활동을 차단시키고 나면 가능할지도 모르겠다. 아직 사유 능력이 모자라는(사유를 하고 싶어도 학습·저장된 정보가 별로 없는) 단순무지한 어린이나 동물들은 직감에 의해 인식하고 행동하기에 말이다. 기실 인간의 말과 글·행위에는 '거짓'이 잔뜩 묻어 있어 심하게 말하면 삶 자체가 참과 거짓의 비빔밥이라고도 할 수 있다. 왜냐하면 인간의 경험이며 설명·증명·판단·분별·예측 등 사유 작용의 대부분은 학습된 선입견이기 때문이다. 또한 감정과 결부된 판단에는 편견이 뒤섞이지 않은 것이 거의 없다. 이미 양념과 함께 갖가지 재료들로 비벼 버린 밥을 원상으로 되돌리는 게 가능할까?

문명이 고도로 발달하여 인간은 죽을 때까지 엄청난 양의 지식을 습득하게 된다. 그러나 지식이 아무리 많아도 실생활에서는 거의 대부분 소용이 없다. 실제 한 개인의 일상을 체크해 보면 불과 몇 가지 동사들로 이루어져 있을 뿐이다. 나머지 대부분은 자연계의 시각으로 보자면 모조리 헛짓이다. 빵만으로 살 수 없다며 이리 뛰고 저리 뛰어 보지만 기실 그것들은 모두 학습된 편견과 선입견에 의한 자위행위에 다름 아니지 않는가? 그걸 두고 문화 생활을 영위한다고 자위하지만 실은 자기 기만이자 자기 최면이라 할 수 있겠다. 아마존 원시미개인이 현대 도시인의 사는 모습을 보면 무슨 생각을 할까? 예전에 백남준이 "예술은 사기다!"라고 한 적이 있다지만, 실은 예술만이 사기가 아니라 문화(문명) 자체가 곧 사기다.

그렇다면 어떻게 해야 거짓 없이 대상의 참모습을 볼 수 있을까? 어떻게 해야 참다운 삶을 살게 될까? 무엇이 진실이고 진리인가? 일찍이 수많은 선각자들이 바로 이 문제를 고민했었고, 지금도 그 고민은 끝없이 계속되고 있다. 그렇게 찾고 찾다가 안 되면 철학자·종교인·과학자 할 것 없이 모두 결국에는 절대자(神)에게 일임하고 만다.

편견이든 선입견이든 사유의 영역에 있는 정보(기억)는 바꿀 수가 있어, 잘못 오해하고 있는 부분은 얼른 고칠 수가 있다. 마땅히 그래야만 한다(이게 잘 안 되는 사람, 안하려는 사람도 많지만). 그렇지만 마음의 영역, 곧 백(魄)과 혼(魂)이 타협하는 영역(변연계)의 기억은 여간해서 고쳐지지가 않는다. 가령 어떤 사실에 대한 기억에 오류가 있었다면, '아, 내가 잘못 알고 있었군!' 하고 그 사실을 저장·기억하는 것으로 정정이 된다. 하지만 백(魄)과 관련된 기억, 생존에 직결된 기억은 고치기가 여간 어렵지 않다. 설사 그것이 잘못된 것임을 인식하고서도 못(안) 고치는 경우가 많다. 이를테면 어린이더러 편식을 하지 말라든가, 개고기를 못 먹는 사람에게 개고기가 맛있다고 설득해 보라! 상습 강간범에게 아무리 섹스가 나쁘다고 설득한들 곧이들겠는가? 최면을 걸어 억지로 저 깊숙한 변연계의 기억을 끄집어내어 고쳐 보지만 금방 원래대로 되돌아가 버리고 만다.

마음을 다스린다는 것은 백(魄)에서 올라오는 본능적인 욕구와 그로 인한 감정, 그리고 혼(魂)이 욕망하는 의지와의 타협 및 균형을 잡는 일이라 하겠다. 여기에 어쩔 수 없이 편견이나 선입견이 끼어들게 마련이어서 인간이 올바른 판단을 한다는 것이 불가능하다고 본 것이다. 해서 칸트가 순수이성을 주창하지 않았을까? 순수이성을 가질 때까지 판단을 유보하자고 하지 않았을까? 수행의 궁극적인 목적이 순수이성을 가지는 데에 있지 않을까?

누군가 당신에게 '돈'을 빌려 달라고 하였을 때, 그순간 당신은 무슨 생각을 하는가? 당신의 대뇌 여기저기 수억만 개의 기억세포 속에는 돈에 대한 정보가 잔뜩 저장되어 있을 터이다. 그리하여 '돈'이란 말을 듣는 순간 그 모든 '돈'을 저장하고 있는 기억세포들이 일시에 번쩍하고 귀를 곤추세울 것이다. 그런 다음 상대방의 요구를 인지하고, 찰나의 순간에 그 모든 정보를 총동원하여 저울질(호불호, 의리, 의심, 예측, 형세 판단 등등)하기를 수없이 반복한 끝에 판단하거나 망설이거나 변명을 하거나 허락하게 될 것이다. '돈'이라는 것 자체가 가상의 약속이고, 약속이라는 것 자체도 학습된 편견이자 선입견인데 과연 올바른 판단을 하였을까? 자신도 못 믿는데 누굴 믿는단 말인가? 해서 의심하고 또 의심하고도 못 믿어서 차용증을 받아 두고, 어쩌면 공증까지 받아 놓고도 불안해하는 것일 테다. '돈'이 이럴진대 '섹스'는 또 어떠하겠는가? 아마 그보다 훨씬 더 복잡한 계산을 하고, 백번도 더 망설일 것이다.

어쨌거나 인간의 모든 문제는 '부정'과 '의심'에서 비롯된다. 일단 이게 먼저 인식 코드에 깔려 버리면 모든 대상을 '있는 그대로' 보거나 깨닫는 것이 불가능해진다. 이 부정사 훈련(학습)이 선행된 어린아이는 집중이 잘 안 되고, 기억력도 떨어진다. 들어오는 모든 정보를 선입견이 나서서 일단 부정하거나 의심하는 버릇이 들어 정보를 저장(기억)하는 데 힘이 든다. 직관력이 떨어진다는 말이다.

참선이나 명상을 통해 얻고자 하는 것이 우선 이런 선입견이며 편견 없는 직관(直觀)이 아니겠는가? 아무려나 무작정 앉아서 삼매에 든다고 해서 직관력이 생길까? "참나를 찾아라!" "나를 내려놓아라!" "아상(我相)을 버려라!" 등등 저도 모르는 애매모호한 말씀대로 가부좌 틀고 앉았다가는 변죽만 울리다가 인생 끝난다. 예술이 사기면, 종교는 야바위다.

그러면 여기서 한 가지 질문을 해보자. 그렇게 수행을 해서 그러한 경지를 깨친다고 치자! 당신이라면 그런 상태로 살고 싶은가? 그렇게 세상을 순수하게 살 자신이 있는가? 나아가 중생을 구제하고, 세상을 맑은 호수처럼 정화시킬 수 있겠는가?

26. 뇌파(腦波)란 무엇인가?

뇌파란 뇌신경 사이에 신호가 전달될 때 생기는 전기의 흐름으로, 말하자면 '뇌에서 나오는 신호'라고 할 수 있겠다. 뇌를 가진 동물들의 머리에서는 뇌파가 그치지 않고 매순간 흘러나온다. 1875년 영국의 생리학자 R. 케이튼이 토끼며 원숭이의 대뇌피질에서 나온 미약한 전기 활동을 검류계로 기록한 것이 최초라고 한다.

1924년 독일의 정신과 의사인 한스 베르거가 머리에 외상을 입은 환자의 두개골 결손부의 피하에 두 개의 백금 전극을 삽입, 뇌신경세포의 활동에 수반되는 전기적인 변화를 외부에서 측정하여 처음으로 기록한 이래 뇌과학과 뇌와 관련된 질병 연구에 널리 이용되어 왔다. 뇌파는 진동하는 주파수 범위에 따라 델타파·세타파·알파파·베타파·감마파로 구분하여 부른다.

델타파는 아주 깊은 수면, 삼매경에 이르는 명상 또는 의식 불명 상태일 때 나타난다. 세타파는 정서 안정 또는 수면으로 이어지는 과정에서 주로 나타나는 뇌파로 성인보다는 어린이에게 더 많이 분포하는데, 기억력·초능력·창의력·집중력·불안 해소 등 많은 다양한 상태와 관련되어 있을 것으로 짐작된다고 한다.

알파파는 고요한 평정 상태를 유지하면서 고도의 각성 상태에 도달했을 때 나타나며, 안정되고 편안한 상태일수록 진폭이 증가한다. 일반적으로 규칙적인 파동의 형태로 연속적으로 나타나며, 머리의 가장 윗부분과 뒷부분에서 가장 크게 기록되고 머리의 앞부분에서 가장 작게 나타나는 특성이 있다. 특히 안정된 알파파가 나타나는 때는 눈을 감고 진정한 상태에 있을 때이며, 눈을 뜨고 물체를 주시하거나 정신적으로 흥분하게 되면 억제된다고 한다.

베타파는 주로 머리의 앞부분에서 많이 나타나며, 깨어 있을 때나 말할 때와 같이 모든 의식적인 활동을 할 때 나타난다. 특히 불안하거나 긴장한 상태, 복잡한 계산을 처리할 때에 우세하게 나타나기도 한다. 감마파는 베타파보다 더 빠르게 진동하는 형태로서, 정서적으로 더욱 초조한 상태이거나 추리·판단 등의 논리 학습과 관련이 깊다고 보고되고 있다.

델타파는 수면이나 혼수(혼침) 상태에서 잘 잡힌다. 그러니까 혼(魂)의 영역이 아닌, 백(魄)을 관장하는 자율신경계에서 방출되는 파장이겠다.

고요하게 안정된 상태에서 잘 잡히는 알파파는 두정엽과 소뇌를 관할하는 부분에서 방출되기에 상대적으로 규칙적인 파형을 이루는 것이리라. 몸을 움직이지(운동하지) 않은 채 눈을 감고 외부로부터의 정보를 차단해서 감시 의무를 해제하면 의식이 차츰 호흡이나 심장 박동 소리에 리듬을 맞춰 차분해지기 때문일 테다. 다시 말해, 의식은 깨어 있는데 아무런 행동도 하지 않고 편하게 앉거나 누워 휴식을 취하고 있을 때의 상태겠다.

세타파는 생존(본능)에 관한 깊은 기억을 관장하는 변연계에서 방출되는 파장으로 대뇌피질의 복잡한 의식 활동이 잦아들면 상대적으로 활성화되어 잘 잡히는데, 직감(直感)이 뛰어난 사람이나 어린이와 동물들에게서 잘 방출되는 것도 그 때문이다. 인간도 대뇌 신피질이 지금처럼 크지 않았던 동물적 시절에는 직감에 많이 의존하였을 터, 세타파를 상대적으로 강하게 방출하였을 것이다.

결국 인간이든 동물이든 죽은 상태가 아니라면 뇌는 끊임없이 활동하게 되고, 당연히 그로 인한 전기적 파장이 생겨날 수밖에 없겠다. 뇌파는 그 사람이 그때 어떤 행동, 무슨 생각을 하는가에 따라 뇌의 활성 부위가 달라지고, 그 활성화 상태에 따라 여러 가지 파형을 이룰 것이다. 그리고 그 파형은 주로 대뇌 신피질 및 전두엽과 측두엽이 각성되었을 때, 그러니까 사람이 일어나 운동을 하거나 일을 할 때 방출되는 베타파와 감마파가 상대적으로 진폭도 크고 복잡할 것은 물론일 테다.

요즈음은 뇌파를 이용한 기술 개발이 한창이다. 대화가 아닌 생각만으로 어떤 메시지를 타인에게 원격 전송하는 장치, 뇌파를 문자로 변환하는 기술, 뇌파로 작동하는 뇌파 컴퓨터 등을 개발하는 프로젝트들이 진행되고 있다. 텔레파시가 현실화될 날이 그리 멀지 않은 듯하다.

27. 교감(交感), 감응(感應)

인간이나 동물이 말(언어)이나 약속된(학습된) 특정 제스처를 통하여 상호 의사를 주고받고, 또 감정을 표현하는 것을 소통이라 한다면, 직감으로 그러한 것들을 주고받는 것을 교감이라 할 수 있겠다. 그리고 그것을 동시적으로(있는 그대로) 똑같이 느끼는 것을 감응이라 하겠다.

오감을 통해 사물이나 사건에 대한 정보가 들어오면, 대뇌〔魂〕는 그동안 학습·저장해 놓은 지식과 경험의 기억을 끄집어내어 비교·예측·궁리 등의 의식 활동을 거쳐 판단하고 결정해서 행동으로 옮긴다. 당연히 그 과정에서 사람마다 달리 가지고 있는 선입견이며 편견이 작용하기 때문에 그 최종적인 판단이 반드시 옳은 것일 수는 없다. 나아가 그런 일련의 의식 작용이 이미 매뉴얼화되어 자동 작동하기 때문에 직감을 통해 상대방과 교감·감응하는 것이 거의 불가능하다.

상대적으로 어린아이와 동물들이 직감력이 뛰어난 것은 그만큼 저장된 정보(지식, 경험, 선입견, 편견)가 부족하고, 사유(사고) 기능을 하는 대뇌 신피질이 아직 제대로 커지지 않았기 때문이다. 그러니까 인간이 동물적 시절의 직감·감응 능력을 상실한 것이 아니라, 발달된 신피질의 사유 능력 때문에 방해를 받고 있는 것이다. 왜냐하면 인간의 뇌는 구피질을 포함한 동물적 시절의 속뇌를 그대로 가지고 있기 때문이다.

하여 아주 오랜 고대로부터 과학문명 시대인 오늘날에 이르기까지, 그토록 많은 철학자·종교인·수행자·과학자들이 인간의 잠재된 능력(직감)을 계발시켜 보고자 온갖 방법으로 그 공부에 천착했던 것이리라. (물론 그때는 뇌나 뇌기능에 대하여 알려진 게 없어 그런 걸 영성(靈性)이라 하였지만.) 해서 탁월한 지능에다 영성까지 지닐 것을 꿈꾸어 왔던 것이리라. 물론 오늘날과 같은 과학의 시대에 영성이 어쩌고 하면서, 영혼의 세계에서는 시공을 초월해서 모든 게 아무런 제약 없이 자유자재로 척하니 주고받을 수 있다는 주장은 설득력이 없을 뿐 아니라 이상한 사람 취급받기 십상이다.

그렇지만 수행을 많이 한 사람들이 명상에 들면 뇌파가 달라진다는 것은, 다시 말해 수행으로 뇌의 각 부분을 의도적으로 활성화시키거나 휴지 상태로 만들 수 있다는 것을 의미한다. '마음'이 맞는다는 건 어쩌면 이 뇌파의 주파수 파형 리듬(사이클)이 서로 일치한다는 것이 아닐까? 그렇다면 수행(뇌훈련)을 통해서건 첨단과학 도구를 이용해서건 이 뇌파를 잘 조절하면 상대방의 마음을 감응으로 전사(轉寫)하는 것이 가능하다 하겠다.

아무튼 과학의 발달로 그 중 많은(대부분) 것들이 부정되거나 불확실한 것으로 밝혀졌지만, 과학자와 비과학자(심령연구자, 초능력연구자, 종교인, 수행인)들이 그나마 공통적으로 수긍하는 대표적인 접점이 바로 이 뇌작용에 의한 뇌파가 아닌가 한다. 얼마 전 일본에서 후각이 아닌 기계로 냄새를 감지하는 기술을 개발했다고 하니, 언젠가 공중에 떠다니는 전파가 아닌 뇌파를 감지하는 기술도 개발될지 모르겠다. 그렇다면 먼 우주 어느 은하계에 인간과 같은 외계인이 살고 있을지도 모르는 지구와 같은 별을 찾았다고 하자. 인간의 수명으론 도저히 갈 수 없는 그곳에 인간의 뇌파를 저장한 기계를 보내어 그곳 동물의 뇌에 인간의 생각을 저장시킨다면? 반대로 우리 인간 역시 우주 중력파를 타고 날아오는 외계인의 미세한 뇌파에 의해 점점 진화하고 있는 것은 아닌지? (오로지 인간만?) 해서 우리 인간이 그들 외계인이 꿈꾸는(그들이 살 수 있는) 환경을 만들어 그들을 맞이하려고 기다리는 건 아닌지? 타임머신, 공간 이동에 이

어 유체 이탈, 뇌파를 통한 의식 조종, 혼령 이동에 의한 환생? 공
상과학 분야는 필자의 전공이 아니니 예서 그쳐야겠다.

28. 애니멀커뮤니케이터가 되려면?

간혹 텔레비전 프로그램에 동물의 감정을 읽고, 더하여 동물과 교
감하고 소통한다는 애니멀커뮤니케이터가 출연하기도 하는데, 일부
나라들에서는 이미 전문직으로 자리잡기도 한 모양이다. 실제로 우
리나라의 전래 야담에도 동물들의 이야기를 알아듣는 기이한 사람
들이 종종 등장해 왔다. 그저 재미로 꾸며낸 이야기인 줄로만 알았
는데, 오늘날의 애니멀커뮤니케이터를 보면 전혀 근거 없는 이야기
들은 아니었던 것 같기도 하다.

물론 동물학자들이 분석해 온 것처럼 동물들도 제각기 그들만의
소통 수단을 가지고 있음은 널리 알려진 바다. 그렇지만 동물과 사
람 간의 소통(교감)이라니? 곧이곧대로 수긍하기가 쉽지 않다.

아무려나 무리지어 일사분란하게 동시적으로 움직이는 물고기며
새·곤충·양떼들이 그 울음이나 몸짓만으로 소통하기에는 무리가
있다. 그에 더하여 날개나 지느러미가 만들어내는 파장(파동), 인간
의 귀로는 들을 수 없는 저주파 혹은 고주파의 울음이나 진동음을
통해 직감(육감)적으로 감응·교감·소통하는 것일 테다.

이론적으로 일단 사람이 동물과 교감하기 위해서는 인간의 대뇌 신피질(동물의 신피질은 그 크기가 아주 작다)의 작동을 멈춰 복잡한 베타파의 출력을 막아야 할 것이다. 소음을 차단하고, 다른 사람이나 동물로부터도 방해받지 않도록 해서 쓸데없는 잡념을 없애고 집중한다(물론 이 정도도 수행을 하지 않는 보통 사람들에겐 어려운 일일 테지만). 그런 다음 다시 움직이지 말고 가만히 앉아서 심신의 긴장을 풀고, 호흡을 최대한 적고 느리게 해서 감마파의 출력을 낮춘다. 계속해서 점점 고요한 무념무상의 상태로 들어가 마음 문을 열어 (자기 감정을 일체 일으키지 말고) 모든 걸 있는 그대로 받아들일 준비를 한다. 최소한의 의식만을 남겨 알파파까지 줄인다.

그런 뒤 가만히 동물을 바라다보고 있으면 남아 있는 세타파의 파형이 단순해지고 리드미컬해지면서 상대 동물과의 직감에 의한 교감이 이루어져 소통되기도 하고, 때로는 동기 전이감응으로 상대 동물 변연계의 강한 기억이나 이미지가 전사되기도 한다. 이는 무당(구마사)과 환자가 신(귀신)이라는 매개체를 통해 소통하는 것과는 다른 이치이다. 구마 행위는 엄밀하게 말해서 환자와 구마사 간의 소통을 통한 협상이자 설득이지, 직감을 통한 교감이라고 할 수 없기 때문이다.

애니멀커뮤니케이터로 훈련받지 않은 어린이나 자폐아들이 동물들과 교감(소통이 아닌)이 잘되는 것도 이런 이치 때문이라 하겠다. 자폐는 어떤 강력한 충격이나 장애로 마음의 문이 닫혀 남들과의 소통을 거부하는 것인데, 그 거부하는 역할을 하는 것이 바로 변연계의 기억이다. 해서 동물과의 교감을 통해 세타파를 주고받음으로써 변연계를 살살 달래어 긴장을 이완시켜 안심케 하면 차츰 빗장을 풀고서 문을 열게 된다. 그러고 보면 애니멀커뮤니케이터의 훈련 과정은 명상(요가, 참선) 수행과 기본적인 원리에서 상당히 유사하다고 할 수 있겠다.

한데 여기서도 한 가지 의문이 생긴다. 만약 애니멀커뮤니케이터가 어떤 동물과의 소통을 시도하였을 때, 앞서 필자가 예로 든 '용한 점쟁이'처럼 현장에 그 동물의 사연을 알고 있는 사람이 없었는데도 과연 그와 같은 결과가 나왔을까? 신뢰성을 높이려면 좀 더 디테일한 검증 작업이 필요하겠다.

29. 인간은 왜 동물처럼 교감하지 못할까?

이쯤에서 '동물과도 교감한다면 사람과는 더 잘할 수 있지 않을까?' 나아가 '애니멀커뮤니케이터끼리라면 동물과 교감할 때보다 더 잘 이뤄지지 않을까?'라는 의문의 반론을 제기할 수 있겠다. 아무려나 필자가 애니멀커뮤니케이터도 아니고, 또 그들을 만나 본 적이 없어 그게 가능한 일인지 테스트할 수도 없는 일인지라 대답을 유보할 수밖에 없겠다. 하지만 이런 가설적 대답은 할 수 있다.

실제로 수행이 깊은 고승이며 도사들이 유체 이탈로 혼(魂)끼리 만나서 얘기를 나눈다거나, 또 서로 다른 곳에 살면서 텔레파시를 주고받는다는 주장을 하는 이들이 없지 않다. 그러니 애니멀커뮤니케이터들끼리 소통이든 교감이든 서로 감응하는 것이 가능해야 할 것은 물론 수행을 많이 한 이들이라면 당연히 애니멀커뮤니케이터와 마찬가지로 동물들과도 교감할 수 있어야 마땅할 터이다.

그렇지만 동물과 인간은 직감력에서 너무 차이가 난다. 비록 애니멀커뮤니케이터가 동물과 교감을 한다지만, 이는 전적으로 동물들의 직감 능력 때문이지 그 동물에 상응하는 인간의 직감 능력 때문이 아니란 거다. 무슨 말인가 하면 인간의 직감 능력, 즉 변연계에서 나오는 세타파는 너무 오랫동안 활성화하지 않아 그 출력이 동물에 비해 훨씬 미약하기(방해받기) 때문에 동물들끼리 직감으로 주고받는 수준에 미치지 못한다는 거다. 다행히 수련을 통해 겨우 동물들의 세타파와 동조할 수 있을 만큼은 된다는 말이다. 그러니 세타파가 강한 동물과는 교감이 쉬워도 미약한(복잡한) 인간들끼리는 설사 같은 애니멀커뮤니케이터끼리도 교감하기가 쉽지 않을 것이라고 유추할 수 있다.

게다가 사람들끼리는 이미 언어나 표정 등으로 소통하는 데 익숙해져 서로 마주 보는 순간 곧바로 대뇌 신피질이 자동 작동되는 바람에 강력한 감마파·베타파가 발산되어 뇌파가 복잡하게 뒤엉켜버려 직감(세타파)으로 교감하는 것이 불가능해진다. 파장이 동물처럼 단순해지지 않으면 교감이 어렵다는 말이다.

동물들은 어떤 사람이 자신을 좋아하는지, 아니면 위해를 끼치려

하는지를 직감적으로 알아차린다. 하지만 사람은 그 동물이나 타인이 자신에 대해 어떤 의도를 품고 있는지를 파악하려면 직감이 아니라 그 동물을 관찰하고 자신의 대뇌 기억(정보)들을 총동원해서 비교 · 분석 · 예측해내어야 한다. 당연히 판단이 맞을 때가 많겠지만 틀릴 때도 있다. 인간은 이미 어렸을 적부터 그런 감응조차도 정보화하는 훈련을 해왔기 때문이다.

미처 학습이 덜된 어린아이는 본능적으로 느끼는 그런 동물적 감응(그걸 일부에서는 영성이라고 하지만) 능력을 일부 유지하고 있으며, 또 그것에 상당 부분 의지해 판단하고 있다. 그러다가 언어를 익혀 자신의 의사를 마음대로 표현할 수 있게 될쯤이면 (대뇌 신피질이 커지면서) 구뇌의 그러한 능력은 모두 묻혀 버리고 만다. 자폐아를 치료할 때 도사며 고승 · 심리치료사들보다 동물들이 더 잘하는 이유가 거기에 있다. 돌고래나 개 · 말 등 동물들의 세타파가 그들보다 훨씬 강하기 때문이다.

다행히 동물들의 대뇌 신피질은 아주 작다. 해서 인간처럼 복잡한 생각(정보 기억)을 하지 않아 뇌파의 파형이 단조롭다. 겨우 어린아이 정도의 지능밖에 되지 않아 정보의 내용들도 지극히 단순한 동사적인 감정들이다. 인간들이 만들어낸(기호화된) 복잡한 형용사나 명사는 교감이 불가능하다. 동물들의 뇌엔 그런 게 저장되어 있지 않다. 그러니 약간의 수행을 거친 사람들이 그들과 교감 · 소통하는 것은 그다지 어려운 일이 아니라 할 수 있다. 다만 평소에 동물에 대한 편견이나 선입견, 적개심이나 무시하는 감정(기억)을 품었던 적이 없는 사람이어야 쉽게 교감할 수 있을 것이다. 진심이 아니면 절대 다가가 교감할 수가 없다. 때묻은 영혼, 생각이 복잡한 보통 인간의 영혼으론 그들의 마음 문을 열 수가 없다.

　요즘도 그런 도사가 있는지는 알 수 없으나, 그 옛날 새들의 말을 알아듣는 특이한 능력을 지니 도인이 실제로 있었을는지도 모르겠다는 생각이 든다. 그 정도의 도사라면 산중에 기거하면서 새들이 가져오는 정보를 통해 저 멀리서 누가 그곳으로 오고 있음도 알 수 있었을 것이다. 혹은 수행이 깊어지면 오감이 무척 예민해지는데, 어떤 경우에는 거의 짐승과 같은 수준으로 발달되기도 한다. 해서 짐승들처럼 보통 사람이라면 들리지 않을 저 멀리 골짜기 입구께 마을의 개 짖는 소리를 듣고도 뭔가 사건이 일어났음을 짐작할 수도 있었겠다. 그런 걸 두고 사람들은 신통력이라 하였을 것이다.

　이 신통력을 바탕으로 상상을 비약시켜 벌레는 물론 세균이며 박테리아, 또 우주의 외계인과 교신을 한다거나, 나무며 바위와도 교감할 수 있노라고 주장하는 사람들까지 생겨나고 있다. 그렇다고는 하나 지금처럼 문명이 발달한 시대에 언어라는 최고의 소통 수단을 가진 인간이 굳이 동물적 시절의 원시 교감 능력을 개발하겠다고 수행(자기 학대)하는 것은 아무래도 칭찬받을 일은 아닌 것 같다. 아무려나 직감을 통한 소통이 언어를 통한 소통 능력만큼이나 뛰어날까? 특별한 재주라고 해서 모두 유용하거나 가치 있는 것은 아니다. 그 어떤 초능력도 인간의 언어를 대신하지는 못한다. 그냥 거짓 없이 진실되면 언어나 눈빛만으로도 충분히 상호 교감할 수 있다.

30. 제3의 눈, 영안(靈眼)은 실재할까?

　귀신(헛것)을 본 사람들은 현실 세계의 이면(그런 게 가능할 리 없지만)에 또 다른 영적인 세계가 있다고 믿는다. 또 수행중에 공중에서 자신과 주변을 내려다보는 체험을 한 사람 역시 영계가 존재한다고 믿을 수밖에 없겠다. 분명 눈을 감았는데도 불구하고 눈을 뜬 것보다 더 생생하게 주변을 보았으니 믿지 않을 수도 없을 테다. 하여 비록 찰나적이지만 그때 영안이 열렸던 것이라고 믿는다. 그러고는 우리 뇌에 그 영안이 숨어 있을 만한 곳을 지목했는데, 그게 바로 송과체(松果體)다.

　솔방울 모양을 닮았다 해서 솔방울샘이라고도 불리는 송과체는, 멜라토닌을 분비하여 밤낮의 생체 리듬을 조절하는 역할을 하는데 하필 좌우 대뇌반구 사이, 그러니까 대뇌의 한가운데에 위치해 있는 바람에 심령연구자들의 상상력을 자극하게 되었으리라. 하여 이 송과체를 자극하여 활성화시키면 감춰진 인간과 우주의 비밀이라도 풀 수 있는 초능력이 계발되고, 제3의 눈이 열린다는 등 소설을 쓰고 있지만 당연히 다 헛소리다.

　그런가 하면 인도 수행자들의 이마 한가운데에 눈을 그려 놓고서는 '제3의 눈'이 열리는 곳이라 주장하기도 한다. 누군가 수행을 한답시고 골똘히 앉아서 한 곳(촛불 등)을 집중하여 바라보다가 별안간 그곳이 뜨끔해지는 순간적인 삼매 현상에 놀라 번쩍 눈이 뜨이는 특이한 체험을 하고 나면, 마치 그곳에 영혼(신비) 세계를 들여다

보는 보이지 않는 눈이 있는 것처럼 믿는다. 이후 헛것만 보이면 그게 바로 영안이 열려서 그런 것으로 오해한 것이리라.

　지금이라도 히말라야에서 수도중인 그럴듯하게 생긴 수행자가 자기는 뒤에도 눈이 달렸다고 주장하며 뒤통수에 눈을 그린 그림을 유튜브에 올려놓으면 전 세계 심령학회 회원들이 그 영상을 다운받아 '제4의 눈'이라며 돌려댈 것이다. 그리고 그리 머지않아 세계 곳곳에서 '제4의 눈'이 열린 자들이 나올 것이다.

　어차피 종교란 비현실 세계를 가설해 놓고, 그 기반 위에서 인간(영혼)을 계도하여 사회적 단합과 질서를 잡는 데에 가치를 두고 있다 하겠다. 한데 모든 종교가 미개한 시대에 만들어져 과학적 논리를 들이대는 것을 거부한다. (신생 종교라 해도 마찬가지다.) 두려움과 신령스러움이 없으면 종교로서의 역할이 없어지기 때문이다. 하여 그 어떤 종교든(심지어 서로 원수가 되어 싸우는 종교끼리도) 남의 신(神)은 부정하더라도 영혼 세계만은 부정하지 않는다. 최소한의 불문율은 지켜 가며 선의(?)의 경쟁을 하는 것이겠다. 모든 인간이 정신이 올바르면 누가 병원을 찾고, 교회나 절을 찾겠는가? 모든 인간이 정직하면 누가 신(神)을 찾겠는가? 하여 영혼 세계(가상 현실)에 관한 온갖 정신병적 사유와 혹세무민하는 행위에 대해서도 방관·방조하는 것이리라.

31. 환각(幻覺)이란 가상 현실?

기실 인간은(심지어 짐승도) 너나없이 환각(때로는 착각)을 일상화하고 있다. 왜냐하면 꿈도 환각의 한 형태이고, 마음속에 헛것을 떠올리는 망상도 넓게는 환각의 범주에 들기 때문이다. 뇌를 가진 동물이라면 환각을 피할 수 없을 테다. 그러니까 사람이든 짐승이든 감각중추를 직접 자극하거나 약물로 흥분시키면 환각을 일으키게 되어 있다.

환각은 우선 감각의 종류에 따라서 환시(幻視)·환청(幻聽)·환취(幻臭)·환미(幻味)·환촉(幻觸) 등으로 분류할 수 있는데, 인지나 감각의 장애라는 면뿐만 아니라 정신 상태까지 고려하면 더욱 복잡해진다. 문제는 정신질환자에게서 나타나는 환각인데, 그것들 대부분이 감각장애라기보다 망상과 결부된 인격장애라는 점이다. 예컨대 알코올이나 약물 중독에서 나타나는 환시, 조현병(정신분열병)에서 두드러지는 환청 등이 그러하다. 그렇지만 비과학 시대의 유산인 종교에서는 아직도 환각이나 꿈을 신령·사령·조령 등 영적 존재와의 접촉 및 교류의 회로 혹은 매개체라고 여겨 중요한 의미를 부여하고 있다.

당연히 요가 명상이나 참선·기도 등의 수행(정신 수련)중에도 환각을 체험하게 된다. 그리고 많은 이들이 그 체험을 잘못 인식(해석)하거나, 충격으로 놀라 수행에서 엇길로 빠지거나 포기하는 사례도 적지않다. 심지어 혼백이 크게 다쳐 조현병으로 삶을 망가뜨리는 경우도 있다. 기실 명상에 가장 큰 장애이자 위험이 바로 이 환각이 아닌가 싶다.

실제 환각을 체험하지 않은 이들은 환각으로 인한 정신병을 앓고 있는 사람의 심중을 이해하기가 쉽지 않다. 조울증이나 정신착란으로 살인을 하거나, 건물에서 뛰어내리는 등의 황당한 사건을 두고서 사람들은 "아무리 헛것을 좀 보았기로서니 어떻게 사람이 저렇게 미칠 수가 있단 말인가?" 하며 고개를 갸우뚱거린다.

보통 정상적인 사람이 생활 속에서 어쩌다가 본 환각은 그다지 크게 건강을 해치지 않는다. 왜냐하면 꿈이라면 곧 깨어나면 제 정신이 돌아오고, 헛것을 보았다면 혼(의식)의 분별심이 작동해서 금방 안정되기 때문이다. 물론 트라우마로 인해 그 악몽이 계속된다든가 시도 때도 없이 자꾸 헛것이 보인다면 심각한 문제겠지만, 대부분의 일시적인 환각은 곧 기억에서 지워지고 별다른 후유증도 남지 않는다.

한데 명상중에 체험한 환각(환시, 환청)은 비현실 세계(소위 영혼 세계)에서 일어난지라 그 느낌과 충격 또한 비현실적으로 강하다. 대뇌피질의 대부분이 수면 내지는 가수면 상태에 들어 최소한의 인식 기능만 남겨 놓고 의식(기억, 비교, 의심, 분석, 판단 등)의 기능이 정지되어 있는데, 갑자기 어느 부분이 활성화되어 전혀 예상치 않았던(잠재의식에 깊이 내장되어 있던) 끔찍한 이미지가 인식의 한복판에서 툭하고 튀어나온다. 그것도 현실보다 백배나 더 생생하고 선명하게!

너무 놀라 뒤로 자빠질 정도이지만, 잠든 의식이 깨어나 다른 기억 정보를 끄집어내거나 뇌의 각 부분끼리 정보를 주고받아 비교·분석·판단·통제할 틈이 없다. 그런 위급한 정보는 의식조정기관을 거치지 않고 곧바로 변연계와 자율신경계를 타고서 백(魄)에 전달되어 신체 세포의 하나하나까지 모조리 화들짝 놀라고 만다. 교감신경과 부교감신경의 조화가 깨어져 통제가 되지 않고, 그 충격이 다시 피드백되어 변연계에 깊이 각인시키며, 또 그 여파는 쓰나미처럼 대뇌 전체에 몰아친다.

전쟁이나 재난으로 인한 죽음의 공포며 고문 등 끔찍한 체험이 트라우마가 되듯이, 명상중에 튀어나온 끔찍한 이미지로 인한 놀람과 공포는 오히려 현실보다 더 충격적이어서 사람을 곧장 미치게 만들어 버린다. 해서 나중에 그 트라우마를 극복하더라도 다시는 수행을 하지 못한다. 환청으로 인한 조현병 역시 마찬가지로 자신이 갈구하거나 두려워하던 이미지나 말씀을 실제처럼 보고 듣는 것이다. 다만 그 환청의 내용이 공포나 두려움이었는지, 분노였는지, 성적인 쾌감이었는지 등에 따라 증상이 달라진다.

32. 환각도 기억으로 만든다!

수행중에 맞닥뜨린 환각은 기실 자기가 학습하지 않은 생소한(창조적인) 것들이 아니다. 환시·환청도 이미 기억으로 저장되어 있던 것들 가운데 하나일 뿐이다. 최면을 걸면 평소 기억하지 못했던 것을 끄집어내는 것처럼! 환자들이 똑같은 환시·환청을 되풀이해서 겪는 것도 그것들이 기억에 깊이 저장되어 있기 때문이다.

임사 체험이나 유체 이탈중에 자신이 누워 있고, 그 주변을 사람들이 둘러싸고 울고불고하는 걸 공중에서 지켜보는 체험도 일종의 환각이지만, 기실 착시에 가깝다 하겠다. 근육을 통제하는 의식 부분은 이미 수면(임사) 상태여서 눈을 뜰 수가 없다. 대신 아직 청각은 살아 있어서 사람들이 떠드는 소리며 소음을 듣고 자신과 주변의 상태를 선명하게 파악한다. 약간의 의식 기능이 남아 비몽사몽 간에 꿈을 꾸듯 현장을 그리면 마치 현실처럼 현장의 모습이 눈(눈을 뜬 것처럼) 아래 생생하게 펼쳐지는데, 이때에는 의식이 의지에 따라 마치 드론처럼 공중에서 자기가 원하는 대로 카메라를 움직이듯 이동하며 주위를 살필 수가 있다.

누워 있는 자신과 주변인들을 내려다보는 것은 물론 거실이며 주방·안방까지 돌아다니며 훑어보는데, 벽이나 담도 전혀 장애가 되지 않아서 마치 영혼이 유령처럼 벽을 투과하는 듯 투명한 느낌을 받는다. 흡사 자신이 3D 입체영화나 증강현실 속으로 들어간 듯한 느낌이다. 하여 자신의 의식이 곧 공간(우주)인 것처럼 느껴진다. 당사자는 그순간 어렴풋이 "아, 이런 게 영계로구나!"라고 인식하기조차 한다. 그러다가 그대로 잠들거나 죽을 수도 있고, 대뇌 전체가 각성되어 꿈에서 깨어나듯 눈을 뜰 수도 있다. 당연히 눈을 뜨면 그러한 현상도 없어져 의식이 몸에 도로 들어온 것 같은 느낌을 받는다.

그런데 이때에 본 광경 역시 조금 전까지 자신이 보아 온, 그러니까 기억에 입력된 이미지로 그려낸 풍경이지 전혀 처음 본 이미지가 아니다. 따라서 익숙한 공간 너머의 자기가 가보지 않아서 그림이 그려지지 않는 곳은 볼 수가 없다. 유체 이탈을 경험한 사람들이 묘사하는 현장 상황이 대부분 자신이 누워 있는 방이나 거실을 벗어나지 못하는 것도 그 때문이다. 이를 두고 영혼이 육신을 둔 채로 너무 멀리 나가면 실버코드가 끊어져서 못 돌아올 수도 있다는 주장을 하는 것이다. 모두 의식이 만들어낸 착시 현상이다. 간혹 그중 일부가 저승으로 가는 안내자나 제가 모시는 보살을 따라가다가 어찌어찌해서 되돌아왔다고 하는 것 역시 이전에 학습된 기억으로 만들어낸 셀프 동영상 스토리텔링이다.

이미지가 사전에 저장되지 않으면 환각으로 만날 수가 없다. 이미지가 없는 절대자(하느님, 하나님)는 누구도 못 만난다. 하여 빛이나 음성으로 대신하는 것이다. 이미지(像)를 걸어 놓거나 본 적이 있는 (이왕이면 보다 인간의 모습을 한) 예수며 마리아·관음상·문수보살상·신장·저승사자·삼신할매·산신령 등을 만났다고 하는 건 그 때문이다. 성인께서 상(像)을 만들지 말라고 그렇게 당부를 했음에도 중생이 기어코 온갖 상을 만들 수밖에 없는 이유다. 이미지 없이는 비즈니스가 어렵기 때문이다.

어쨌든 이런 환각 체험은 너무 생생하고 신비해서 당사자는 깨어난 후에도 좀처럼 그 놀라움을 잊지 못한다. 그러니 주변에서 아무리 부정을 해도 그들만은 사후 세계, 영혼 세계가 따로 있다고 믿지 않을 수가 없다. 그리고는 자신의 특별한 체험을 인정받고 공유(자랑)하기 위해 그런 걸 인정해 주는 종교나 모임에 나가게 된다.

정식으로 수행하는 중에도 이와 같은 여러 가지 특이 체험을 하게 되는데, 수행자는 여기에 놀라거나 몰입할 필요가 없다. 모두 환각 내지는 착각에 불과한 것들이다. 옛사람들이 "도(道)를 닦을 땐 온갖 마구미들이 나타나 수행을 방해한다"고 한 건 바로 이를 두고 한 말이다. (쉬운 일은 아니지만) 그러려니 하고 무시해 버리면 차츰 그러한 현상도 사라진다.

33. 약물로도 수행이 가능할까?

근자에 미국에서도 중증 환자들에게만 일부 허용하던 대마초의 판매와 재배를 합법화하는 주가 늘고 있다 한다.

고대로부터 주술사들이 가장 애용했던 것이 단사(丹沙)와 양귀비, 그리고 대마(大麻)일 것이다. 그외에도 지역에 따라 생산되는 각종 약초와 광물로 귀신을 쫓고 질병을 치료하는가 하면 무속을 행하면서 흥분제 내지는 진정제로 이용해 왔다. 그 중에서도 수행에 널리 이용된 것은 분명 대마일 것이다.

기실 대마는 담배보다도 그 폐해가 크지 않다고 일부 전문가들은 주장하기도 한다. 다른 마약들처럼 신경을 흥분시켜 환각을 일으키지도 않을뿐더러 중독성도 강하지 않고, 또 신경세포를 망가뜨리지도 않는다고 한다. 다만 이를 허용했다간 담배에 이어 뒷감당이 안 될 것을 염려하여, 대마가 본격적인 마약으로 넘어가는 가교 역할을 할 수 있다는 명분으로 금지시켜 왔다고 볼 수 있다. 하지만 이미 건강에 치명적인 마약들이 범람하는 시대를 맞아 차라리 그보다 순한 대마를 허용하는 것이 오히려 마약 확산을 막는 데 도움이 되겠다 싶어 판매를 허용한 모양이다. 미국 주정부의 세수 증대는 그 다음의 문제겠다.

대마는 아편과 달리 오히려 신경을 가라앉혀 안정시키는 기능을 한다. 해서 고대로부터 주술사는 물론 예술가·수행자들이 많이 애용해 왔다. 건강을 크게 해치지 않으면서도 정신을 한곳으로 몰입하는 데는 그만큼 도움이 되는 약초가 없기 때문이다. 실제로 근대 서양의 유명화가들이 대마를 애용하며 그린 그림도 적지않은데, 필자도 전에 그런 그림을 본 적이 있다. 얼른 봐도 구별이 될 정도였다. (트라우마 등 정신질환을 앓고 있는 이들의 작품과는 반대로 이런 그림에 나오는 인물들의 눈은 대체로 흐릿하거나 몽환적으로 그려져 있다. 선이나 면의 경계도 흐릿하다. 필자는 이런 부류의 그림을 집이나 사무실에 걸어두는 것을 그다지 좋게 보지 않는다. 더구나 아이를 키우는 집에서라면 절대 걸지 말라고 말리고 싶다.) 우리나라도 가수들이 대마를 피우다가 처벌을 받는 일이 자주 일어나고 있다. 똑같은 인기곡을 허구한 날, 심지어 하루에도 몇 번씩 불러대야 하니 맨정신으론 쉽지 않은 일일 것이라 심정적으론 이해가 되기도 한다.

그렇다 해도 수행인이 약물에 의지해서 집중·몰입하는 건 그다지 권할 만한 방법이 못된다. 왜냐하면 그렇게 습관을 들여 버리면 약물이 없이는 그 경지로 들어가지 못할 수밖에 없기 때문이다. 약물을 계속해서 사용할 수도 없는 노릇, 수행에서 현실로 돌아왔을 때의 허전함을 감당하기가 쉽지 않다. 무엇보다 몰입 후 삼매에 든다지만 그런 몽롱한 무기혼침(無記昏沈) 상태에서는 본격적으로 지혜를 찾는 사색이 불가능하기 때문이다. 얼음보다 차갑고 유리 호수보다 명징한 의식 상태를 유지한 채로 삼매에 들어야 하는데, 약물로는 결코 그런 상태에 들지 못한다.

34. 독심술(讀心術)은 왜 밀려나는가?

독심이란, 대화라는 소통 방식을 통하지 않고 상대의 생각이나 감정을 알아내는 능력(재주)으로 텔레파시와 비슷한 원격감응의 일종이라 하겠다. 고대 인도의 요가에서는 '다른 사람의 마음을 투시하는 힘'이라 하고, 불교에서는 '타심통(他心通)'이라 하는데, 인간이 예로부터 가장 널리 사용해 온 직감 능력이라 할 수 있다. 서양에서는 마술사들이 원격 인지·투시·사이코메트리에 널리 응용하였다.

가장 기본적인 마술은 감춰 놓은 물건이 있는 곳을 알아맞히는 것으로, 한 손님에게 물건을 감추어 놓게끔 하고서 그 감추어진 곳을 마음속으로 강렬하게 생각하도록 유도한다. 그리하여 손님은 그 물건 곁을 지날 때에 '여기다'라고 절로 생각하게 되고, 그 손님의 관념(觀念)이 근육의 미세한 움직임으로 바뀌는 것을 포착해내어 알아맞히는 것이다. 심장이 움찔하거나, 호흡의 리듬이 살짝 변하거나, 눈동자나 눈썹의 떨림 정도의 매우 미세한 움직임이지만 반복적으로 연습하면 그리 오래지 않아 감지할 수 있게 된다.

대개 영어를 잘하는 사람은 다른 외국어도 금방 익힌다. 또 농구나 배구를 잘하는 사람은 다른 구기종목도 잘한다. 사람의 소질이 그러하다는 말이다. 방술사(주술사)들도 마찬가지다. 명리학을 한다면서 사주 공식만으로 판단해서는 예외나 오류·실수를 보정하기가 쉽지 않다. 해서 명리학을 오래 하다 보면 절로 관상이며, 심지어 풍수까지 보게 되는 것이다. 무당 역시 오래하다 보면 굿만으로 구마 의식을 하지 않고, 관상·최면·독심의 기법을 저도 모르게 습득·응용하게 마련이다. 그러니까 굿판마다 모두 접신을 하지 않고, 환자(손님)의 상태에 따라 그때그때 다른 기법으로 진단해서 (점을 쳐서) 그에 맞게 처방(굿)해 줄 때가 더 많다. 애니멀커뮤니케이터 역시 마찬가지로 독심술로 동물의 행동심리를 진단할 때가 더 많다. 동물들을 오래 조련하다 보니 절로 터득된 것이다. 물론 본인은 그 사실을 구체적으로 인지하지 못하고 교감을 통해 감응한 것으로 알고 있는 경우도 적지않다.

요즘은 최면술이나 거짓말탐지기가 개발되어 독심술이 점점 밀려나고 있는 중이다. 하지만 대부분의 방술사 및 심리학자·스파이들도 알게 모르게 이 독심술을 이용하는 경우가 많다. 반면에 심령학 연구자, UFO 신봉자 등 신비 세계에 집착하는 사람일수록 오히려 이런 독심력이 떨어진다. 왜냐하면 그들이 신봉하는 대상이 모두 망상(가짜)에 기반해 있으며, 그로 인한 오해(거짓)와 편견이 대상(사건)을 있는 그대로 바라보는 것을 방해하여 직감력이 계발되지 못했기 때문이다.

35. 최면술(催眠術)의 한계?

인간은 갑작스럽게 닥친 끔찍한 공포며 참을 수 없는 두려움, 또 감당할 수 없는 스트레스를 받으면 스스로 기억을 지우거나 일부 감각 기능을 차단시켜 자폐하거나 책임을 회피하려 미쳐 버리기도 한다. 끔찍함의 공포가 그보다 낮을 경우에는 주문을 외우거나 기도를 하는 등 몰입을 통해 사실을 기억 속에서 덮으려 한다.

최면은 그리스어의 'hypnos(잠)'에서 온 말로 사람이 잠을 자고 있는 것처럼 정신이 몽롱한 상태에서, 그를 그 상태로 만든 사람의 지시에 따라 행동하게 되는 상황을 말한다. 최면술은 인류 역사와 더불어 존재했다고 일컬어질 만큼 예로부터 세계의 어느 지역에서나 행해졌고, 특히 원시적 종교 의식이나 의료 등에 갖가지 형태로 이용되어 왔다. 그 개념을 확대하면 세뇌·굿·점·종교·명상·주문·부적 등도 최면의 범주에 든다고 할 수 있겠다. 현재도 가장 많이 사용되고 있는 의식 조작 기술이다.

예전에는 최면술을 미신 혹은 마술로 여기는 경향이 있었으나 요즘은 과학적 연구가 많이 진행되어 병의 치료뿐만 아니라 범죄 수사, 세뇌 교육, 성격 및 습관 교정, 학습과 스포츠 분야의 능률 향상, 자신감 고취, 자기 개발과 같은 수많은 심리요법에 아주 유용하게 활용되고 있다.

최면이란, 의도적·인위적으로 야기되는 인간 유기체의 특수한 상태 및 그것이 원인이 되어 생기는 심리적·생리적인 일련의 현상들을 말한다. 수면과 각성의 중간적인 반(半)수면 상태로 이완시켜 의식이나 운동·지각·기억·사고·상상·감정 등의 여러 심리적 활동을 희미하게 만들어 의식 밑에 잠겨 있던 잠재의식과 무의식을 드러나게 한 다음, 준비된 일련의 암시 계열에 차례차례 반응시킴으로써 특정 의식(기억)의 변화를 유도하는 기술이다.

최면에는 타인에 의해 유도되는 '타자 최면'과 자기 자신이 유도하는 '자기 최면'이 있다. 타자 최면에서는 유도자와 피험자 사이의 신뢰 관계가 필요하며, 자기 암시를 통한 자기 최면에서는 명상과 같은 심신의 이완과 암시 반응을 위한 학습 및 반복적인 훈련이 필요하다. 일반적으로 최면술이라 하면 타자 최면을 말한다.

최면중에는 유도자의 암시에 의해 몸이 넘어지거나 팔이 떠오르거나, 또는 눈꺼풀이 감기는 등의 관념운동 현상이 흔히 일어나는데, 이는 몽유(夢遊)와 같은 상태로 실제의 지각 자극이 없는데도 지각 체험을 하는 것 같은 환각이 여러 영역에서 나타난다. 가령 기억을 잃었다고 느끼는 건망, 현실적으로 존재하는 것을 없다고 인지하거나 존재하지 않는 전생 같은 것을 있다고 믿도록 유도해서 스토리텔링을 시키는 환각 등 다양한 현상을 보인다. 심지어 팔뚝에 뜨거운 다리미가 닿았다고 인식토록 최면하면 실제로 그 부분이 뜨거워져 화상(火傷) 흔적이 나타나는 등 생리적 변화까지 일어났다는 보고도 있다. 최면에 의한 혼(魂)의 의식 조작(착각)이 예전의 화상 경험을 되살려 백(魄)에다 그 정보를 보내는 바람에 인체의 화상에 대한 대책 시스템이 가동된 것이다.

자기 최면의 원리와 최면 상태에서의 뇌의 작용은 수행자들이 행하는 요가와 명상·기도·참선 등과 상당 부분 흡사하다. 다만 수행은 스스로 몰입하고, 의식이 명료한 상태에서 부분적으로 뇌의 사유 활동을 통제하는 방법으로 자기 최면에 속한다 할 수 있다. 그렇지만 타자 최면은 타인의 조종에 의해 혼침(昏沈)에 들어 반(反)의지로 기억을 조작(착각)시키는 일시적인 요법이다. 자신의 의지로, 두뇌의 기능을 조종하고 사유하는 수행과는 목적과 결과에서 크게 다르다.

기실 인간의 온갖 특이 현상의 이치를 탐구하려면 이 최면술과 같이 과학적 연구 성과가 나는(상식이 통하는) 현상에 천착해서 그 탐구의 출발점으로 삼아야 마땅하지만, 그럴수록 영혼의 탐험가들은 헛것을 찾아 끝없는 미망의 세계를 뒤진다. 그러면서 그들은 스스로를 과학의 전위에 선 인도자라고 생각하고 있는 것 같다. 실은 도망자인데도 말이다.

36. 누가 귀신을 보는가?

무속인이나 종교인이 아닌 사람들 중에서도 간혹 영(귀신)을 본다는 이들이 있다. "당신 뒤에 누군가가 있다!"며 사람을 놀라게 하고 겁을 주는데, 그러한 말을 들은 대부분의 사람들은 언짢아하며 그냥 무시해 버리지만 가끔은 "헉!" 하고 걸려드는 이가 있다. "정말이에요?" "어떻게 아세요?" 하고 나면 이미 낚싯바늘 삼킨 거다.

그렇게 되면 그 사람은 일시적으로 최면과 비슷한 상태에 빠진다. 놀라고 겁먹는 순간 두뇌의 다른 사유(의심, 비교, 판단) 기능이 단순무지해져서 모든 의식을 그 귀신(?)에 집중하게 마련이다. 그렇게 혼(魂)의 기능이 마비되는 순간 변연계가 무장 해제되어 잠재의식이 수면(의식) 위로 드러나고, 그 정보가 곧바로 상대방에게 전이 감응된다. 그러고 나면 얼굴 표정이며 눈빛, 온몸으로 자신의 처지와 고민, 우울한 감정 등을 발산하게 되고, 상대방은 그걸 고스란히 전이받아 그 사람의 마음을 읽어내어 거의 동시적으로 맞장구를 친다. 그러고서는 "남편이 너무 섭섭하게 여기지 말라고 한다!"는 등등 상대방의 마음을 읽어나가듯 위로의 스토리텔링을 하게 된다. 상대방은 이미 냉정을 잃어 일부 사유 기능이 마비된 상태이기 때문에 그 말을 곧이곧대로 믿고 만다. 그러고는 조급해져서 저도 모르게 자신의 속마음을 빨리 전해 그걸 죽은 이의 말로 변환시켜 듣고 싶어서 자신의 정보를 선도적으로 내비친다. 그쯤 되면 이미 환자 스스로 스토리텔링(수다)을 한다고 보면 된다. 그걸 잘 포착하는 사람을 용하다 하는 것이다. 이런 일이 찰나적으로 이루어지기 때문에 당사자 둘 다 공히 스스로도 깨닫지 못하고 신통한 능력이며 신비한 체험으로 간주하여 의심할 생각조차 안한다.

물론 매번 그렇게 맞아 들어가는 것은 아니다. 처음엔 백 명 중 한 명, 그러다가 차츰 경험이 쌓이고 본인의 감각이 예민해지면서 그 확률이 점점 높아진다. 무엇보다 사냥감을 고르는 능력이 발달된다. 낚시 오래 한 사람이 포인트를 잘 잡아내듯 그 짓도 계속하다 보면 저도 모르게 그런 사연(고민)을 가진 사람, 예민한 사람, 어리석은 사람, 씨알이 먹힐 사람, 전혀 먹히지 않을 사람을 골라내는 촉감이 발달한다는 말이다. 어차피 지나가는 사람 무작위로 열 명을 뽑아도 그 중 한 명 정도는 그와 비슷한 사연을 반드시 지니고 있다. 그들 중 만만한 사람을 골라내는 일이다.

그에 비해 의료인들은 상담을 통해 객관적 자료와 비교해서 상대방의 심리 상태를 분석하고 진단한다. 한데 분석을 하게 되면 상대방(환자)도 절로 분석적이 되어 좀처럼 변연계의 마음 문을 열어 주지 않는다. 하여 상호 전이감응이 잘 안 된다. 분석을 하게 되면 대뇌 전두엽이 활발하게 기능하기 때문에 상대적으로 변연계의 속마음(잠재의식)은 더 깊이 가라앉아 버린다. 이럴 때에는 같이 산책을 하든가 공놀이를 하면서 대화를 나누면 쉽게 마음 문이 열려 소통·교감이 잘된다. 분석적인 사유(의심, 경계, 판단)를 못하도록 전두엽 기능을 다른 일에 집중하게 만들어 놓고 편한(부담 없는) 대화를 유도하는 것이다.

물론 필자는 귀신을 본 적이 없다. 그렇다고 해서 귀신은 없다고 말해도 되는가? 드물지만 누군가가 귀신을 보았다거나, 지금도 귀신을 자주 본다는 사람들이 있다. 그들은 거짓말을 하고 있는 겐가?

아무려나 모두가 거짓일 리야 없다. 귀신을 보았다는 사람들은 어떻게 해서 귀신이 보이는가? 보통 사람은 안 보이지만, 수행(공부)을 많이 하면 보인다? 무속인이나 종교인이 흔히 하는 말이다. 그렇다면 왜 보통 사람에겐 귀신이 안 보이는가? 귀신도 자기를 알아보는 사람 앞에만 나타나는가? 맞는 말이다.

귀신을 만들 줄 모르는 사람은 귀신을 볼 수가 없다. 해서 귀신을 본 사람이 또 귀신을 보게 된다. 그렇다면 그들은 어떻게 귀신을 만드는가? 우선 귀신을 만드려면 귀신이 존재한다고 철석같이 믿어야 한다. 그 믿음에 일말의 부정(의심)이 없어야 한다. 물론 그 믿음은 학습된 편견이자 선입견이다. 귀신에 대한 정보(기억)가 없이는 절대 귀신을 만들지(만나지) 못한다. 환각을 일으키는 것도 아무나 할 수 없기 때문이다. 착각은 판단의 오류이지만, 환각도 엄연한 뇌의 특이 작용이다. 충격으로 미쳐 버리거나 뇌작용을 컨트롤하는 훈련(수행) 없이는 환각을 일으키기가 쉽지 않다.

본격적인 수행이나 종교적 기원(치성)을 드리는 행위는 부분적으로 원리가 동일하다. 간절히 소원을 빌다 보면 어느 순간 환각을 체험하게 되는데, 집중이 잘되는(신앙심이 깊은) 사람에게 쉽게, 그리고 빨리 온다. 하여 어떤 이는 '그분'의 목소리를 듣고, 또 어떤 이는 '그분'의 환영(이미 입력되어 있는 이미지)을 보게 된다. 실제로 많은 종교가 이 방법을 이용하여 신자들을 모으고 통제하고 있으며, 그들 자신 또한 때때로 자기 신앙심의 진정성을 확보(재확인)하기 위해 이런 집중 행위(수행, 기도)를 자원한다. 그리고 그 경험적 요령을 신자들에게 학습시키고 있다.

현실에서 없는 것은 없는 것이다!

없는 것을 실제로(실제처럼) 인식하는 것을 환각이라 한다. 한데 왜 그들에겐 이런 상식이 통하지 않을까? 환각(환시, 환청)을 경험하지 못한 사람은 그 점을 이해하기가 어렵다. 그 환각이 맨정신으로 처음 영화를 통해서 본 것보다 몇십 배나 강렬하다는 사실을 이해 못한다. 집중으로 인해 두뇌의 판단하는 인식 기능이 휴지된 상태에서 당하는 일이라 그 놀람이 더더욱 강렬하다. 그리고 그 흥분과 전율이 너무도 강해서 혼(魂)은 물론 백(魄)에까지 깊이 각인되어 도무지 지우기가 어렵다는 사실을 이해 못한다. 그러니까 실감을 해봐야 온전하게 이해할 수 있다는 말이다.

단 한번이라도 그러한 경험을 한 사람은 다른 어떤 것으로도 절대 그 '존재'를 부정하지 못한다. 그 '존재'가 자기의 부름에 응해주었다고 하는 선택(?)받은 기쁨을 절대로 잊지 못한다. 해서 교회나 사찰에서 갖가지 수련회다 기도회다 부흥회다 하면서 신자들에게 그런 영성 체험을 강요하는 이유가 거기에 있다. 신앙심을 확고하게 하는 가장 효과적인 방법이다.

그렇다 한들 아무나 아무 때고 체험할 수 없는 경험이기에 당사자에겐 더없이 소중하겠다. 자신의 신앙에 따라 그것이 깨달음일 수도 있고, 성령이 함께한 신성한 축복(은혜)일 수도 있다. 따라서 귀신(혹은 신)이 있다는 말도 맞고, 귀신이 없다는 말도 맞다. 그렇지만 그 체험이 반(半)의식 상태에서 일어나기 때문에 그가 본 것은 그가 신앙하고 갈구하던 '그분'의 이미지나 음성이지 전혀 학습하지(기억되지) 않은 다른 어떤 것이 아니다. 그러니까 예수님을 갈구한 사람에겐 예수님이, 부처님을 갈구한 사람에겐 부처님이, 산신령을 갈구하던 사람에겐 산신령이 왕림하는 것이지 전혀 낯선 다른 귀신(이미지)이 찾아 주는 건 아니란 말이다. 그외로 나타나는 다른 이미지(이 또한 기억된 정보)의 환각은 모두 마귀로 자신을 시험하는 것이라고 단정한다.

신(神)이라 하든, 귀신(鬼神)이라 하든 그것들은 분명 인간이 만든 가상의 가공품이다. 불교적 관점에서 보자면 신(神) 역시 또 하나의 상(像)에 지나지 않는다. 허상(虛像)이자 붙박이 화두(話頭)일 뿐이다. 석가나 예수가 그따위 상을 만들지 말라고 했건마는 몽매한 인간인지라 그것 없이는 도무지 집중이 안 된다. 허상일망정 붙들지 않으면 신앙하지 못한다. 그러니 그것들을 붙들고 진실을 볼 수 있을까? 지혜의 눈이 열릴까?

37. 귀신(鬼神) 만드는 법!

수행(치성, 기도)에 치열하게 몰두하다 보면 어느 순간 '확!' 머리(의식)가 깨어지는 느낌을 받을 때가 있다. 대부분 장기간 밤낮없는 몰입에 심신이 지칠 대로 지친 그로기 상태에서도 끝까지 의식(기원, 화두)을 놓지 않고 버티다가(거의 막다른 상태로 몰아 혼백이 분리된 상태에서) 그것을 '툭!' 놓는 순간에 엄청난 전율이 온 우주에서 쓰나미가 밀려오듯 찾아든다.

간혹 본격적으로 내공 수행을 하지 않는 일반 명상가들 중에서도 절로 백회혈(百會穴)이 열리는(?) 경우가 있다. 복식호흡으로 축적한 단전의 기운을 독맥을 통해 정수리로 끌어올린 것은 아니지만, 인체 대부분의 기능이 고요하게 수면 혹은 반수면 상태에 들었을 때 우연히도 남아 있던 기운이 상승해서 정수리가 뜨거워지면 '쿵' 하는 듯한 엄청난 충격으로 마치 두개골이 쪼개지는 듯한 느낌을 받는 것이다. 그럴 때 미처 이에 대한 상식이 없는 사람들은 어떤 영적인 힘에 의해 혜안이 열려 신비한 능력을 가지게 된 것처럼 엉뚱한 망상에 빠지기도 한다. 별것 아니니 놀랄 필요 없다.

물론 이러한 경험은 수행의 성질(방법)이나 목적에 따라 각자 다르지만, 무당의 경우라면 접신일 테고, 불자일 경우는 깨달음일 것이며, 어떤 이에게는 산신령이나 귀신을 만날 수도 있고, 또 어떤 이는 뭔지는 모르지만 온몸의 세포가 우주와 합일하는 듯한 체험일 수도 있다. 어쨌든 수행을 자주 하게 되면 점점 그 상태에 이르기가 쉬워지는데, 그만큼 귀신도 자주 보게(만들게) 된다.

아무튼 고대로부터 무당(주술사)들이 귀신을 보는 데에 가장 능했다. 하여 그들이 습득한 남다른 특이 능력은 귀신(신)에게서 빌린 것이며, 자신들만이 귀신과 소통할 수 있다고 믿는다. 그걸 증명하려면 접신하여 귀신과 같은 행동과 말을 연기해내어야 했다. 물론 가식적인 연기가 아닌 진정한 믿음 아래 몰입된 연기(굿, 퍼포먼스)이다. 내림굿을 통해 제대로 그 경지까지 가보지 않은 사람은 도달할 수 있는 경지가 아니다.

한번 귀신을 본 이들은 사고로 사람이 죽은 장소는 물론 음습한 느낌을 주는 곳에만 가도 그곳에 귀신이 깃들어 있다고 주장한다. 정신이 온전하지 않은 환자도 그들에겐 귀신이 씌인 것으로 보인다. 하여 굿이나 구마(퇴마) 의식을 통해 그 귀신을 달래거나 위협해서 내쫓아야 한다고 주장한다. 그렇지만 다른 정상적인 사람들의 눈에는 그 귀신이 보일 리가 없다.

이제껏 귀신을 본 적이 없는 사람이라도 간혹 남 따라 귀신을 볼 때가 있다. 물론 이때는 그 귀신을 본 사람이 옆에 같이 있어야 한다. 가령 어느 으슥한 빈방에 무당이나 그런 영적 능력을 지닌 사람과 함께 있다가, 그가 갑자기 어느 구석을 가리키며 "귀신이닷!" 하고 소리치며 펄쩍 뛰면 저도 깜짝 놀라서 덩달아 그 귀신을 보게(또는 본 듯한) 된다. 귀신(이미지)이 전사(轉寫)되어 동시감응(同時感應)한 것이다. 그런가 하면 두 사람이 밤중에 으스스한 곳을 지난다고 하자. 분명 어느 순간 같은 생각을 하게 될 것이다. 혹여 귀신이 나오지 않을까? 조마조마해지면 다른 일체의 생각을 할 수가 없어 집중이 된다. 똑같은 생각에 집중했을 때 동시감응을 일으키기 쉽다. 해서 그 중 한 명이 환상(귀신)을 보게 되면 다른 한 명도 덩달아 똑같은 것을 보게 되는 현상이 생긴다.

그리고 평소 귀신의 존재를 믿고 두려움을 품고 있는 사람이 귀신이 자주 출몰한다는 어떤 곳에 홀로 남겨질 때에도 귀신을 보게 될 가능성이 커진다. 물론 이때에 만난 귀신은 이미 소문을 듣고 상상(기억)한 이미지이다. 이런저런 방법으로 몇 번 귀신을 보게 되면 (숙달되면) 그 사람은 어딜 가나 귀신을 자주 본다.

물론 귀신을 본 적도 없고, 그 존재를 믿지도 않는 사람은 귀신이 나온다는 방에서 밤새도록 기다려 봐야 귀신일랑은 오지 않는다. 그러니까 일찍이 귀신에 대한 이야기들로 귀신에 대한 두려움(믿음)을 품고 있는 사람이나 신경이 예민한(허약한) 사람이 귀신을 잘 본다는 말이다.

어쨌든 귀신을 보는(만드는) 것도 대단한 능력이다. 타고난 소질이 있거나, 훈련을 해야 귀신을 보는 전문가가 될 수 있다. 그런 능력을 필요로 하는 직업적인 무당이나 종교인이라면야 당연히 수행을 해야겠지만, 보통 사람은 구태여 그런 것에 관심을 보일 필요가 없겠다. 자칫하다가는 정말 미쳐 버릴 수도 있으니 말이다. 무속인들의 수행(신내림, 접신) 과정을 보면 끊임없이 현실과 환각 세계를 오가기를 반복하며 점진적으로 그 능력을 계발시킨다. (인지·기억 기능을 조절하는 대뇌 측두엽을 자극하여 비정상적으로 활성화시키면 환각 작용이 잘 일어난다.) 그것을 달리 말하자면 이중인격(정신분열)을 만들어 나가는 과정이라 할 수 있다. 너무 급하게 들어가다간 충격이 지나치게 커서 현실로 돌아오지 못하는 수가 생기기 때문이다. 역으로 게을리하여 오랫동안 사용하지(자극하지) 않으면 그 능력이 점점 사라진다. 끊임없이 정기적으로 굿을 하고 치성을 드려야 하는 이유다. 그러고 보면 이 방면의 직업도 여간 힘든 것이 아니다.

주변에서 더러 귀신을 본다거나 예언을 한다거나 하며 그 신통력을 자랑하는 사람들이 있다. 평범한 사람들의 눈에는 신비한 능력으로 보이기도 할 테지만, 기실 귀신 흉내내는 것과 다를 바 없는 행위이다. 그렇게 해서라도 자신이 특별난 사람임을 자랑하고, 또 상대방의 기를 죽여 복종시키거나 우월한 대접을 받고자 하는 의도가 깔려 있다 하겠다. 이 경우 "그래서? 뭐 어쨌다고?"라는 한마디면 모두 헛것으로 돌아간다. 어떤 귀신도 똑바로 바라보면 다 도망간다. 어쨌거나 귀신을 본다는 건 비정상이다. 귀신을 못 보는 게 정상이다.

열린 생각에서서는 신(神)이 있기도 하고 없기도 하다. 신(神)은 화두에 지나지 않기 때문이다. 화두란 때가 되면 버리는 임시방편이다. 닫힌 생각에서는 신(神)은 절대자로서 영원히 존재하고 군림한다. 하여 신(神) 아래에서는 진정한 깨달음이 없다. 그건 지혜에 대한 깨달음이 아니라 자기 믿음(신앙)에 대한 자기 확신, 자기 증명일 뿐이다. 당연한 말이지만 신(神) 안에서는 신앙만이 진리다.

38. 전설의 고향, '공동묘지 백여우'

귀신 산책을 하면서 '전설의 고향'을 비켜 가다니! 섭섭해하는 독자들을 위해 대한민국 모든 마을에서 공통적으로 전해 내려오는 전설 하나 살펴보자.

이건 진짜 이야기로서, 옛날 시골 우리 동네 바로 뒷동산 고개 넘어가는 길옆에 공동묘지가 있었다. 어느 날 동네 청년 하나가 이웃 마을에 갔다가 밤늦게 홀로 돌아오다 그곳을 지나게 되었다. 달도 구름에 가려 컴컴한지라 신경을 곤두세워 길을 더듬어 내려오는데, 왠지 으스스한 기운이 들더니 무덤 쪽에서 사람들이 두런거리는 소리가 들려왔다. 휙! 돌아다봐도 희미한 무덤들밖에 안 보인다. 머리카락에서부터 등줄기 꼬리뼈까지 모골이 일제히 솟아오르는가 싶더니, 몇 발짝을 옮기자 이번엔 분명코 남녀가 다투는 듯한 소리인데 그것이 그만 무덤 속? 얼어붙어 걸음을 멈추는 순간, 아쿠쿠! 이히히! 갑자기 여인의 비명 섞인 괴기한 울음소리…? 으흐흐~흐윽! 그러니까 귀신, 아니 송장 곡하는 소리? 크으윽! 목 졸려 숨 넘어가는 소리? 으… 으…! 청년이 비명을 질렀지만 목에 뭐가 걸렸는지 소리가 나지 않는다. 그대로 뒤로 자빠져 두 손으로 땅을 거머쥐고 엉금엉금 엉덩이로 밀어 도망치려고 버둥대는데 도무지 다리가 말을 안 듣는다. 아~흐흐, 아이고! 크~아아악! 찢어지는 비명이 길게 이어지다 땅 꺼지는 소리가 나고 사방이 조용해지는가 싶더니 곧이어 무덤 사이에서 허연 귀신이 훌렁! 훌렁! 휙! 휙! 휘익! 날아오르더니 묘지 한가운데로 사라졌다. 아~학! 청년은 그제야 목이 터지면서 그만 까무러치고 말았다.

그도 잠시, 온 무덤의 송장들이 솟구쳐 올라 덮칠 것만 같은 공포에 청년은 간신히 정신을 붙들고서 엎어지고 넘어지며 필사적으로 도망을 치는데 길도 아닌 길로 내달리다가 신발도 잃어버리고, 여기저기 긁혀 옷도 다 찢어지고, 거의 초주검이 되어 어찌어찌 기어서 집을 찾아와 대문 앞에서 그대로 혼절해 버렸다. "기… 기… 키신이…!" 열흘이 다 가도록 식은땀에 헛소리만 해대며 허우적거리자 읍네 의원이며 무당까지 불러댔지만 별수가 없었다. 곧 죽을 것이란 소문이 돌았다. 동네 아이들은 매일같이 죄다 그 집 대문에서 멀찌감치 떨어진 곳에 모여 잔뜩 겁먹은 눈에 귀를 쫑긋 세우고 드나드는 사람들의 동태를 살폈다. 가까이 갔다가는 귀신이 옮겨붙을까봐 무서웠지만, 지루할 때쯤이면 누군가가 어른들의 뒤를 따라 대문 근처까지 갔다가 냅다 도망쳐 와서는 새로울 것도 없는 뉴스에다 자신의 담력을 보태어 자랑하기도 했다.

그즈음 동네의 한 아저씨가 찾아와 사람들을 모두 방에서 내보내더니 청년의 귀에다 대고 뭔가를 소곤소곤거려 주었다. 얼마 후 방을 나오면서 걱정하는 가족들에게 이제 괜찮을 거라고 말해 주고 갔다. 사람들이 방문을 열고 들어가자 정말이지 청년이 언제 그랬더냐 싶게 자리를 털고 일어났다. 그러고는 동네 아이들에게 밤에 공동묘지에 가면 꼬리가 아홉 개나 달린 백년 묵은 백여우가 인간으로 분장해서 사람을 홀린다며 절대로 가지 말라고 눈을 왕방울만하게 뜨고 겁을 줬었다. 당연히 그후로 우린 낮에도 그곳에 가기를 꺼려 여우새끼 한 마리 구경 못했다. 어디서 놀든 해가 지기 무섭게 집으로 들어가고, 또 혼자서 길을 갈 때에는 뒤를 힐끗힐끗 살피는 버릇이 생겼는데 가끔은 흠칫 놀라기도 했다. 당시에는 어른 아이

할 것 없이 흰옷밖에 없었으니까.

선수라면 다 알 만한 전설 아닌 사실이지만, 아둔해서인지 아니면 어렸을 적이라 너무 겁을 먹었던 탓인지 이 공동묘지 백여우의 '진실'을 필자는 최근에야 깨쳤다. 아무려나 묘지만큼 여우들이 놀기 좋은 장소가 또 있으랴! 귀신 따위야 눈에 뵐 리가 없지! 해서 내 조상 네 조상 안 따지고 틈날 때마다 벌초를 해줬다. 요즘은 발가락이라도 닮은 이웃사촌이 없어서인지 바로 옆에 있는 남의 묘도 절대 벌초 안해 준다. 하긴 뭐, 어차피 흰 여우든 붉은 여우든 다 멸종되고 없는데 벌초는 해서 뭣하랴. 여우귀신이 없어지니 인심도 야박해지는 것 같다. 요즘은 이런 이야기를 아무도 들어 주지 않아 전설의 고향도 아득히 멀어만 간다. 참, 그때 우리 동네에는 물레방앗간 같은 게 없었다. 디딜방아는 있었지만. 에이, 쌩구라…? 글쎄, 진짜라니깐! 너, 선수지? 어허, 무슨 소리! 수상한데…? 나 참, 이래서 얘기하면 안 된다니까!

39. 혼(魂)을 빼고 넣는 법!

필자의 혼백론을 이해한 독자라면 이쯤에서 '그렇다면 인간의 혼을 누군가가 의도적으로 조종할 수 있지 않을까?' 하는 생각을 가질 수 있겠다. 물론이다. 이미 인류는 신화·주술·종교라는 도구를 이용해서 누천년 동안 사람들의 의식을 조종해 왔다. 그리고 지금도 온갖 비법(주문, 춤, 굿, 집중 기도, 부흥회, 고행, 고문, 세뇌, 명상, 최면, 약물, 부적 등)이며 검증되지 않은 신비한 현상들을 이용해 사람들을 현혹하고 있다.

신앙하지 않은 사람의 맨정신으로 바라보면 대부분 조잡하기 짝이 없는 것들이지만, 인간은 원시적부터 이미 종교적·정신적 영역을 신성시해 온 관습(선입견) 때문에 보이는 그대로 판단할 수가 없다. 하여 종교단체들에서 구사하고 있는 '혼빼고넣기' 중 대표적인 사례 두어 개를 골라 살펴보고자 한다.

모 종교기관의 단체 집중 수련회. 이미 며칠째 집단 훈련으로 잘 통제되어 심신이 지쳐 갈 무렵, 강당에 수련복을 입은 수백 명의 신도가 모여 기도와 찬송을 한 다음 집단 체조에 들어간다. 그렇게 한참 몸풀기를 마친 뒤 다닥다닥 나란히 줄지어 앉은 다음 일제히 두손으로 앞사람의 등을 찰싹찰싹 때린다. 처음엔 약하게, 시간이 갈수록 점점 세차게 친다. 그러니까 모두가 뒷사람으로부터 등짝을 맞으면서 앞사람의 등짝을 때리는 것이다. 여기서부터 본격적인 수련이 시작되는 거다. 한데 이러한 행위가 3, 4분에 끝나는 게 아니라 거의 한 시간 가까이 지속된다. 처음에는 등짝은 물론 손바닥까지 아프다가 점점 팔이 마비되기 시작한다. 그런데도 멈추지 않고 계속된다. 20여 분쯤 지나면 통증도 못 느끼고 거의 무아지경에 이른다. 몸속에서 고통에 반응해 도파민이 왕창 분비되기 시작한 때문이다.

모두가 기진맥진해서 진이 다 빠져 갈 무렵, 갑자기 건장한 젊은 청년들이 네댓 개의 모듬북을 가지고 나와서 분위기를 북돋운다. 실내에서 두드리는 북소리는 사람의 엉덩이를 들썩거리게 할 만큼 천지를 진동시킨다. 그러면 사람들은 다시금 흥분해서 젖먹던 힘까지 다 짜내어 북장단에 맞춰 등짝때리기를 계속한다. 한 30분쯤 북을 친 다음 다시 다른 청년들로 교대해서 더욱 세차게 몰아친다. 그런 광란의 폭풍이 한 시간가량에 이르면 모두가 진[魄]이 다 빠져서 두 손을 들 힘조차 없어 팔을 늘어뜨린 채 그저 북소리에 흐느적거릴 뿐이다.

몸 안은 분비된 도파민으로 몰아지경인데다가, 거기에 더해서 북소리로 두뇌의 감각신경까지 완전히 마비된 상태다. 무당이 북과 징을 사용해 환자의 얼과 넋을 빼는 것과 같은 이치다. 그렇게 혼백을 완전히 지치게 만들어 버리면 누구든 정상적인 의식(판단, 분별) 활동이 불가능해진다. 만약 노동을 그렇게 시켰다면 다들 기절초풍해서 달아났겠지만, 황홀한 고문이랄까? 자발적인 신앙 행위이기 때문에 오히려 지칠수록 더 강한 희열감을 느낀다. 그런 다음 무리들을 깔끔하고 아늑한 기도실로 이동시킨다.

희미한 간접조명의 기도실에 앉아서 드디어 긴장을 풀고 일제히 고요한 침묵 속에서 집중 기도에 들어가는데, 이미 의식이 마비된 데다가 몸 안에 가득 찬 도파민으로 인해 여전히 무아지경이어서 다른 어느 때보다도 빠르게 몰입이 된다.

그렇게 20여 분이 지나면 모두들 눈이 감기면서 비몽사몽으로 접어들게 된다. 그러다가 어느 순간 갑자기 어둑한 실내에서 무언가 빛이 스치는 듯하더니 어디서 "그분이 오셨습니다!"라는 낮고 묵직한 소리가 들린다. 막 졸음에 빠져들던 신도들이 일제히 눈을 번쩍 뜨고서 고개를 들어 앞을 바라보는데, 순간 신도들 가운데 누군가가 "아버지!" 하며 비명을 지른다. 그러자 거의 동시적으로 연달아 여기저기서 고함 소리와 함께 "아버지!"가 터져 나온다. 탄성과 울부짖음에 기도실은 일시에 광란의 도가니가 된다.

집단적으로 전이감응된 것이다. 그런 상황에선 아버지를 보지 못한 대부분의 사람들조차도 얼떨결에 어렴풋이 본 듯한 착각에 빠지고, 그걸 긴가민가 판단할 겨를도 없이 부화뇌동되어 "아버지!"를 외치며 엎어진다. (당연히 그 아버지는 그곳에 오지 않았다.)

신도들의 혼을 뺀 연후에 갈구하던 그분의 혼(이미지)을 집어넣은 것이다. 전문 수행 용어로 말하자면 고의로 무기혼침(無記昏沈)에 빠트려 환각을 보게 한 것인데, 도파민의 과다 분비를 유도하여 일시적인 조현증 상태를 만드는 원리다. 컴퓨터로 치면 고의로 바이러스를 퍼뜨려서 망가뜨려 놓고 곧장 자기네 백신 프로그램을 팔아먹는 것과 같다 하겠다. 본인은 꿈이 아닌 맨정신에서 그분을 뵈었고, 자신의 지극한 신앙심에 감응해서 일어난 기적이라고 확신한다. 의식을 조종당했다는 생각을 절대 못한다. 이런 신앙적 환각 체험을 한번 겪은 인간은 죽을 때까지 그걸 결코 잊지 못해 맹목적으로 맹신하게 된다. 여타 다른 종교단체에서 행하는 집단 기도나 성령 체험 행사에서도 이와 유사한 기법들이 광범위하게 이용되고 있다.

신병훈련소에서 훈련에 지친 신병들의 긴장을 풀어 주기 위해 한밤 중에 써먹는 상투적 수법인 '어머니 부르기'를 영성 체험에 도입한 것이다.

40. 기공(氣功)과 명상으로 혼빼고넣기

중국이 개혁개방하기 전부터 인민의 의료를 국가가 책임져야 했 는데, 기실 먹고살기도 힘든 판국에 그런 것까지 일일이 챙기기가 녹록지 않았다. 해서 고안해낸 것이 전통적인 건신법, 즉 기공체조 의 보급이었다. 그러니까 태극권·오금희·역근법 등 온갖 양생법 을 발굴해서 보급하기 시작했는데, 그 가운데 하나가 특별나게 위 력을 발휘해 급속하게 번져 나갔다. 바로 파룬궁[法輪功]이다.

파룬궁은 1992년 지린성[吉林省] 창춘[長春] 출신의 리훙즈[李洪 志, 1952~]가 창시한 수련법으로, 그는 네 살 때부터 불가와 도가 의 고승들로부터 법력을 이어받아 백두산(중국 長白山)에서 수련했 다고 한다. 불교의 원리에다 도교적 수행법을 가미시킨 것으로 영 적 체험에서 기존의 다른 어떠한 종교적 수행법이나 기공체조보다 월등한 위력을 보였다. 해서 급속히 보급되기 시작하였는데, 문제 는 이 수행법 역시 집단적으로 모여서 수련을 하여야 효과가 배가 되었기 때문에 대중 집회를 두려워하는 공산당의 눈 밖에 날 수밖 에 없었다. 결국 이들이 세력화할 것을 두려워한 중국 당국은 파룬 궁을 1996년부터 일반 기공이 아닌 사교(邪敎)로 규정해 탄압하기 시작했다.

기성 불교의 형식을 타파하고, 단도직입적으로 영적 체험(깨달음)을 할 수 있노라고 주장하는 파룬궁은 간결한 도덕(신앙)적 목표, 누구나 따라 하기 쉬운 불과 몇 개 동작의 기공체조, 그리고 명상(참선)으로 구성되어 있다. 위기(圍氣)를 다스리는 간단한 몇 가지 도인체조를 지루하게 반복시킨 다음, 명상 음악을 틀어 놓고 역시 단순하면서도 고행적인 명상 자세를 오래 유지시킴으로써 다른 잡생각이 떠오르지 못하게 막는 동시에 그 고통으로 도파민의 분비를 촉진시킨다.

이렇게 수백 명씩을 운동장에 모아 놓고 수 시간 동안 고행을 통한 명상에 몰입시켜 진을 빼버리면 고통도 잊고 비몽사몽 무기혼침(無記昏沈)으로 빠져드는데, 결국 누군가가 환각을 보게 되고 연달아 동시 전이감응하여 집단적으로 영적 체험을 하게 되는 것이다.

리훙즈는 먼저《전법륜》이라는 저서를 펴내었는데, 그는 이 책에다 법륜의 그림과 자신의 초상을 실어 놓았다. 그런 다음 누구든 시키는 대로 수행을 열심히 하게 되면 법륜을 돌릴 수가 있을 뿐 아니라, 자신이 어디에 있든 네가 있는 곳으로 찾아갈 것이라고 말해 놓았다. 그렇게 사전에 법륜과 자신의 이미지를 수련자(신도)의 뇌 속에 기억시켜 놓은 것이다. 하여 일부 수행자들이 수행중 법륜이 돌아가는(실은 자기 환각으로 돌린) 것을 보거나, 생전에 만난 적도 없는(미국에 있는) 리훙즈가 자기 앞에 나타나는 신비한 체험을 하는 것이다. 물론 장기간 치성을 들인 끝에 만들어낸 영적(환각) 체험이지만, 이미 그의 말을 믿고 갈구하던 수련자들에겐 그야말로 황홀한 체험으로 다시없는 광영이라 하겠다. 그리고 나면 리훙즈가 한 말이라면 팥으로 메주를 쑨다 해도 곧이곧대로 믿고 따르게 된다.

신흥 종교나 새로 갈라져 나간 분파일수록 기성 종교집단보다 더 강렬한 영적 체험 방법을 개발하여 이용한다. 이런 기술을 개발하지 못한 일부 단체들은 야바위적인 수법을 이용해 신자들을 기만하고 현혹시키는데, 교주가 마시는 우물물을 마시면 무병장수한다거나, 어디에다 빌면 소원 성취한다거나, 교주의 사진이 박힌 메달을 사서 목에 걸고 다니면 악귀를 물리치고 보호를 받는다거나, 설교를 듣던 앉은뱅이 신자가 벌떡 일어나 걸었다는 등의 바람잡이는 애교에 지나지 않는 고전적인 수법이다. 한때 모 종교단체에서 카메라 앞에 실을 드리워 놓고 교주가 설교하는 장면을 찍어 감로(甘露)라며 신자들을 현혹한 것이 그 대표적인 야바위 케이스겠다. 그러지 않고서는 기성 종교의 견제를 극복하고 사세(?)를 확장시키기가 여간 어렵지 않다. 신흥 종교들이 상대적으로 유혹하기 쉬운 주민들이 사는 도시 변두리 빈민촌이나 지방을 택해 창업하는 것도 그 때문이다. 그런 곳 지역민들은 중앙 권력에 대한 불신, 기성 거대 종단으로부터의 소외감을 느끼고 있어 신흥 종교의 살가운 위안과 선동에 잘 넘어간다.

신병 훈련시키듯 집단으로 모아 놓고 장시간 찬송에, 기도에, 구호(주문)에, 찬양체조로 '얼차렷!' 시키면 누구든 혼이 다 빠져서 스스로 분별하고 판단하고자 하는 자기 방어적 의식이 무너져 무장 해제 상태에 이른다. 그런 다음 너 모르고 나 모르는 온갖 문자식(文字識) 폭탄을 퍼부어 문자옥(文字獄)에 가두고 몇 바퀴 돌리면 거의 모두가 자신도 굉장한 식자가 된 양, 영적 세계에 관한 전문가가 된 양, 신령한 물에 제 몸을 담근 양 착각에 빠진다. 그렇게 물리적 압박으로 혼백(魂魄)을 동시에 교란·핍박해 진을 빼야 집단 최면이 잘 걸린다. 게다가 함께한 동료들이 증인이기 때문에 그 영적 체험에 회의를 품거나 달리 확인할 필요도 없다. 이는 다단계 판매조직의 상투적 세뇌법이기도 하다. 한국에서는 대학생·교사·교수 등 소위 지식인이라는 사람들이 이런 왕초보적인 야바위에 의외로 잘 걸려든다. 식자연하는 우월감이 오히려 약점이 되는 것이다.

아무튼 이런 종류의 종교적 진빼기 수행법을 만든 이들이 혼백의 이치를 제대로 알고 개발했는지, 아니면 온갖 짓을 하다 보니 어쩌다가 만들어진 것인지는 필자도 모를 일이다. 필자의 해석이 맞다면 앞으로 혼백의 이치를 제대로 활용한 영성 체험 수련법이 많이 생겨나지 않을까 기대도 되지만, 한편으로는 야바위꾼들의 진일보한 혹세무민의 도구로 이용되지 않을까 하는 우려도 없지 않다.

41. 염화시중(拈華示衆)과 정기신(精氣神)

선종(禪宗)에서 선(禪)의 기원을 설명하기 위해 전하는 이야기로, 영산(靈山)에서 범왕(梵王)이 석가에게 설법을 청하며 연꽃을 바치자, 석가가 말없이 그 연꽃을 들어 대중들에게 보였다. 사람들은 그 것이 무슨 뜻인지 깨닫지 못하였으나, 오직 가섭(迦葉)만이 그 뜻을 알고서 미소를 지었고, 이에 석가가 그에게 불교의 진리를 전하여 주었노라고 한다.

실제로 있었던 일인지 아니면 후세인들이 지어낸 이야기인지 분 명치는 않지만, 이 고사는 이심전심(以心傳心)으로 깨달음을 얻는다 는 뜻으로서 선(禪) 수행의 근거와 방향을 제시하는 일화로 회자되 고 있다. 연꽃은 진흙 속에 뿌리를 두고 혼탁한 물에서 자란다. 더러 운 흙탕물에서 곱고 순결한 꽃을 피우는 연꽃은 세속에 때묻지 않 은, 깨달음을 향한 구도자의 자세에 비유되어 불교를 상징하는 꽃이 되었다. 아름답기도 그지없지만 꽃이 크고 숭고하고 장엄하기까지 하다. 게다가 범접하기 어려운 고귀한 품격을 갖추어 종교적 상징 으로 삼기에 더없이 안성맞춤인 꽃이다.

석가는 일생 동안 수행하여 마침내 깨달음을 얻었다고 한다. 깨 달음은 곧 지혜의 꽃이라 할 수도 있을 테다. 염화시중이란 단어가 세상에 나온 지 수천 년이 흘렀건만, 그때나 지금이나 그 의미에 대 한 진짜 비밀은 알려진 바 없다. 구체적으로 무엇을 어떻게 주고받 았다는 겐가? 지금이라도 누군가가 어느 선승에게 연꽃을 들어 보 이면 똑같이 미소를 지어야 하지 않은가? 말로는 설명이 불가능하 니, 궁금하면 직접 수행을 해보라?

수행은 근본적으로 정기신(精氣神)의 단련이다. 이는 요가 수행의 과정을 (도교가 아닌) 도가(道家)식으로 간단하게 표현한 것이다. 그 수행의 과정을 보면 흡사 한 송이 연꽃을 피우는 것과 같다고 할 수 있다. 진흙 속의 뿌리는 정(精)에, 혼탁한 물속의 줄기는 기(氣)에, 마지막 꽃은 신(神)에 해당한다고 볼 수 있다. 이를 다시 세속과 비교하면 육신은 뿌리, 정신은 줄기, 깨달음은 꽃에 대비된다. 정신을 다시 수행의 과정과 비유하면, 온갖 망상이나 편견·선입견 등으로 가득 찬 혼탁한 마음을 흙탕물에 비유하여 진흙처럼 바닥으로 가라앉히는데 이를 삼매(티끌 하나 없는 맑은 물)에 들어가는 수행으로, 그리하여 그 거울 같은 삼매를 뚫고 솟아올라 비로소 깨달음을 얻는 것을 연꽃 송이에 비유했던 것이리라.

혼탁하여 아무것도 보이지 않는 마음을 가만히 앉아서 가라앉히면 진흙이나 티끌은 모두 저 깊은 바닥으로 가라앉아 수정처럼 깨끗하고, 마치 투명한 물속에 들어 있는 것 같은 경지에 이른다. 모든 기존의 의식을 다 버리고 나면 모든 사물이 투명하게 보인다. 이런 상태에서 하나하나 사물의 참모습을 보고 깨달아 가는 그 끝에 거울 같은 물의 경계를 뚫고 나가 전혀 무게감이 없는 자유로움, 한 없는 희열을 맛보는 그런 경지에 도달하는 것이다.

그 과정의 느낌이 흡사 연꽃이 피는 것과 같아서 석가가 제자들에게 상징적으로 들어 보인 것은 아닐까? 한데 아직 그러한 경지를 맛보지 못한 제자들이 그걸 알 수가 없는 것은 당연한 일, 오직 가섭만이 삼매를 뚫고 나와 그 의미를 이해했던 것이다. 이해했다기보다 서로 감응했던 것이다. 이에 석가는 비로소 가섭이 자신이 전하는 지혜를 담아낼 준비가 되었음을 알고 법을 전한 것이리라.

42. 삼매(三昧)로 가는 길

세속적인 대중의 삶과 사유는 흡사 진흙 속에서 뒹구는 것과도 같다. 하여 수행의 과정에서 그 진흙과 티끌, 즉 온갖 잡념과 망상(편견과 선입견)을 털어내고 고요한 호수와 같은 상태로 마음을 닦는다. 무상삼매(사마타)에 드는 것이다. 이 삼매에 들고 나감이 자유자재롭고, 그 상태의 유지가 어떤 바람에도 흔들리지 않을 만큼 단단(금강불괴)하게 되었을 때 비로소 의심으로 지혜를 탐구(비파사나)하게 된다. 유상삼매에 드는 것이다.

이러한 단계가 마치 진흙에서 싹이 생겨나[發心] 혼탁한 물속에서 줄기를 뻗고(수행) 마침내 물 밖으로 솟아올라서 꽃(깨달음)을 얻는 것인데, 이때의 느낌이 흡사 우리 몸의 정(精)이 한 줄기로 올라와 의식[氣]으로 집중하게 되고, 결국에는 육신을 벗어나 한 송이 꽃[神]을 피우게 되는, 그러니까 이때의 느낌이 꼭 연꽃의 줄기처럼 오직 한 가닥으로 모여 마치 육신을 빠져나가는 듯하여서 그 무게(존재감)를 전혀 느끼지 못하는 것이다. 제감(制感)으로 육신의 무게를 잊어버린 상태이다. 마지막에 의식이 흡사 물에서 솟아오르듯(정수리를 빠져나가듯) 허공에서 머물기도 하고, 한없이 가볍게 공기처럼 떠다니기도 한다. 석가가 이 과정을 말로써 설명하기가 어려워(말이나 문자로 설명하게 되면 다시 편견과 선입견이 생기게 되므로)

꽃 한 송이로 그린 것이 아닐까?

마음을 가다듬어 온갖 잡념들을 가라앉히고(제거하는 것이 아니라), 화두(줄기)를 잡아 집중하면 차츰 맑고 투명한 의식의 호수(방)가 만들어진다. 흡사 자신의 의식이 한없이 투명한 물속에 들어 있는 것 같기도 하고, 무중력의 공중에 떠 있는 듯한 느낌도 받는다. 평소에 우리 인간이 짊어지고 있는 온갖 의식의 무게가 얼마나 무거운지를 비로소 깨닫게 된다. 이 정도에만 이르러도 보통 사람들은 한없는 희열과 경이로움을 맛본다. 아무런 사유가 없는 무상삼매에 이른 것이다.

여기에 도달했다 해도 아직 지혜를 얻었다고 할 순 없다. 이에 이르는 수행을 한없이 반복해서 더 이상 티끌 하나 쌓이지 않은 경지에 도달했을 때 비로소 본격적인 유상삼매에 들어가 차곡차곡 지혜를 쌓아 가야 한다. 여기서부터 의식(사유)이 확장된다. 처음부터 여기까지의 과정이 매일같이 하루도 쉬지 않고 반복되어야 한다. 그리고 연꽃의 줄기처럼 그 의식의 끈(화두)을 놓쳐서도 안 된다. 한번 놓치고 나면 다시 삼매에 드는 데 그만큼 힘들어지기 때문이다. 매일 거울같이 닦아내어야 한다. 그러다가 어느 순간 모든 의문이 다 풀리고 무한한 희열의 상태가 찾아온다. 비로소 물조차도 뚫고 나와 지혜의 꽃을 피운 것이다. 무망의 혼탁한 물속을 벗어나 하늘로 솟아 피어난 연꽃을 수행의 단계에 비유한 것이 염화시중의 미소이리라.

43. 태어난 달에 따라서 직업이 결정된다?

2011년 영국 통계청이 예전 센서스 정보로부터 19종의 직업과 출생한 달과의 상관관계를 분석한 결과, 태어난 달이 성인이 된 후 직업 선택에 영향을 미칠 수 있다는 결론을 도출했다는 발표가 있었다. 예를 들어 1월에 출생한 사람은 다른 달에 태어난 사람에 비해 지역 보건의사나 채무 상환 대행업자가 되는 비율이 높고, 반면 부동산 중개업자로 일하는 비율은 상대적으로 낮은 것으로 나타났다.

2월에 태어난 사람은 예술가가 될 가능성이 높은 대신 물리학자 등 과학 관련 직업을 갖는 확률은 낮았다. 3월의 경우 파일럿이나 음악가가 되는 경우가 많았고, 4월과 5월생은 전 직업군에 골고루 퍼져 있었는데 5월생의 경우 스포츠 관련 직업이나 운동 선수가 되는 비율이 상대적으로 적었다.

6월생은 최고경영자(CEO)가 되는 경우가 많았고, 7월에 태어난 사람들 중에는 벽돌공이나 기관사 또는 예술가로 성장하는 경우가 많은 것으로 조사됐다. 8월생 중에는 버락 오바마 미국 대통령과 빌 클린턴 전 대통령이 포함되어 있었지만 특별한 직업군이 나타나지는 않았다.

9월생 가운데는 스포츠 선수나 학자 등이 매우 많았고, 10월에 태어난 사람은 3월에 태어난 사람보다 평균적으로 215일가량 더 사는 것으로 나타났다. 12월에 태어난 경우는 치과의사나 또는 종교 관련 직업을 갖는 이가 많은 것으로 조사됐다. 물론 연구진들은 이런 트렌드가 결과적으로 나타났다는 것을 제시할 뿐 이에 대한 과학적인 원인은 제시하지 못하고 있다.

하지만 출생한 달과 건강과의 상관관계는 비교적 과학적인 근거를 가지고 있다고 주장하면서 봄철에 태어난 아이들이 천식이나 자폐증 등에 노출될 확률이 높고, 10월생 중에 장수하는 이들이 더 많다고 설명했다. 이러한 현상에 대해 연구진은 산모가 아이를 임신하고 있는 동안 인체에서 비타민D를 생성하도록 하는 햇볕에 얼마나 노출되느냐는 문제와 연관성이 있을 것으로 추측하고 있다.

위의 조사 연구는 계절에 따라 일사량이 크게 차이나는 유럽에서는 꽤 설득력을 지닌다. 다만 조사 대상자에 영국에서 태어난 사람만이 아닌 다른 지역 태생도 포함되었는지 알 수 없는 것이 조금 아쉽다.

한국에서는 아직 이러한 통계가 도출된 바 없지만 약 30년 전, 우리나라 서울대학교에 입학한 학생들의 태어난 달을 조사한 적은 있었다. 그해의 입학생들 가운데 유달리 3, 4월생이 많았던 것으로 필자는 기억한다. (그 시절에는 음력 생일로 등록한 사례가 적지않아 4, 5월생도 많이 포함되었을 것으로 짐작된다.) 그후로도 몇 차례의 조사가 있었지만 조사 방법이 그다지 디테일하지 않았고, 그 결과 또한 때마다 달리 나왔었다.

명리학에서는 사주(四柱) 중 월일(月日)을 가장 중요한 요소로 본다. 사람은 외형적인 모습에 따른 소질이 있고, 내적인 성향에 따른 소질이 있다. 그 소질이 직업을 선택하는 데 크게 영향을 미치는 요인이 될 것은 당연지사일 테다. 그렇다면 그 소질은 어떻게 해서 형성되는가? 유전적·환경적(교육적) 요인을 별외로 하고 자연적인 요인만을 가지고 분석해 보자면, 태양이 만들어내는 계절이란 사이클과 달의 인력이 만들어내는 유전자 결합도의 세기가 인간 개개인의 소질과 운명을 결정한다고 할 수 있다. 남녀의 교접을 통해 난자와 정자가 만나 자궁에서 태아를 만드는 과정과 그 기간 동안의 환경, 즉 태양과 달의 위치가 영향을 미친다는 말이다.

가령 난자와 정자가 수정되자마자 그 1주 동안 핵 속의 염색체 23쌍 30억 개의 양쪽 DNA가 결합하고 분열하는데, 그 짧은 기간에 인류가 먼 미생물로부터 지금의 고등동물로 진화해 오면서 겪은 그 모든 유전자 변형 과정을 하나도 빠짐없이 되풀이해내어야 완벽한 복제가 이루어진다. 이 시기에 엽산이 부족하다든지, 양쪽의 염기서열 가운데 동일한 부분에 결함이 있을(해당 염기가 삭제된) 경우 기형이 태어날 수밖에 없다. X·Y염색체 둘 중 한쪽에 결함이 있을 경우, 결합과 동시에 곧바로 상대방의 정상적인 것을 복제해서 정상 분열한다. 바로 이 때문에 암수가 갈라져 서로 다른 이종교배가 이루어지도록 진화해 온 것이다. 근친이나 한 지역에서 태어난 사람은 유전적으로 같은 염기에 결함이 생길 가능성이 높아 정상 분열을 못하고 유전적 기형을 유발하는 일이 많다.

DNA 분열에 관여하는 엽산(葉酸)은 비타민 B의 일종으로 당연히 야채를 통해 섭취해 왔다. 이외에도 수많은 영양소가 태아의 형성에 필요한데, 그것들의 충분 혹은 불충분 공급이 태아의 형성과 성장에 영향을 미치지 않을 수 없었을 것이다. 아무려나 빛이 만물을 창조하였음에 누가 이의를 달겠는가? 고대에는 지금과 달리 사계절에 따라 비타민이 풍부한 야채를 섭취하는 양이 크게 차이가 났었다. 특히나 교통망도 발달하지 않은 고대에는 지역(사막이나 극지방)에 따라 야채가 더없이 귀할 수밖에 없었을 것이다.

여성의 난자는 배란 후 1~2일, 정자는 자궁 내에서 2~3일 동안 살아서 수정할 수 있는 능력을 가지며, 정자의 경우 사정된 후 1주일까지 살아 있기도 한다. 정자는 사정된 후 2~3시간을 헤엄쳐 약 400마리 정도가 수란관 상부에 도달해 난소에서 배란된 난자를 기다렸다가 그 중 하나만이 난자와 결합한다. 수정란은 다시 수란관을 따라 자궁으로 이동하면서 세포 분열(프로그램 확인과 복제)을 마치고, 1주일 후에 자궁 내벽에 착상한다. 수정란이 착상된 것을 임신이라고 한다. 이후 수정란은 자궁 내벽으로부터 영양을 공급받으면서 3주면 초기 태아의 형태를 만들고, 약 266일 후에 세상에 나온다.

임신에 성공하게 되면 본격적으로 태아를 만들기 시작하는데, 가장 먼저 머리 부분부터 성장시키고 난 다음 인체의 다른 부분을 만들어 나간다. 하여 두뇌가 만들어지는 그 시기가 어느 계절(달)이느냐가 두뇌의 성장 발달에 영향을 끼치겠다. 다시 말해 임신 시기가 야채를 비롯해 먹거리가 풍부해지는 봄이냐, 아니면 겨울이 시작되는 무렵이냐에 따라 차이가 날 것이라는 말이다. 그에 비해 몸집은 뇌가 다 자란 다음 시기부터 출산 때까지 지속적으로 자란다. 만약 겨울 초입에 임신한다면 야채나 먹거리가 부족한 겨울에 두뇌를 키우고, 한창 몸집을 키워낼 여름 무렵에는 영양 공급이 원활할 것이니 두뇌보다는 신체적 조건이 우수한 아이가 태어날 확률이 높다 하겠다. 물론 햇볕은 그 자체만으로도 산모의 호르몬 작용에 영향을 미치고, 그것이 다시 태아에게까지 전달될 것이다.

해서 이 사주로 운명을 짐작하는 명리학이 한국과 같이 사계절이 뚜렷한 나라에서 발달한 이유가 여기에 있다. 요즘은 빅데이터 기술이 발달해 있으니, 한국인의 생년월일과 직업(직위, 빈부 등)과의 관계를 조사하는 것도 그리 어려운 일이 아닐 것이다.

아무튼 세상은 점점 복잡해지고 있다. 이를테면 한국인이라고 해서 한국에서 나고 죽지 않는다. 사계절 음식이 거의 비슷해지고 있으며, 햇볕을 쬐는 양에 있어서도 계절에 상관없이 사는 이들이 많다. 그에 따라 사주를 보는 역술인들도 바빠졌을 테지만, 혹여 호기심이 발동하는 역술가가 호주와 같은 남반구 사람(원주민)들의 사주를 연구해 보면 재미있는 결과가 나오지 않을까 싶기도 하다.

44. 체질(體質)과 일월(日月)은 무슨 상관?

사상(四象)이란 이제마(李濟馬, 1836~1900)가 《동의수세보원》에 기록한 내용으로, 인간의 체질을 장부(臟腑)의 대소(大小)로 기준해서 네 가지 부류로 나눈 것을 말한다. 심(心)을 제외하고 폐(肺)와 간(肝)의 대소와 비(脾)와 신(腎)의 대소를 기준으로 폐대간소한 사람을 태양인, 간대폐소한 사람을 태음인, 비대신소한 사람을 소양인, 신대비소한 사람을 소음인으로 구분한다.

사람의 체질은 내부 장기의 기능과 마음의 욕심, 타고난 성향과 재주, 몸의 형태와 기운의 형상, 얼굴의 모양과 말하는 기운 등에 따라 서로 다르며, 이에 따라 생리·병리·약리 및 건강한 삶을 살기 위한 조건 등도 달라진다는 주장이다. 그러니까 체질은 선천적으로 결정되므로 부모와 조상의 생김새는 물론 성품과 질병의 경향까지 이어받으며, 사람의 마음 또한 체질적 특성과 밀접한 관련을 맺고 있으므로 환자를 치료할 때에는 사람마다의 체질적 차이를 감안해야 한다는 설이다.

한편 동양의학의 전통적인 장부론(臟腑論)에서는 음양(陰陽)으로 나누어 왔는데, 태양(太陽)·양명(陽明)·소양(少陽)의 양장부와 태음(太陰)·소음(少陰)·궐음(厥陰)의 음장부로 나눈다.

재미있는 것은 위의 사상체질 감별은 외형적 관찰을 바탕으로 정하는 데 비해 아래의 장부론은 태어난 연월일(年月日)로 정한다는 점이다. 해서 사상체질은 환자를 관찰하는 이에 따라 다르게 나오는 경우가 잦은 데 비해 장부론은 확정적이다. 하여 장부론의 체질 감별은 명리학 사주풀이에서 나오는 그 사람의 성격이나 소질과 거의 일치한다. 공히 음력을 사용하기 때문이다.

이외에도 달리하는 체질 분류법이 있는데 서로 상반되는 주장들이 없지 않다. 그렇지만 어차피 환자 치료에 참조할 사항이지 전적으로 의존할 것은 아니니 지나치게 몰두할 일은 아니다. 더구나 나이가 들어 기운이 쇠락해지면 음(陰)이니 양(陽)이니 따질 필요조차 없어진다.

45. 왜 아직도 사주(四柱)인가?

인간의 행과 불행, 또 운수를 가늠하거나 예측하는 술법은 여러 가지가 있다. 그 중 사주(연월일시)를 십간과 십이지로 교차 대입시키고, 거기에다 다시 오행의 성질을 부여해 길흉화복을 예측하는 명리학만큼 오랫동안 애용해 온 술법도 없을 것이다. 그만큼 다른 방술들에 비하여 정확도가 높다는 방증일 테다.

도대체 왜 사주풀이가 잘 맞고, 또 인간의 운명이 그 사주에서 크게 벗어나지 못하는 걸까? 앞서와 같이 타고난 체질이며 소질·성향 등을 감안하더라도 명쾌하게 논리적으로 이해가 안 되는 부분이 많다. 가령 물에 빠져 죽을 팔자를 타고난 인간은 왜 그 시기에 물에 빠져 죽을 수밖에 없는가? 미리 사주를 보고서 물을 피하였다면 죽지 않았을까? …의문은 끝이 없으나 갈수록 복잡해지기만 할 뿐, 그 역술가들 가운데 누구도 "왜 맞느냐?"라는 질문에 그 이치를 명쾌하게 설명하지 못하고 있다.

필자 역시 평생 동안 그 의문에 대한 고민을 거듭해 왔다. 하여 앞의 책에서 해와 달이 엮어내는 리듬과 인간 탄생과의 조화를 운명의 대략적인 사이클로 설명했다. 하지만 그것만으로는 "도대체 왜?"를 설명하기엔 아무래도 역부족이다. 그러니 좀 더 파고들어 보자.

십간(十干)의 간(干)은 원래 수효를 세는 개(個)의 의미로, 인간의 손발가락에서 시작되었을 것이다. 십(十)일을 순(旬)으로 한 계산법이 거기서 나왔으리라. 십이지(十二支)의 지(支)는 지류·가지의 의미이며, 하나의 모태에서 갈라져 나왔다는 것은 달이 열두 번 차고 이지러지면 같은 계절이 돌아오는 데에서 연유하였을 터이다. 이처럼 간지는 처음엔 날짜를 계산하는 단순한 수사였으나, 나중에 아무 상관없는 음양오행설을 적용시키면서부터 다양한 철학적 도구로 이용되기 시작한다. 일력과 월력의 차이인 윤달·윤일은 춘분·추분·하지·동지를 기준으로 보정을 잡고, 농사 일정을 쉽게 기억하기 위해 다시 한 해를 보름씩 쪼개어 24절기를 부여하였다. 정확한 태양력으로 계절을 구분지은 것이다.

이 십간과 십이지를 교차시켜 나가면 60갑자가 나온다. 그러니까 인간의 운명(생체시각표 혹은 리듬)을 60개의 표본으로 분류한 것이다. 그리고 이 60이란 숫자는 중세 인간의 정상적인 이상 수명(평균 수명이 아닌)과 비슷하다. 계절에 따른 사람의 소질은 앞에서 태양의 주기와 그에 따른 환경 변화로 설명하였으니, 그 이치에 대하여 상당 부분 이해하였으리라. 남은 것은 탄생일이다.

동양 사상에서는 음양의 이분법이 전체적 뼈대를 이루니 60을 반분하면 30이 나오는데, 30이 열두 번이면 일 년이다. 다시 반분하면 15가 나온다. 해와 달의 주기에 가장 근사한 수치들이다. 특히 15는 보름, 달이 차고 이지러짐과 동일한 사이클이다. 당연히 고대인들은 이 음력 일(日)을 인간의 운명을 결정하는 가장 중요한 요소로 보고 중심에 배치시켰을 것이다. 그리고 그 각각의 간지에다 오행의 성질을 부여하고, 그 요소들의 조화에 따라 일어나는 인간사의 길흉화복을 대입시켜 나가(요즈음 말로 빅데이터를 통해) 일정한 공통분모적인 해석 코드를 찾아낸 것이리라.

물론 이런 일반적인 유추로는 구체적이고 과학적으로 운명을 설명하기에 충분치 않다. 해서 다시 30과 15를 물고 늘어져 내적으로 파고 들어가 보자! 진실은 언제나 현장에 있는 법, 결국 인간 실체인 인체와 그것이 만들어진 자연 환경으로부터 그 실마리를 풀지 않고는 형이상학적 공론에 지나지 않을 것이기에 말이다.

태어난 일시로 사주를 보지만, 이는 기실 열 달 전 임신 날짜의 역추적이라 할 수 있다. 266일! 산모의 상태에 따라 며칠 정도는 차이가 나지만 평균에서는 거의 일정하다.

달이 수억만 번 차고 기우는 것을 우리는 세월(歲月)이라 한다.
앞서의 책에서 물에 사는 생물이나 물 가까이에 사는 동물들의 짝짓기는 대개 보름 아니면 그믐, 사리나 조금에 이뤄진다고 했다. 조석 간만의 차이를 종의 보존에 유리하게 이용하게끔 진화한 때문이다. 가령 스스로 움직일 수가 없는 산호는 초여름 만월 밤(조석 간만의 차가 심한 사리)에 일제히 알과 정액을 내뿜어 수정을 하는데, 주변 바닷물이 뿌옇게 될 정도다. 자신의 종을 가능한 멀리 퍼뜨리기 위해서다. 바다에서 태어난 뱀장어는 강에 올라온 지 5~7년이 되는 가을에 강을 내려가 3천여 킬로미터를 헤엄쳐 필리핀 동남쪽 마리아나 해구에 도착해, 그믐이나 초승달이 뜨는 밤에 산란을 하고 생을 마친다. 물론 크게는 태양의 움직임, 그러니까 부화하기에 적당한 수온이나 햇볕의 양에 따라 먹을 것이 풍부해서 새끼를 키우기에 적당한 계절을 택하지만, 미세하게는 달의 인력에 맞추어 그 시기를 결정해야 한다.

인간도 포유류 이전의 바다생물이었을 적엔 분명 지금의 갑각류며 파충류들처럼 보름이나 그믐 중 어느 한 시기를 택하여 일제히 짝짓기를 하였을 것이다. 지금도 여성은 달거리(월경)를 하고 있다. 그리고 태아가 자라는 양막 속 양수는 바닷물과 성분이 거의 같다. 태아의 초기 모습과 물고기며 개구리의 알이 부화하기 시작할 때의 모습 또한 거의 흡사한 모양을 이루고 있다.

당연히 모체 속의 태아도 매 보름마다 기울고 차는 달의 인력에 의한 리듬에 따라 염색체가 결합·분열하고, 장부(臟腑)를 생육하지 않았겠는가? 그리고 그것이 각각의 세포에 기억되지 않았을까? 하여 태양의 계절에 따른 외적인 요소와 달의 인력에 의한 리듬과 교차를 간지로 배치시켜, 그 인간의 전체적인 기복을 예측하는 사이클로 만들어내는 것이 가능하지 않겠는가? 줄기세포 하나로 인간을 복제해내듯이! 더 자세히 들어가 각각의 장부가 만들어지는 시기에 달이 차올라 갔을까, 아니면 이지러져 갔을까? 달의 인력이 각 장부의 성질을 결정하는 데 영향을 미치지 않았을까?

46. 인간의 운명, 보름이냐 그믐이냐?

모든 인간의 운명이 똑같다면 누가 점을 치고, 사주를 보겠는가?

만약 지구의 자전축이 기울지 않았다면? 그리고 태양의 주위를 타원형으로 공전하지 않고 완전 원형으로 돈다면? 아마도 지구의 표면에서 살아가는 모든 동식물들의 삶은 표본적으로 거의 대동소이했을 것이다. 동물들도 계절에 따라 이동할 필요 없이 제가 생겨난 자리에서 살다가 죽었을 테고, 인간의 조상도 아직 아프리카에 그대로 살고 있었을 것이다. 계절의 변화도 없고 조수 간만의 차도 일정해 각 위도마다에서 살아가는 생물의 생체리듬이며 생체시계가 고정되어 있을 것이기 때문이다. 생명의 탄생은 물론 진화(변화)까지도 어쩌면 그 기울어짐에서 비롯되지 않았을까? 기울지 않았다면 다양성이란 말도 생겨나지 않았을 것이고, 문명의 발달도 없었을 것이다. 그렇다고 해서 왜 유독 인류라는 종족만이 각각 다른 운명을 지니고 태어나는가?

인간의 운명을 결정하는 생체시계는 당연히 모성에 의해 결정된다. 왜냐하면 생식(짝짓기)은 암컷의 생체리듬에 따라 행해지기 때문이다. 물론 인간 외에도 대부분의 수컷 동물은 언제든지 사정을 할 수가 있다. 그러나 유독 인간이란 종만이 계절에 상관없이 아무 때고 섹스를 즐긴다. 하지만 여성이 배란을 하지 않으면 남성의 사정은 헛것이 되고 만다. 자연계에서 가장 헛짓을 많이 하는 동물이 바로 인간이다. 그 헛짓을 많이 할수록 인간은 행복하다고 자인한다. 여하튼 암컷의 생체리듬이 태어날 후손의 운명을 결정짓는다고 할 수 있다.

그런데 인간의 여성들은 다른 동물들처럼 어느 한 시기에 일제히 배란을 하지 않고, 각자가 아무 날이나 배란토록 진화해 버렸다. (인간 외에 많은 포유류들도 그러하지만, 대부분 계절과 먹이에 따라 배란을 조절한다.) 배란은 달의 리듬과 같이하는데(일부 불규칙한 여성들도 있지만 대개는 평균적으로 일정하다), 그 날짜가 28~30일 중, 그러니까 보름이냐, 그믐이냐, 달이 차오르는 때냐, 이지러지는 때냐에 따라 생체리듬의 성향이 달라지고, 그 리듬이 다시 태양의 계절적 리듬과 어떻게 조화를 이루느냐에 따라 본인의 운명이 결정된다고 유추해 볼 수 있을 테다. 다시 그 생체리듬(운명)은 인간들(가족, 주변인)과의 관계에서 다른 성향의 리듬과 조화를 이루거나 부딪쳐 가며 길흉화복을 만들어내는 것이리라.

여성이 자신의 배란 시기를 임의로 조정할 순 없는 일! 따라서 한 인간의 운명은 그 모성의 운명과 기본적으로 사이클이 같은 연장선상에 있다고 할 수 있겠다. 남성이 외적인(태양적인) 영향을 전하여

준다면, 여성은 내적인(태음적인) 성향을 물려주는 것이리라. 사주에서 부친보다 모친의 위치를 매우 중요하게 다루는 것도 그 때문이다. 본인의 것으로 삼는 일(日) 다음으로 모성(모성의 생체리듬)의 간지에 가장 큰 비중을 둔다. 옛 궁중에서 일관이 왕과 왕비의 합방일을 택할 때에도 분명 왕비의 일월(배란일)과 달 모양을 참조해서 뽑았을 것이다.

사주에서 월(月) 혹은 년(年)에 위치시키는 수컷인 남성(부성)이 자식의 운명에 끼치는 영향은 외적인 성향밖에 없다 하겠다. 유전자 핵을 전하여 주고 나면 더 이상 관여할 일이 없다는 말이다. 여성에게 그 남성의 유전자는 누구의 것이든 그다지 중요하지 않다. 왜냐하면 누구의 씨든 임신 자체가 중요하기 때문이다. 그리하여 남성은 외적인(계절적) 요소, 즉 사냥을 하거나 열심히 농사를 짓거나 돈을 많이 벌어 와서 산모에게 먹을 것을 풍부하게 공급하는 일이 전부다. 자식이 태어나서도 다 자랄 때까지 그 의무를 계속 이행해야 한다. 그 자식이 자신의 씨든 남의 씨든!

포유동물 중 달거리가 달의 주기와 가장 가까운 동물이 인간이다. 그러니 인간의 운명이 달(음력)에 의해 결정되는(영향받는) 것은 당연한 이치라 하겠다. 고대 신화에서 태양신을 남성으로, 달의 신을 여성으로 정한 것도 여성의 달거리에서 기인하였으리라.

47. 당신의 운명은 순행인가, 역행인가?

인간도 수십만 년 전에는 분명 다른 동물들과 마찬가지로 일정한 시기에 짝짓기를 하였을 것이다. 만약 DNA의 어느 구석에서 퇴화된 그 옛날 바다생물이었을 적 생식 프로그램의 잠금장치가 풀려 가동된다면 어부들이 물때에 맞춰 고기잡이를 나가듯 인간도 분명 보름 혹은 그믐 무렵, 사리 혹은 조금 때에 일제히 배란을 하고 짝짓기를 하게 될 것이다.

바다를 떠난 지 너무 오래되어 이미 기억조차 없지만, 많은 여성들의 배란 시기를 면밀히 조사해 보면 그 남아 있는 흔적을 찾을 수 있을는지도 모르겠다. 그렇다면 난자와 정자의 수정 시기(1주일)가 사리 때냐 조금 때냐, 신월 때냐 만월 때냐, 상현 때냐 하현 때냐의 차이가 태아의 운명에 어떤 영향을 미칠까?

고속열차가 등장하면서 많은 이들이 역방향 좌석을 경험하게 되었다. 처음엔 무척이나 생소해서 멀미를 하는 사람들도 있었다. 그들 중에는 누군가의 양보로 자리를 바꿔앉기도 하고, 또 누군가는 멀미약을 복용하기도 하고, 역겨움이 심한 사람은 중간에서 내리기도 하였지만 어쨌든 거의 모두가 목적지까지 참고 가야만 했다. 한데 역방향에 전혀 어색해하지 않는 사람들도 있다. 오히려 색다른 경험에 즐겁게 타고 가는 이들이 있는 것이다. 그처럼 살아가다가 모든 일이 술술 잘 풀리는 사람이 있는가 하면, 하는 일마다 시류와 맞지 않아서 답답해하는 사람도 있다.

염색체의 결합-결함 보정-분열-성장의 생체리듬이 황도와 적도, 그리고 달의 인력에 의한 수억 년 전의 생체리듬에 순행하는 것과 역행하는 것이 비록 미세하지만 장부(臟腑)며 두뇌, 신경세포의 형성과 인간의 삶의 리듬에 긍정 혹은 부정적인 소질을 갖도록 작용하지 않았을까? 그걸 우리는 운명(運命) 혹은 명리(命理)라 하지 않는가? 황도(黃道)와 적도(赤道) 사이의 23.5도 경사도의 두 배, 그러니까 47도 진폭의 사이클에 순행하는 운명과 역행하는 운명을 사주로써 풀어내는 것이 아닐까?

혹여 필자의 설명이 그럴듯하게 여겨지는 역학가가 있다면 사주를 볼 때 열 달(266일) 전으로 거슬러 올라가 그날의 달(월)의 상태를 체크해 보고, 또 그 모친의 달거리날을 조사해서 태어난 아이의 운명과 어떤 상관관계가 있는지 연구해 볼 수도 있겠다. 당연히 지금의 사주풀이와 결과적으로 동일한 공식이 나와야겠지만!

계속해서 필자더러 인간사에서 일어나는 불특정 사건과 한 개인의 예정된 길흉화복이 왜 서로 상관하는지를 과학적으로 설명하라고 보챌 수 있을 테다. 더 연구하라면 할 수는 있겠지만 그러기엔 시간과 노력을 들여야 하고, 또 그러고 싶은 흥미가 없다. 필자는 사주 보는 법을 배운 적도 없을뿐더러 단 한 권의 명리학 책도 읽지 않았다. 그저 오가다 주워들은 이야기들로 나름 그 이치 비슷한 걸 엮어 본 것뿐이다. 호사자가 있다면 계속해 보기를 말리지는 않겠으나, 그렇게 다 알고 나면 무슨 재미로 살아가겠는가? 그 어떤 방술이든 살아가는 데 참조해서 근신하고 자족하는 데에 그치는 것이 순리일 터이다.

에서 더 나가면 소설 쓴다는 소리 듣기 십상일 테지만, 말이 난 김에 이쯤에서 소설적 가설을 하나 세울 수 있겠다.

조선시대에 사인검(四寅劍)이라는 칼이 있었다. 인년(寅年), 인월(寅月), 인일(寅日), 인시(寅時)에 쇳물을 부어 만든 검이란다. 호랑이가 네 마리나 들었으니 얼마나 무시무시하고 영험할까! 그날은 전국 대장장이들이 꽤나 바빴겠다. 그렇게 수십 자루를 만들어 두었다가 왕이 하사품으로 나누어 주었었다. 머리 회전이 빠른 독자라면 간지를 가지고 공상 세계의 새로운 지평을 열어 나갈 가설 하나를 세울 수도 있을 테다. 가령 해와 지구와 달과 명왕성(하필 왜 명왕성이냐고? 그냥 이름이 좋아서!)이 어떤 특정한 지점에 위치하는 춘분날 자시에 지구에서 딱 한 명의 인간이 태어났다. 천년에 한 명 태어날까말까 하는 특별난 인간이니 당연히 초능력을 지녔겠다. 그는 희귀한 사주(생체리듬)를 가지고 태어났는데, 우리가 사는 태양계의 순환 사이클과 완전히 일치한다. 당연히 본능적으로 지구의 순환리듬을 느낄 수 있게 되었는데, 그 바람에 인류의 미래를 내다볼 수 있게 되었다. 노스트라다무스도 바로 그러한 사람 가운데 하나가 아니었을까?

남아도는 슈퍼 컴퓨터를 이용하여 모든 인간의 사주를 뽑아 빅데이터를 산출해내면 미래 예측도 가능할는지 모르겠다.

48. 귀신은 다 알고 있다?

귀신은 모르는 것이 없다? 귀신은 전지전능해서 인간의 모든 것은 물론 인간이 모르는 것, 인간이 숨기는 것까지도 다 알고 있다? 한마디로 인간의 착각이자 편견이고 선입견이다.

귀신이 아는 건 아무것도 없다!

알 수도 없고, 알 필요도 없고, 알아서도 안 된다. 당신의 모든 걸 아는 귀신이 있다면? 가령 당신의 모든 걸 다 아는 AI로봇이 있다면? 그건 로봇이 아니라 도플갱어겠다. 그런 귀신을 모시고 싶은가? 그런 로봇과 함께 살고 싶은가? 인간을 못 믿어서 만든 것이 귀신인데! 인간들과의 복잡한 관계와 그 스트레스에서 벗어나고 싶어 대용품으로 만든 게 귀신인데! 인간 같은 귀신이라니!

귀는 뚫렸어도 입은 막혀 있는 것이 귀신이다. 알고도 말을 안하는 것이 아니라 몰라서 말을 안하는 것이다. 그 무엇이든 모르고도 아는 척! 알면서도 모르는 척! 듣고도 안 들은 척! 속고도 안 속은 척! 내가 하소연하는 것만 알아듣고, 내가 부탁하는 것만 들어주고, 절대 비밀을 지켜주는 귀신! 남의 잘못은 혼내 주고, 내 잘못은 눈 감아 주는 귀신! 돌부처! 장승! 탈! 무섭거나, 인자하거나, 고민하는 척! 그때그때 고객의 요구에 따라 다 알아듣고 이해하는 척, 소원을 들어줄 듯 말 듯 빙긋이 웃고만 있어야 한다. 그게 귀신 노릇이다. 만약 곡(哭)을 하거나, 가타부타 입을 벙긋했다간 그날로 쫓겨난다.

귀신은 스스로 귀신이고자 한 적이 없다!

믿고 싶어서 만든 게 귀신이고, 속고 싶어서 믿는 게 귀신이다. 옆어지고 싶어서 떠받들지만, 갑질하고 싶어서 붙들어 두는 게 귀신이다. 게다가 세상에 널린 게 귀신이다. 10원짜리 귀신도 있고, 10억짜리 귀신도 있다. 10원을 갖다 주든, 100원을 갖다 주든, 쫄쫄 굶기든! 그때그때 내키는 대로! 귀신의 혼을 넣었다 뺐다 하는 것도 인간이다. 누군가가 마음을 주면 귀신이 되고, 마음을 거두면 쓰레기가 된다. 신심(神心)이니 불성(佛性)이니 하는 건 각자의 마음속에 있다 하지 않았는가! 내가 모시면 신(神)이고, 남이 모시면 마귀다. 그게 귀신놀음이다. 결국 인간의 자기 기만과 변덕과 이기심을 버무려 빚어낸 것이 귀(鬼)이고 신(神)이다.

아무것도 아는 게 없어야 귀신이고, 동시에 모르는 게 없어야 귀신이다! 그러니 '척'이 없으면 귀신도 없다! 당연히 종교도 없고, 철학도 없고, 예술도 없다! 인간과 귀신이 공존을 위해 반드시 지켜야 할 불문율이 바로 '척'이다. 그 '척'을 사람들은 양심이라 한다. 그 양심의 척도를 귀신에다 전사(轉寫)시켜 놓은 것이 계명(誡命)이다. 그 공동선을 지키는 자는 신의 가호를 받고, 어기는 자는 벌을 받는다! 이승에서 못 받으면 저승에서라도 반드시 받는다! 하여 '양심 있는 척'하며 인간과 인간이 공존하고 있는 거다. 그리고 그 '척'을 감시하는 것이 귀신의 역할이자 책무이고 권능이다. 물론 그마저도 다 '척'이지만!

귀신은 이러한 사실을 알까, 모를까?

귀신이라면 이 모든 걸 알고 있어야 하지 않을까? 귀신이 모르는 게 있다면 그게 뭘까? 귀신이 아는 건 뭘까? 알아야 하나, 몰라야 하나? 똑똑한 귀신이 나을까? 멍청한 귀신이 나을까? 알까, 모를까? 있을까, 없을까? 그럴까, 아닐까? …??? 산은 산! 물은 물! 귀신 씻나락 까먹는 소리 그만하고 그냥 엎어져랏! 할!

세상에서 가장 크고 무서운 귀신인 '그분'도 무서워하는 게 있을까? 아무렴 있다마다! '그분'뿐 아니라 모든 귀신이 무서워 벌벌 떠는 귀신이 있다. 바로 꼬부랑 작대기 들고 다니는 '의심귀(疑心鬼)'이다! Why(?)를 들이대면 도망 가지 않는 귀신이 단 하나도 없다. Why(?)는 오직 인간만이 다룰 수 있는 최고의 부적이다. 하여 종교가 하는 첫번째 작업은 인간에게서 바로 이 구부러진 부지깽이를 빼앗는 일이다. 그러고는 말뚝(!)을 심장에 박아넣는다. 그래야 복종한다. 그 옛날부터 신(神)은 비는 자에게만 비를 내려주었다. 인간이 신을 그렇게 야박하게끔 길들였다.

자신을 속이는 유일한 동물이 인간이다.
탈(귀신)을 만들고서 인간은 '기만'을 터득했다. 귀신을 속이면서 짐승을 속이고, 다시 인간을 속이기 시작했다. 속은 인간은 인간을 의심하고, 다시 자기까지 의심하게 되었다. 영혼의 존재에 대한 '믿음'이 '의심'을 만들고, '불신'을 만든 것이다. 애초에 믿음이 없었다면 거짓도 생겨나지 않았다. 따라서 믿음은 참이 아니다. 헛것에서 나온 헛짓이다. 그 의심과 불신이 얽히고 설키면서 희망·원망·시기·질투·후회·분노·증오·욕망·부끄러움·사랑·행복 등 수많은 마음(번뇌)이 생겨나기 시작했다.

너 자신을 알라?

헛소리다. 믿음(마음)이 있는 한 인간은 자신을 알 수가 없다. 왜냐하면 믿음이란 곧 자기 자신을 기만하는 행위이기 때문이다. 끊임없이 스스로 자신을 속이고, 달래고, 욕망하고, 질책하고, 후회하고, 의심하고, 실망하고, 괴로워하지 않으면 안 되는 동물이 인간이다. 그러고도 계속해서 '헛것'과 '없는 것'을 찾아나서야 하는 게 인간이다. 생각하는 큰 뇌를 가진 동물의 숙명이다. 인간에겐 '헛것'이 가장 크고, '없는 것'이 가장 무겁다. 버리기 전에는 절대 못 느낀다.

49. 인류가 감춰야만 했던 엄청 불편한 진실

버릴 것이냐, 굳힐 것이냐?

필자가 아무리 이런 글을 써도 그 허울을 벗겨내기는커녕 오히려 더 좋은 소재로 이용될 것이다. 그런가 하면 이미 심령 세계를 신앙하는 사람이라면 필자의 이런 주장에 절대 동의하지 않을 것이다. 그동안 쌓아올린 공든 탑에 등 돌릴 수 없기 때문이다. 더욱이 그 분야에서 전문가인 양하며 남을 가르치거나 호구지책으로 삼은 사람에겐 어림없는 망발일 것이다. 신앙에 대한 회의는 가장 무거운 죄악! 불신은 곧바로 자기 부정이자 자기 배신! 신앙은 강박증이다. 콘크리트보다 더 단단하게 굳혀 놓아 그 어떤 것으로도 허물지 못한다. 종교는 불신과 불안·두려움에 대한 보험! 오히려 흔들릴 때마다 한 겹씩 더 덧입혀 나갈 것이다. 어리석고도 무서운 게 사람의 마음이다. '있는 것'은 버려도 '없는 것'은 못 버리는 게 인간이다.

그 '없는 것'을 버리는 게 수행이다. 종교와 수행은 결국 상치될 수밖에 없고, 종교적 수행이 진리와는 거리가 먼 근본적 원인이 여기에 있다.

야바위는 문화의 속성이다!

과학이 발달할수록 신에 대한 경외감이며 신비함에 대한 두려움과 호기심이 점점 사라져 인간이 기대거나 의지할 대상이 없어지고, 대뇌 신피질의 공회전이 심심해진 인간들은 판타지를 통해서 그 갈증을 해소하려 든다. 허전함(무료함)을 도무지 참을 수가 없게 된 것이다. 우주를 뒤지고, 영화·드라마·소설·만화·게임 등의 작품들이 공상(가상) 세계에 몰두하는 것도 그 때문일 것이다. 판타지는 이미 종교를 능가하는 주머니 털어먹기 도구가 되었다.

인류 최초, 최고의 야바위가 귀신놀음 아니던가?

인간과 귀신이 벌이는 꼭두각시놀음이 종교다. 생쇼가 아님을 강조하기 위해, 탈에다 생명(魄)을 불어넣기 위해 수없이 많은 인간들이 생피를 바쳐 왔다. 그러니 진실이냐 거짓이냐를 떠나 귀신(헛것)과 싸우는 것 자체가 어차피 헛짓이 될 수밖에 없는 일이 아닌가? 귀신보다 더 무서운 게 인간의 헛짓! 아무려나 거짓과 싸워 이기는 진실은 없다. 오직 더 큰 거짓만이 거짓을 이길 수 있다. 신은 죽었다? 천만에! 누구 맘대로? 인간이 존재하는 한 신은 절대 못 죽는다. 문명의 아이러니다! 존재적 모순이다!

길은 멀고, 귀신은 너무 많다.

거짓은 우겨야 거짓이고, 진실은 덮어도 진실이다. 말이 되는 말은 끝이 있고, 말이 되지 않는 말은 끝이 없다. 너무 우기면 진실도 거짓 같아 보인다. 그러니 이쯤에서 나도 못 이기는 척 꼬리 내리고 뒷걸음질치는 것이 현명한 처신이겠다. 마음에 없으면 그림자도 없으려니!

제2부

왜 수행(修行)인가?

아주 오랜 옛날 영장류 가운데서 몸이 날렵한 원숭이들은 나무 위로 올라가고, 덩치가 큰 고릴라는 그대로 숲 속에서 살았다. 한데 그 중 엉뚱하게 진화하여 신체적으로 어중간한 한 종이 나무 위로도 못 올라가고 숲에서도 쫓거나 허허벌판으로 내몰렸던 것 같다. 덩칫값도 못하고 겁 또한 많아서 허구한 날 다른 포유류들에게 쫓겨다니다 보니 급기야 두 발로 도망을 치게 되었으리라. 덕분에 다리가 점점 길게 진화했다.

맨손으로는 새나 토끼 한 마리도 잡을 수 없을 만큼 신체적으로 열등한 동물이 인간이다. 하여 굴속에 몸을 숨기고서 고작 작은 짐승이나 뱀·개구리 등 파충류며 벌레 따위를 잡아먹다가, 그것도 모자라 열매나 풀뿌리를 캐먹는 채집 생활로 연명하였으리라. 그러다가 어느 때인가 뭘(지네 등 독충이나 독초) 잘못 먹었는지, 근친 교배 때문인지, 아니면 두려움과 쫓김에 스트레스를 많이 받아서인지 털까지 빠지기 시작했다. 그 바람에 털을 고를 일도 없어져 뾰쪽했던 손발톱이 넓적하게 변해 가면서 할퀴는 데에서 비비고 문지르고 쓸고 꼬집고 튕기는 등 그 활용 범위를 넓혀 나갔다.

털 없이 어두운 동굴 속에서 추위를 견디려다 보니 어쩔 수 없이 무서운 불을 가까이하게 되었다. 게다가 털도 비늘도 없는 인간을 가장 괴롭히는 건 맹수가 아니라 모기 등 피를 빨려고 몰려드는 날벌레들이다. 연기는 그것들을 내쫓아 주었으니 인간이 불을 얼마나 소중히 여겼겠는가? 덕분에 다른 어떤 동물보다도 깊은 숙면을 취할 수가 있게 되었다. 짐승의 털가죽으로 몸을 감싸는 바람에 가식(위장)이란 '거짓'을 배우고, 나아가 짐승들을 속여 사냥을 하고, 전쟁에서는 적을 겁주었다. 옷에 차츰 습관이 들면서 맨몸뚱이에 대해 '부끄러움'을 느끼기 시작했다. 판도라의 상자가 그렇게 하나씩 열리게 된 것이리라. 그 무렵부터 인간은 본격적으로 막대나 돌 등의 도구를 사용하게 되고, 다른 짐승들을 속여서 사냥하는 법을 익혀 두려움을 극복하게 된다.

처음엔 나무의 열매를 따기 위해서 가지를 잡아당기다가 그 가지를 부러뜨렸을 것이고, 그 부러진 가지를 가지고 놀게 되면서 작대기 사용법을 익혔을 것이다. 그러다가 그 작대기로 보다 높은 가지의 열매를 따거나 뱀이나 개구리 등을 때려잡게 되고, 또 자기들끼리 싸우거나 굴까지 따라오는 짐승을 막으려다가 그만 뾰쪽한 끝으로 찌르게 되면서 창의 이치를 터득한 것이리라. 그러니까 비겁하게 싸우는 요령을 터득한 것이다.

또 견과류며 조개를 까먹거나 큰짐승의 골수를 빼먹으려다가 돌의 사용법도 깨쳤으리라. 게다가 불을 다루다 보니 부지깽이의 이치를 깨닫게 되어, 칼이나 톱이 없이도 막대기를 태워 적당한 길이로 만들 수가 있게 되었다. 이후 돌과 나무 작대기를 결합시켜 돌망치를 만든다. 처음엔 돌을 깨트려 날카롭고 뾰쪽한 돌을 얻었을 것이다. 또 나뭇가지 끝을 뾰쪽하게 갈다가 돌을 가는 요령까지 터득해 본격적으로 도구 제작의 시대를 열었을 테다. 응용과 조작이라는 중요한 이치를 깨치면서 급속하게 탈짐승화(문명화)하게 된 것이다. 더불어 옷과 도구가 생기자 제 것이라는 '소유' 의식을 가지게 되었으리라.

작대기 끝에 뾰쪽한 돌을 단 창을 만들게 되자 유인원들은 본격적으로 사냥에 나선다. 그렇지만 아무리 창을 들었다 해도 사자나 늑대같이 사납고 날쌘 동물은 어림없다. 해서 가장 순하고 둔한 짐승을 골랐는데, 그게 매머드였다. 풀숲이나 바위 뒤에 숨었다가 매머드가 가까이 오면 창으로 배나 뒷다리를 냅다 찔러 놓고 멀리 달아나 있다가 끈질기게 무리를 뒤쫓아가다 보면 찔린 매머드는 언젠가는 뒤처져서 주저앉게 될 것이다. 그렇게 몇 날 며칠을 지루하게 쫓아다녀도 될 만큼 매머드는 큰 양식이 되었다. 덕분에 인간은 매머드를 따라 초원에서 초원으로 이동을 하다 보니 시베리아 동쪽 끝에까지 이르게 된 것이리라. 이후 코끼리며 낙타·들소·순록 등 사냥감에 따라 종족이 갈라져 나갔으리라. 바다에서도 창으로 잡을 수 있는 느리고 크고 순한 고래를 쫓아다녔는데 고래 사냥은 인간을 섬에서 섬으로, 대륙에서 대륙으로 이동시켰을 것이다.

인지가 더욱 발달되어 활을 발명하고서부터는 안전한 거리에서 사납고 날랜 들짐승은 물론 날짐승까지도 사냥할 수가 있게 되었다. 또 생선을 먹다가 목에 가시가 걸리는 바람에 낚싯바늘의 이치를 터득하였으리라. 이후 작고 날랜 물고기까지 마음대로 잡을 수 있게 되었다. 만물의 영장이란 곧 만물을 제 먹이로 삼았다는 뜻일 게다. 털이 없는 까닭에 동물의 가죽으로 옷을 만들어 입어야 했는데, 그 덕분에 오히려 인간이란 종족은 더운 곳 추운 곳을 가리지 않고 지구 구석구석으로 퍼져 나가 정착 생활을 할 수 있게 되었다. 1만 년 전에 몰아닥친 극심한 한파로 매머드는 다 얼어죽었지만 털 없는 인간은 살아남았다. 적도와 북극을 오갈 수 있는 유일한 동물이 인간이다. 불에 굽거나 말린 고기는 잘 상하지 않아서 오래 두고 먹을 수가 있어 '저장'의 이치를 깨달았을 것이고, 돌칼로 고기를 자르다가 '분배'의 이치도 깨쳤을 것이다. 그로 인해 초기 경제 관념이 생겨났으리라.

그나저나 털 빠진 얼치기 영장류 하나가 수십억 년 동안 가꿔 온 우주 유일의 지구 정원을 채 1만 년도 되기 전에 온통 갈아엎어 쓰레기 공원으로 만들 줄을 조물주인들 예상했으랴! 드디어 바닷물고기까지 싹쓸이를 하더니 쓰레기장으로 만들어 버렸다. 그것도 모자라서 요즘은 하늘로 끊임없이 로켓을 쏘아올려 태양계 너머에까지 쓰레기를 날려보내고 있다. 정말 신(神)이 존재한다면 이런 고약한 동물은 진즉에 삼족삼종을 멸하였어야 했다! 뒤늦게 이 별종을 박멸하기 위해 페스트·콜레라·에이즈·에볼라·지카 바이러스 등등을 뿌려 보지만 이제는 간에 기별도 안 간다. 면전에선 무릎 꿇고 두 손 싹싹 빌면서 뒤로는 백신을 만든다. 스스로 털을 뽑아내고 두 발로 걸으면서 자신들은 짐승이 아니라 신의 자손이라며 박박 우겨 대고, 효도한다며 때마다 제사를 올린다. 신의 아들임을 보여준다 며 순결한 인간(털이 별로 없는 어린이)을 골라 희생으로 바치는가 하면, 향을 피우고 고기에다 술까지 바치고, 또 찬송까지 해대면서 온 갖 알랑방귀를 뀌어대는 통에 차마 때려죽이지도 못하고 속고 또 속는다. 그 옛날 대홍수 때 노아의 방주에 인간을 불쌍히 여겨 태워 준 것을 두고두고 후회하고 있으리라! 속담에 짐승은 구해도 사람은 구하지 말라 했거늘! 천추(千秋), 아니 만추(萬秋)의 한(恨)이란 이런 것이겠다.

아무튼 이런 진화의 과정에서 인류는 대뇌 신피질의 용량을 점점 늘려 나가야 했다. 물론 대뇌 구피질을 포함한 동물적 시절의 구뇌(속뇌)도 그대로 다 지니고 있다. 그렇지만 신뇌가 지나치게 빠른 속도로 커지다 보니 구뇌와의 네트워크가 미처 안정화되지 못하여 혼백의 갈등이 잦다. 어쩌면 바로 이 부분에서 수행의 여지가 생겨나지 않았을까?

50. 귀(鬼)와 신(神)이 갈라서다!

어찌 보면 만물의 영장인 인간이 동물들 가운데서 육체적으로는 가장 허약하지 않을까? 털까지 없어 추위에 감기 몸살을 달고 살았을 테고, 이것저것 가리지 않고 먹다 보니 배탈도 많았으리라. 맨살 피부는 상처를 잘 받아 각종 세균에 무방비 상태였다. 야성에 비해 덩치는 커서 겁도 많고, 혼자 힘으론 사냥이나 방어도 어려워 무리 지어 살다 보니 스트레스도 많았으리라.

다른 짐승들에겐 없는 온갖 질병을 앓다 보니 무리 중 누군가가 외상(外傷) 없이 아프면 모두 귀(鬼)의 탓이라 여겼다. 특히 기후나 음식, 혹은 꿈 때문으로 생기는 질병은 귀신을 의심할 수밖에는 달리 해석할 도리가 없었다. 그들은 짐승을 잡아먹으면 그 영혼도 자기 몸에 따라 들어온다고 생각했다. 해서 배탈이나 병이 나면 잡아먹은 동물의 영혼이 몸 안에서 자신을 해코지하는 것이라고 여겼을 터이다. 무리의 지도자는 이 문제를 책임지고 해결하여야 했다. 궁리 끝에 온갖 주술(의술)이 개발된 것이리라. 당시의 주술사는 내과·외과·정신과까지 다 봐야 했다.

잡아먹은 짐승의 귀(鬼)를 쫓아내려면 같은 짐승들로 유인해내거나 평소 그 짐승이 무서워하던 더 큰 짐승으로 위협하여야 했는데, 살아 있는 맹수를 데려다가 부릴 순 없는 일, 해서 궁리해낸 게 바로 자신들이 걸치고 있던 그 짐승의 털가죽이었다. 그 가짜 탈(鬼)을 쓰고서 맹수를 흉내내는 춤을 추자, 어라? 비몽사몽을 헤매던 환자가 화들짝 놀라 일어나는 것을 보고서 그에게 붙었던 진짜 귀(鬼)가 도망을 갔으리라고 여겼을 테다. 그러한 경험은 인간으로 하여금 탈 외에도 보이진 않지만 다른 수많은 귀(鬼)들이 존재한다고 믿게 하였으며, 나아가 그것들이 공통적으로 무서워하는 가장 큰 귀(鬼)를 찾다 보니 결국 하늘귀신을 신(神)이라 하여 자신들의 수호신으로 받들게 된 것이리라. 이후 귀(鬼)와 신(神)의 본격적인 투쟁이 시작되고, 신화·예술·제사가 발달하면서 인간 사회는 지배층과 피지배층으로 나누어진다. 비로소 종교다운 종교가 탄생하게 된 것이다. 그리하여 신(神)의 이름으로 끝없이 전쟁을 치르면서 과학을 발전시키고, 역사를 써나갔다. 더불어 신앙은 곧 신념이 되어 철학(현학)을 발전시켰다.

그러고 보면 짐승의 '털'에서 '탈(가면)'이 나오고, 이어 '틀'이라는 용어가 생겨난 것이리라. '배탈났다'고 할 때의 '탈' 역시 잡아먹은 짐승의 귀신이 부린 농간으로 뜻밖의 사고나 병, 이후 트집이나 핑계의 의미인 '탓'으로 확장되었을 것이다.

아무려나 귀신이 없었다면(비겁하게 사는 법을 익히지 못했더라면) 인간이란 종족은 진즉에 자연계에서 도태되었을 것이다. 요즘도 요상한 기기를 만들어 들고 다니며 밤낮을 가리지 않고 귀신을 만들고, 귀신들을 사냥하고, 귀신들과 숨바꼭질을 하고 있다. 귀신 없이는 무슨 재미로 산담?

51. 인간도 신(神)이 될 수 있을까?

인간은 언제부터, 왜 수행을 하게 되었을까?

고대인들은 꿈이 허구란 생각을 할 수가 없었다. 하여 꿈을 통해 육신이 없는 영혼 세계의 존재를 확인하고, 자신도 죽으면 당연히 조상들이 먼저 가 있는 그곳으로 가 다음 삶을 살아야 하는 것으로 알았다.

그러니까 인간은 자신을 반(半)신 반(半)동물로 여기고 있는 듯하다. 자신(영혼)이 비록 인간이라는 동물의 육신을 빌려서 살고 있기는 하지만, 언젠가는 하늘로 올라가 진짜 신(神)으로서 살기를 갈망하여 지금도 하늘(神)에 빌고 또 빌고 있다. 그걸 '구원'이라 한다.

구원을 받지 못하면 영원히 쫓기는 삶을 살면서 윤회의 바퀴를 굴려야 한다.

그러나 인간은 비겁한 동물! 궁하면 트인다고 별종들이 나오기 마련! 일찍이 인간들은 신(神)을 빙자하면 인간이 가질 수 있는 최고의 권력을 쥘 수 있음을 확인하고 너도나도 신을 들먹이기 시작했다. 조상이 원래 맹수였는데 신과 교접해서 인간으로 태어났다거나, 신의 아들 혹은 신의 대리인으로 자처하는 인간도 생겨나고, 언제든 접신해서 신과 소통할 수 있다는 인간들도 무수히 생겨나기 시작했다. 한데 영리한 인간에게 그게 말만으론 먹힐 리가 없다. 뭔가 인간의 능력을 뛰어넘는 초능력이나 신통력을 보여주어야 믿게끔 할 수가 있는 것이다. 하다못해 접신한 척 미친 흉내라도 내거나, 남달리 극적으로 살아야 사람들의 신뢰를 얻을 수가 있었다.

그렇게 귀신 흉내를 내다 보니 어느 순간 그 자신이 신(神)이 된 듯한 착각을 하게 되고, 어쩌면 진짜 신이 될 수도 있을 것 같은 생각을 하기 시작했다. 짐승에서 인간이 되었으니, 인간에서 신으로 승화하지 못할 이유가 없지 않은가? 그것이 불가능하다면 신적인 특이 능력이라도 지닐 수 있지 않을까? 신은 될 수 없다 해도 신과 비슷한 모습이라도 갖춘다면? 그리하여 신에 버금가는 성인(聖人) 성자(聖者)들이 생겨나 신보다 더 과한 대접을 받기도 하였다. 그렇게 해서 성스러운 인간이 잡스러운 중생을 다스리게 된 것이다. 그 성스러운 인간은 죽어서 신이 된다. 그 신들은 당연히 친인간적이어서 오리지널 신들보다도 인간을 더 잘 이해하고 사랑하고 헤아려

주기 때문에 더욱 추앙을 받는 것이다.

고대 그리스인들은 영육이원론의 입장에서 엄격한 금욕 생활을 실천함으로써 순결한 영혼만이 신과 합일할 수 있다고 믿었다. 이런 사고방식은 후의 그리스도교나 이슬람교에도 영향을 미쳤는데, 그리스도교에서는 묵상과 기도를 중심으로 하는 금욕적인 수행이 중시되었다. 반면 동양에서는 힌두교의 요가나 불교처럼 영육일원론의 입장에서 생리·심리적 훈련과 금욕이 혼백(魂魄)이 합일된 이상적인 상태(깨달음, 해탈)에 이를 수 있다고 생각하였다.

수행의 종류로는 고행·정진·참회·기도·순례·좌선 등 다양한 방법을 들 수 있는데, 그 중에서 공통적으로 중요시한 것이 금욕과 금식(단식)이다. 성(性)을 극복함으로써 '인간(짐승)'에서 일탈하고, 금식의 고행으로 '죽음'에 접근함으로써 신(神)에게 가까이 다가가 영적으로 변신코자 한 것이다. 아무튼 신이 되기 위해서는 사는 방식부터 여타 인간들과 달라야 했다. 해서 먼저 재산·성욕·식욕 등 인간적인 욕망에서부터 해방되어야 한다고 여겼었다. 어차피 신이 되면 육신을 소유하지 않으니 그런 건 필요 없을 테니까.

52. 수행은 말로 하는 것이 아니다!

인간이 겪어 온 갖가지 특이한 영적 현상은 대부분 비정상적인 심신 상태에서의 체험이다. 따라서 그런 체험은 어쩌다 운 좋은(?)

사람에게만 일어나는 것으로 누구든 원한다고 해서 그러한 체험을 할 수 있는 것이 아니다.

그런데 만약 인간이 정상적인 상태에서 언제든 그러한 신령스런 경지에 들 수 있다면? 정말 대단한 일이 아닐 수 없을 테다. 게다가 웬만큼 미치지 않고서야 죽어서 신(神)이 된다는 확신을 가질 수도 없지 않은가? 살아서 스스로 생로병사를 극복하고, 구원받아 윤회의 고리를 끊을 수는 없을까? 분명 무슨 방법이 있을 거야! 하여 일부 환자(?)들의 영적 체험을 바탕으로 구원(구도)의 길을 찾아나선 것이겠다. 이른바 '수행(修行)'이다.

그리하여 수많은 구도자들이 돌아와 자신이 신(神)을 보았다거나, 신의 계시를 받았다거나, 깨달음을 얻었노라고 주장하였다. 그리고 자신의 수행 체험을 설명하며 다른 이들에게도 따라 할 것을 권하였는데, 그 수많은 방법 가운데 가장 뛰어난 것으로 인도의 '요가행'을 꼽아야 할 것 같다. 흔히 중국이나 한국·일본 등지에서 말하는 '수행'도 기실 대부분 이 요가행에서 나온 것이다. 참선 역시 불교를 따라 중국으로 넘어와 현지화하면서 도교와 무가(武家), 그리고 무속(민속)적 요소가 가미되긴 하였지만 기본 틀은 크게 달라지지 않았다.

물론 '요가'에도 수행의 방법과 철학적 체계에서 다양한 갈래가 있다. 그 중 5세기 무렵에 파탄잘리가 정리해 놓은 《요가수트라》가 가장 널리 알려져 구도자들의 지침서가 되고 있지만 대중화하다 보니 그 가운데 신체를 단련하는 체조와 스트레스 해소를 위한 얕은 명상 수행이 고작이다. 비과학 시대의 수행법이다 보니 어쩔 수 없이 여타 경전이나 수행서와 마찬가지로 사변적이고 관념적인 형용사형 헛소리도 적지않다. 하지만 동사형만 골라 읽으면 아주 좋은 책이다. 애초에 글자란 말의 탈(가면)! 애매한 글자는 한 번 뒤집어 보면 그 밑에 숨겨져 있던 참말이 드러난다.

참고로, 문명인들은 글(책)을 통해 공부하는 버릇 때문에 글자를 맹신하는 습관도 함께 생길 수밖에 없다. 하여 글을 읽다가 자신이 모르는 낱말이 나오면 머리를 싸매고 매달리는데 굳이 그럴 필요가 없다. 대부분 명사화해 놓은 개념(관념, 형용)어들이 그렇다. 어쩌면 그 부분은 글쓴이도 제대로 알지 못하고서 그저 남의 말을 옮겨다 놓은 경우도 적지않을 것이다. 그렇게 몇 번만 옮기면 그 의미는 처음 그 낱말을 만든 이의 생각과 다르게 변질되고 만다. 특히 고대 경전일 경우 성인들의 언행을 한참 후대에 문자로 기록한 것이다. 말이란 전하고 또 전할 때마다 듣는 이에 따라 달리 받아들여져 그 의미가 점점 다르게 해석되는 것을 피할 수 없다.

문자나 문장 역시 꾸미고 싶은(제 의견이나 감정을 보태고 싶은) 인간의 속성이 반영될 수밖에 없어 편견과 선입견·오류가 갈수록 늘어만 간다. 당연히 갈수록 점점 더 복잡해지고 어려워진다. 그 또한 문명의 속성이다. 그러니 모른다고 해서 억지 해석할 필요도 없고, 부끄러워할 이유도 없다. 한두 번 뒤집어 보다가 모르겠으면 그냥 버려도 괜찮다. 그 어떤 형이상학적인 철학이라 해도 결국 동사만이 진실이자 지혜일 뿐이니까! 글자(남의 말)에 속는 것보다 모르는 게 차라리 낫다.

53. 판도라의 상자는 뇌(腦) 속에 있다!

'요가'라는 말은 산스크리트어인 '유쥬'에서 비롯되었는데, 여기에는 '결합' '억제' '삼매'의 뜻이 있다고 한다. 수행을 통해 신과 합일(감응)코자 함이 목적이다. 요가의 유파로는 명상으로 마음을 다스리는 것을 중시하는 라자 요가, 체조를 통한 신체 단련을 중시하는 하타 요가, 철학적인 면에 치중한 지냐나 요가, 종교적 승화를 강조하는 바크티 요가로 크게 나누기도 하는데, 그외에도 탄트라·만트라·얀트라 등 다양한 요가들이 있다. 수행자는 굳이 그 중 하나를 택할 수도 있고, 자신의 근기와 수행의 구체적 목적에 따라 여러 유파에서 필요한 것만을 골라 택할 수도 있다.

요가 수행은 한마디로 '마음의 움직임을 통제하는 것'이라고 정의한다. 당연히 수행의 시작은 그 '마음'을 아는 것이겠다. 과연 마음이란 무엇인가? 누천년 동안 수많은 철학자들이 각기 '마음이란 이거다'라고 주장하였지만, 비과학 시대의 장님 코끼리 만지기식인지라 당장 마음이 어디에 있는지조차 분명치가 않아 수행의 초입에서부터 혼돈이 시작된다.

일반적으로 우리가 '정신'이라고 할 때 백(魄)을 제외한, 다시 말해 자율신경계가 담당하는 영역과 그 기능을 제외한 두뇌 작용인 혼(魂)을 가리킨다. 그러니까 뇌 기능의 극히 일부분만을 가지고 얘기하는 것이다. 1921년 카를 융은《심리유형론》에서 정신의 기능을 감각·사고·감정·직관이란 네 가지로 크게 분류하였다. 그걸 다시 쪼개어 들어가면 끝도 없다. 그 작업 과정을 우리는 철학이라 부른다. 뇌과학의 발달로 인해 지금은 혼(魂)과 백(魄)의 역할 분담이 밝혀지고 있지만, 아무래도 철학자들에게 백(魄)은 그다지 매력이 없어 과학자들의 몫으로 치부되고 있다. 따라서 철학자들의 논리만을 따라 수행하다간 실패할 가능성이 크다 하겠다. 마음을 찾기 전에 먼저 해야 할 일이 바로 뇌의 기능에 대한 명확한 이해와 혼백의 구분이다.

54. 마음의 복잡한 갈래

뇌의 기능은 우리 인체의 혼백 시스템을 총괄해서 생존을 지속시키는 데 있다. 그 중 백(魄)의 영역을 제외한 혼(정신)의 기능만 대략적으로 분류, 나열해 보도록 하자.

먼저, 감각을 통한 각종 인지 기능이다. 그리고 인지한 정보를 뇌의 각 부분으로 보내어 그게 무엇인지를 판단해내어야 할 것이다. 그 판단에는 당연히 이전에 저장(기억)된 정보를 끄집어내어 비교하는 작업을 거쳐야 할 것이고, 그렇게 종합적으로 인식·판단한 다음에는 그것을 어떻게 받아들여야 할지 결정을 내려야 한다. 여기에는 다시 그 상황에 처했던 온갖 옛 기억과 감정, 유불리의 예측 등도 불려나와 참조된다. 그렇게 검색을 했지만 기억에 없는 새로운 사건이나 대상일 적엔 온갖 의심과 유불리·궁리 등을 한 다음 판단을 내려야 한다. 그리고 이 과정 전체를 뇌 속 여기저기 기관에 저장해 놓아야 한다. 이런 일련의 복잡한 과정이 찰나에 진행된다.

정신 혹은 의식에 관한 용어들도 나열해 보면 인지, 사유, 기억, 분별, 비교, 궁리, 사색, 짐작, 예측 등 끝없이 이어질 듯하다.

이번에는 마음을 정확히 정의할 순 없지만 우선 마음의 움직임과 관련된 듯한 용어들을 나열해 보자! 불안, 두려움, 공포, 놀람, 즐거움, 쾌감, 애착, 미련, 슬픔, 분노, 수치심, 증오, 동정, 질투, 회피, 만족, 망각, 후회, 각오, 의심, 게으름, 오만, 망상, 절제, 인내, 호불호…. 대부분 감정과 연관이 있는데, 그 감정에도 백(魄)에 의한 본능적인 것과 이성에 의한 후천적으로 학습된 것이 있는가 하면 두 성향이 혼합된 것들도 많다.

어디 그뿐인가? 판단(선택, 갈등, 의지, 체면, 신념, 신앙, 자존 등)이란 의식 활동도 실은 마음의 영향권 안에 있다.

그런 다음 흔히 우리가 말하는 욕망이란? 욕구란? 성욕, 식욕, 명예욕, 성취욕, 물욕, 승부욕…. 어떤 것은 본능적(생리적)이며, 또 어떤 것들은 분명 후천적(이성적)이고, 역시 두 성향이 뒤섞일 때도 많다. 필자는 이를 편의상 욕구(慾求)와 욕망(慾望)으로 우선 분류코자 한다. 백(魄)이 요구하는 선천적인 바람을 욕구라 하고, 혼(魂)의 학습에 의한 경험적 바람을 욕망이라 하자.

물론 욕구든 욕망이든 이미 대뇌의 모든 기관에 기억되어서 반복하고픈 감정이 쉼 없이 솟아오른다. 특히 변연계에 깊이 각인된 욕구와 관련된 기억은 대뇌 신피질 작용인 혼(이성)으로는 여간해서 통제가 되지 않는다. 가령 '쾌락'만 하더라도 감각적 쾌락과 정신적 쾌락이 있으며, 두 가지 복합적인 쾌락도 있다. '의식' 또한 그 깊이로 나누자면 다시 의식·잠재의식·무의식 등으로 가를 수 있다.

마음은 동사이자 형용사인가 하면, 때로는 명사가 되기도 한다. 이런 변화무쌍한 성질 때문에 저도 제 마음을 모를 때가 많다. 그 마음의 갈피를 찾는 일이 수행의 시작이다. 판도라의 상자란 바로 이 변연계의 비밀한 기억 금고들을 말한다. 얽히고설킨 감정의 구조를 이해하지 못하면 접근할 수가 없다.

55. 씻어낼 수 없는 감정의 불순물

이처럼 정신(이성)에 관한 온갖 의식들도 실은 예외 없이 혼(魂)과 백(魄), 그리고 마음(心)과 서로 알게 모르게 긴밀히 소통하여 인간의 행위는 물론 생각 하나하나를 결정하고 있다. 혼(魂)과 백(魄)의 갈등에 마음이 올바른 결정을 못 내리고 양쪽 눈치를 보다간 이중적 인격이 될 수도 있고, 또 그 와중에 스트레스를 견디지 못해 나

자빠지면 혼과 백이 마음을 거치지 않고 직접 소통하다가 서로 부화뇌동하여 엄청난 쓰나미를 일으킬 때도 있다. 그러다가 과격해지면 결국 혼백이 서로 충돌하여 조현증·자폐·함어증·말더듬·실명…, 심지어 돌연사 같은 사고를 일으키기도 한다.

오늘날에는 뇌과학의 발달로 자율신경계는 물론 이런 온갖 의식 활동들을 담당하는 각각의 뇌기관과 세부적인 부위가 속속 밝혀지고, 그에 따라 신경전달물질과 호르몬들이 분비되어 인체와 정신의 조화를 이뤄 생존을 지속시키고 있는 작동 원리까지 드러나 영혼에 대한 신비도 하나씩 하나씩 벗겨져 나가고 있는 중이다.

마음(감정)에 관한 낱말이 많다는 것은 그만큼 편견과 선입견이 많다는 의미이기도 하다. 수행이란, 이 많고도 복잡한 의식 세계를 정리하고 청소하는 일이라 할 수 있다. 왜냐하면 우리가 알고 저장해 놓은 모든 인식과 지식·정보 등의 의식 활동은 물론 감정에조차도 선입견이며 편견·오류·착각 등의 불순물이 잔뜩 묻어 있어서 올바른 판단을 할 수가 없고, 당연히 대상을 '있는 그대로' 볼 수도 없으니 진실(진리, 지혜)을 알 수가 없는 까닭이다.

게다가 편견과 선입견은 나(주체)에게만 있는 것이 아니라 상대에게도 묻어 있다. 그 양쪽의 것을 모두 제거하여야 비로소 너와 내가 하나가 될 수 있는 길이 열리지 않겠는가? 그래야 인간끼리의 직관과 감응도 가능할 터이다.

컴퓨터로 인터넷에 접속하여 보면 인류가 그동안 배설해 놓은 온갖 오물들이 넘쳐난다. 그러고도 당장 수십억 명의 인간들이 달라붙어서 끊임없이 오물과 바이러스들을 양산해내고 있다. 그 속에서 진실된 정보를 가려내는 일이 점점 힘들어진다. 우리의 뇌(그걸 마음이라 하든, 이성이라 하든, 영혼이라 하든) 속도 그와 같다고 할 수 있다. 컴퓨터를 단면으로 본다면 뇌는 입체적이다. 그 뇌(마음)를 다스려 보겠다고 수많은 고대 인도인들이 일생을 걸고서 도전했던 것이다. 정말 대단한 일이 아닐 수 없다.

56. 왜 금욕(禁慾)해야 하는가?

각 종교마다 금하고 권하는 계율이 있어 당연히 수행자에게도 해당이 되는데, 그 가운데서 절대적으로 지켜야 하는 공통된 금기가 바로 섹스다. 왜냐하면 신(神)이 질투하는 유일한 것이 바로 매일같이 즐기는 인간들의 섹스이기 때문이다. 하여 남몰래 즐기려다 보니, 인간은 그 섹스 행위를 들킬까 부끄러워하는 유일한 동물이 된 것이다.

인간이 신(神)이 되거나 신처럼 신령스런 능력을 지니려면 인간답지 않게 살아야 할, 확연히 구별되는 무엇이 필요했다. 인간이 누리는 걸 다 누리면서 신으로(신처럼) 떠받들어 달라는 건 말이 안 되기 때문일 테다. 그러니까 세속(世俗)과 구별되는 뚜렷한 경계가 필요했는데, 그것이 금욕(禁慾)이라는 계율이다. 여기까지가 사회적 통념이다.

그런데 수행자에게는 그보다 더 중요한 이유가 있다. 수행에서 가장 통제하기 어려운 것이 앞서 나열한 '마음'과 관련된 감정적 욕구들이며, 그 중에서도 성욕이 가장 큰 장애물이 된다. 수행이 잘되어 집중에 들어가면, 어느 순간 통제받지 않은 욕구와 그 욕구에 얽혀 저장된 기억의 이미지들이 툭 튀어나올 때가 많다. 이를테면 컴퓨터를 만지는데 갑자기 화면 전체에 야한 동영상이, 그것도 증강 현실로 확하니 뜨는 것과 같은 일(환각)이 벌어진다.

현실(또는 꿈)에서야 그런 일이 생겨도 잠깐 당황하다가 얼른 지우고 넘겨 버리면 그만이지만 삼매 또는 무기혼침(無記昏沈) 상태, 그러니까 대뇌의 다른 의식(판단) 기능을 하는 부분이 수면 내지는 반(半)수면 상태일 때에는 미처 판단·통제할 틈도 없이 그 충격이 두뇌와 온몸의 세포 하나하나에까지 미치고 만다. 너무도 강렬해서 그 순간 이제까지 쌓아 온(닦아 온) 공든 탑(삼매 상태)이 일시에 와르르 무너져 버리고 만다. 컴퓨터로 치면 엔터 키 하나 잘못 눌렀다가 수십 년간 작업해 온 것을 하루아침에 날려 버리거나 치명적인 바이러스에 감염된 꼴이다. 심한 경우에는 미쳐 버리기도 한다.

비단 성욕뿐만이 아니라 공포며 분노·증오 등 다른 감정들도 마찬가지다. 잉크병 엎지르듯 모든 게 도로아미타불이다. 악귀가 그렇게 씌고 나면 원상 복귀가 불가능하다. 왜냐하면 치료를 하려면 미치기 직전의 상태로 돌려 놓고 살살 달래어 가라앉혀야 하는데,

이미 미친 상태에선 어떤 힘으로도 환자를 다시 그 삼매 상태로 들어가게 도울 수가 없기 때문이다. 최면도 웬만한 상태의 환자에게나 쓸 수 있는 것이지 완전히 돌아 버린 상태에선 별무소용이다. 수도원이나 기도원에 감방과 같은 지하 독방이 필요한 이유가 여기에 있다.

그렇다면 이미 섹스의 쾌감을 경험한 사람은 수행할 수 없다는 말인가? 아무려면 그럴 리야 없겠다. 하여 평소 계율을 잘 지키고, 제감(制感) 훈련을 통해 통제하는 습관을 들여 놓으라는 말이다. 그게 잘된 수행자라면 응념(凝念)·정려(靜慮)·삼매(三昧)에서 그런 돌발적인 환각(사고)이 생기지도 않겠지만, 설령 그런 일을 겪더라도 놀라지 않고 차분히 가라앉혀 지워낼 수가 있을 것이다. 반면에 차라리 보다 적극적으로 성(性)을 극복해 보자고 만든 것이 탄트라 요가다.

수행은 판도라의 상자를 닫는 일이다.

57. 편견투성이인 감정(感情)에 관련된 기억들

자연, 그러니까 야생 상태에서의 혼(의식)의 오판이나 착각·실수 등은 곧바로 육신을 위험에 빠트려서 자칫하면 목숨을 잃을 수도 있다. 하여 그 잘못을 인식하는 순간 곧장 수정하게 마련이다. 그렇지만 감정이나 욕구와 관련된 마음의 판단 및 결정을 혼의 판단(의지)으로 수정하기란 여간 어렵지 않다. 순간적인 위험 때문에 바꾸거나 절제하는 수도 있지만 그 심성 자체는 결코 바뀌지 않는다.

앞에서 나열한 정신의 기능 혹은 기억들 가운데 분명하게 혼(특히 대뇌 신피질)의 인식이나 학습에 의한 기억(정보)에 묻은 오류나 편견은 언제든 고칠 수가 있고, 또 새로운 정보나 부정·긍정의 신호를 덮어씌워 보정할 수가 있다. 그래서 인간은 끊임없이 학문이란 걸 하는 것이다. 당장 남들 보는 데서야 수치심에 자신의 오류를 인정하지 않는 척하더라도 속으로는 자인하지 않을 수가 없다. 신(귀신)에 대해서도 마찬가지다. 어느 날 "난 신을 본 적이 없다!"며 "더 이상 신을 믿지 않겠다!"고 하면 그만이다. 그렇지만 마음(감정)과 관련된 기억들은 그렇게 쉬이 바뀌지 않는다.

가령 혼(魂)이 어떤 단어 하나를 떠올렸다(기억) 하자. 일시에 그 단어가 대뇌의 다른 기관에도 전해져 그에 관한 여타 기억들까지 총동원되어서 최종적 판단을 하게 되고, 다음 순서를 기대하게 된다. 한데 그 단어가 감정(마음)적일 때에는 그 정도로 그치지 않는다. 변연계에 저장된 기억(욕구, 잠재의식, 무의식)까지 고구마 줄기처럼 주르르 딸려 올라오기 때문이다.

한편으로는 그 단어에 대한 감정적(체험적) 기억(쾌감, 불쾌감, 두려움 등)을 가지고 있는 인체의 다른 부분(각 기관은 물론 심지어 세포들까지)들이 반사적으로 비상 상태에 들어가 대비를 하게 된다. 하여 심장이 빨리 뛰기 시작하고, 호흡 또한 거칠어지기 시작한다. 가령 맛있게 먹은 음식을 떠올렸을 때 입안에 침이 도는 걸 의식적으로 막을 수 없듯이, 어떤 대상에 대한 느낌의 기억을 바꾸도록 강요할 수가 없다는 말이다.

따라서 이 마음(감정)과 관련된 어떤 편견이며 선입견을 지우거나 오류를 바로잡으려면 이성적 판단에만 맡겨서는 불가능하다. 그 감정 중 가장 다스리기 힘든 것 가운데 하나가 호불호(好不好)다. 어떤 대상을 싫어하는 사람에게 누군가가 그걸 좋아하라고 강요한다 해서 좋아질 리가 없다. 굳이 그러자면 사람을 잡아 두고 세뇌를 시키거나 최면술로 유도하는 수밖에 없을 테다. 일단 분별 작용을 못하도록 대뇌를 반쯤 잠재워 놓고서, 그 아래 변연계의 기억을 찾아내어 자기는 그걸 좋아한다고 여러 번 되뇌이게 유도함으로써(거짓된 정보로 덮어씌워) 그 대상을 좋아한다는 착각을 심어 주면 되는데, 기실 그 효과도 영구적이지 않는데다가 모든 사람이 최면에 넘어가지도 않는다.

수행은 이 '마음'과 관련된 단어(형용사 허깨비)들과의 싸움이라고 해도 과언이 아닐 것이다.

58. 마음 챙김(mindfulness)

마음이란 것이 어렴풋하긴 하지만 혼(魂)과 백(魄)의 중간 어디쯤에 위치한 모양인데, 때로는 혼(魂)에 때로는 백(魄)에 치우치는가

하면 어느 때엔 양쪽에 걸쳤다가 곤란할 때엔 숨어 버리기도 한다. 그 바람에 갈피(중심)를 잡기가 힘들 때도 많지만, 어쨌든 인간이 뭔가를 결정하는 것은 마음의 소관임은 분명하다 하겠다.

마음의 현명한 결정을 위해서는 먼저 대상에 대한 편견 없는 인식, 선험적 정보(기억)와의 비교를 통한 정확한 분별이 선행되어야 하는데, 이때 저절로 감정이란 것이 일어난다. 일단 감정이 일어나면, 다시 주변의 온갖 기억(잡념, 편견)들까지 부회뇌동해서 일어나 순식간에 난장판이 되고 만다. 흡사 고요한 호수에 바람이 닿자 물결이 일고, 호수 아래에 가라앉아 있던 흙이며 티끌들이 일어나 물을 흐리는 것처럼!

분별을 다 마친 다음에 감정이 일어나거나, 아예 감정이 일어나지 못하도록 억제할 수 있다면? 당연히 명경지수 같은 마음으로 명징하고 순결한 판단과 결정을 내릴 수 있으련마는! 그게 가능할까? 요가행의 제감·응념·정려는 잡념 발생의 차단과 감정의 억제 훈련, 마음의 문단속이라고 정의해도 무방할 테다. 그러기 위해서는 먼저 혼(魂)의 인지·사유 활동부터 정지시켜야 하는데, 이게 참으로 어렵다.

하여 평소 어떤 대상(사건, 사물, 사람)을 대할 때 감정(호불호, 집착, 비판, 긍정, 부정 등)을 일으키지 않고 가만히 바라보며 객관화하는 훈련을 한다. 가령 어떤 자리에서 누군가 의견을 내놓더라도 가만히 보고 듣기만 할 뿐, 거기에 대해 동조하거나 부정하거나 다른 의견을 내놓고 싶은 마음을 억제하는 것이 아니라, 아예 그러한 생각이 일체 일어나지 않도록 무심하게 지켜보는 훈련을 한다. 심지어 자기를 비판하거나 흉을 보거나 칭찬을 하는 말에도 감정을 일으켜 흥분하거나 주관으로 받아들여 비판·분석·변명을 하지 않는다. 처음엔 어렵지만 자꾸 해보면 마음이 바람 없는 호수처럼 고요해진다. 관조(觀照)란 그런 것이다.

59. 성(誠)·신(信)·의(意)

본격적으로 수행에 들기 전에 마음의 준비가 되어 있는지를 스스로에게 자문해 봐야 한다. 이에 대한 확신이 없으면 그냥 자투리 시간에 명상이나 체조를 하는 것 정도로 만족하고 말 일이다.

옛 어른들은 사람됨의 기본으로 세 가지 덕목(德目)을 꼽았는데, 성(誠)·신(信)·의(意)가 그것이다. 수행자에게도 당연히 요구되는 것으로 성(誠)이란 지극한 정성, 다른 삿된 잡생각이 들어 있지 않은, 바람이 없는 무념의 정성을 말한다. 신(信)은 두 마음이 아닌 것을 말한다. 마음 다르고, 말 다르고, 행동이 달라서는 안 되는 것이다. 의(意)는 마음의 자리이다. 너그럽고 크게, 바른 뜻을 가지되 절대 옹졸하지 않아야 한다는 말이다.

호기심으로 서푼어치 재주를 익혀 존중받는 스승 행세깨나 하면서 호구지책을 해결하려는 욕심으로 수행할 일이 아니다. 그런 속된 목적이라면 굳이 수행에 들 필요가 없다. 차라리 수염이나 기르고, 상투 틀고, 도포 걸치는 것으로도 충분히 어리석은 중생들을 현혹할 수 있을 테니 말이다. 수염 기르는 동안 책이나 뒤적여 몇 안되는 성인들의 말씀이라도 외워 두고서, 알아도 모르는 척 몰라도 아는 척만 하여도 어디 가서 밥은 얻어먹는다. 수행을 통해 얻고자 하는 것이 무엇이든 간에 그에 대한 더없는 간절함이 없다면 결코 성취하지 못할 것이다. 내 생을 다 바치고도 모자라면 다음, 그 다음 생애를 바쳐서라도 기필코 깨치고 말겠다는 각오가 섰을 때 비로소 가부좌 틀고 앉기를 권한다.

언제 수행의 길을 갈 것인지도 각자의 형편에 따라 다르겠다. 필자는 인도 브라만들처럼 결혼해서 자식을 낳고, 열심히 일해서 경제를 해결한 다음 세속에 대한 미련 없이 홀가분하게 출가하는 것에 전적으로 동의한다. 그래야 전념할 수 있으리라. 용맹정진, 대오각성? 젊은 혈기로 해탈하는 것이 아니다. 일찍 출가하면 오히려 미련과 욕망을 억제하기가 더 힘들고, 또 자신의 근기도 미처 헤아리지 못해 잘못 선택한 건 아닌지 하고 끝없이 회의를 품을 수도 있기 때문이다. 무엇보다 수행은 오래 한다고 해서 반드시 깨치는 것도 아니고, 또 더 높은 경지에 오르는 것도 아니다.

예전에 필자가 중국 도교의 성산인 화산을 방문하였을 때, 안내를 해준 중국 작가이자 화산연구가인 친구가 골짜기 군데군데에 파인 석굴과 움막들을 가리키면서 현재도 화산 일대에 5천 명이 넘는 사람들이 저렇게 들어앉아 수행중이라고 했다. 재밌게도 그들 대부분이 부자들이란다. 부자가 아니면 저런 험한 골짜기에서 수 년 혹은 수십 년씩 살 수가 없단다. 먹을 것을 누군가 거기까지 지고 올려다 주어야 하니 가난한 자는 꿈도 못 꾼단다. 듣고 보니 이치에 맞는 말이라 고개를 끄덕이며, 속으로 언제 나도 저런 기회가 올 수 있으려나 하고 부러워했었다.

아무런 경제적 준비 없이 출가해서 절이나 성당에 들어가면 엄격한 규칙 생활도 해야 하고, 또 밥값을 하려면 세속 못지않게 열심히 일해야 한다. 돈을 내놓는 신자들의 비위도 맞춰야 하고, 교세를 늘리는 봉사도 해야 한다. 그러자니 저도 모르는 온갖 미사여구를 주워담아 감히 중생들을 계도한다면서 뻥을 쳐야 한다. 그래서야 온전히 수행에 전념할 수도 없겠고, 영혼의 자유는커녕 자칫 자기 세뇌에 빠져 얽매인 동물원 짐승이나 가축 같은 삶을 살다가 이승을 마칠 수도 있다. 조직 생활이라는 게 원래 다람쥐 쳇바퀴 돌리는 거와 같은 것이니까. 필자가 종교적 집단 수행에 회의를 가지는 이유 가운데 하나다. 아무려나 간절한 한마음이면 산속이면 어떻고, 도시의 지하 단칸방이면 또 어떤가?

60. 정중동(靜中動)과 집중 훈련

사람은 일어서거나 움직이면 오감 기능은 물론 모든 두뇌 활동과 인체 기관, 그러니까 혼백이 비상 가동되어 외부 인지(감시)와 그에 따른 분석·판단·실행에 집중하기 때문에 다른 잡생각을 할 겨를

이 없다. 당연히 무념할 수도 없다.

일단 동작을 그치고 편하게 앉으면 비상 체제가 해제되는데, 이때부터 하릴없는 두뇌는 온갖 잡념(상념)을 떠올리게 된다. 잠들기 전까지는 중단하지 않는 이 두뇌의 공회전을 멈추게 할 순 없을까? 다시 말해 생각을 아예 하지 않으면 감정(불안, 회의, 흥분, 분노 등)이 일어날 리도 없고, 편견이나 선입견들이 개입할 여지도 없어지지 않나? 가령 컴퓨터를 사용하다가 시스템에 오류가 잦으면 그때마다 일일이 원인을 찾아내어 고치느니보다 아예 싹 지워 버리고 프로그램을 새로이 까는 것과 같은 이치로 이해하면 되겠다. 몇십 년을 살다 보니 집안의 가재도구며 옷·신발·책·문구·식기·우산 등등 쓰는 것 못 쓰는 것들이 구석구석에 처박혀 있어 그 상태에서는 도저히 정리할 엄두조차 나지 않을 때, 새집으로 이사를 하면서 쓸데없는 잡동사니들을 모조리 버리고 꼭 필요한 것만 챙겨 들이는 것과 같은 이치겠다. 해서 일단 생각의 방을 깨끗하게 확 비워 버리자!

무당이나 최면술사의 도움 없이 자기 최면으로 의식 활동을 조정해서 반(半)정지 상태로 만든다는 게 쉬운 일이 아니다. 하여 먼저 혼(의식)을 한곳으로 몰아가는 집중을 통해 여타 잡념이 일어나는 것을 막는 방법을 찾았다. 당연히 이도 쉽지 않아 궁리 끝에 개발된 것이 대상을 하나 정해 놓고 그것을 붙들고 늘어지는 방법인데, 이른바 화두다.

61. 화두(話頭)란 무엇인가?

선불교에서 선(禪)을 시작하는 사람들의 정진을 돕기 위해 사용하는 간결하고도 역설적인 문구나 물음으로서, 공안(公案)이라고도 한다. 글자대로라면 '말의 실마리'인데, 실은 '마음을 붙드는 실마리'가 되겠다.

모든 선문선답에 빠지지 않는 것이 이 화두인데, 역대 중국 선사들이 남긴 화두들이 지금도 회자되면서 화두법(話頭法)을 설명한 책들도 넘쳐나고 있다. 그러다 보니 참선 좀 했다 하면 오도송과 함께 사리와 화두를 남겨야 족보에 오르는 전통까지 생겨났다. 그게 안 되면 인생 상담 설법집이라도 남겨야 한다. 이렇게 화두가 마치 '지혜의 실마리'라도 되는 양 떠벌리다 보니 수많은 중생들이 그 속에 선사들의 깨달음이 숨겨져 있는 줄 알고 사리를 찾듯이 화두집을 뒤적이는 진풍경이 펼쳐진 것이다. 결국 깨달았다는 선사들의 구체적인 수행법은 전해지지 않고, 타고 남은 몽땅한 향(香) 막대기들만 남았다.

화두는 公案(공안)이 아니라 空案(공안)이다. 문제(수수께끼) 풀이가 아니다. 그냥 교사가 책상이나 칠판을 탕탕 두드리며 "주목!" 하는 것과 다르지 않다. 잡담이나 장난 그만하고 집중하라는 말이다.

교사가 수업에 집중시키는 데도 여러 가지 수단이 있듯이 화두도 수없이 많다. 기도, 주문, 수(數)세기, 염주굴리기, 부적, 촛불, 호흡, 찬송, 장작패기, 마당쓸기, 물긷기 등등, 화두 아닌 것이 없다. 필자가 앞서의 책에서 다룬 산책도 화두가 된다. 아무려나 이런 화두는 화두집에 등재되지 못한다. 알 듯 모를 듯, 뭔가 들어 있을 듯 없을 듯한 짤막한 말씀이라야 존귀한 대접을 받는다.

이처럼 시각·청각·촉각을 이용한, 대개는 아무 뜻 없는 단어나 짤막한 문장을 주어 반복해서 외우게 하는데, 간혹 풀 수 없는 수수께끼를 화두로 줄 때도 있다. 문제는 수행의 이치를 제대로 알지도 못하는 스승이란 자가 아무 제자에게나 자기 방식의 화두를 던져 주고 자기 방식대로 참선할 것을 강요하는 일이다. 사람마다 근기가 다르므로 초심자에게 알맞은 방식의 화두를 잘 골라야 한다. 이를테면 가뜩이나 두뇌가 뛰어나고 예민한 이에게 난해한 수수께끼나 의미심장한 단어를 던져 주면, 그 사람은 그걸 풀고자 온갖 지식과 궁리를 총동원해서 낑낑댈 것이다. 그런 게 집중인 줄로 착각한 탓이다. 가갸거겨, 하나 둘 셋 넷 등 아무 뜻도 없는 걸 주문(만트라)으로 외우게 하는 것도 그 때문이다. 반대로 몸이 근질근질 혈기가 넘치는 젊은이에게 앉아서 주문을 외우거나 염주나 세게 한다면 과연 얼마나 견디겠는가? 분명 딴생각을 하거나 무기혼침에 빠질 것이다.

그렇게 집중에 성공하여 의식을 한곳에 붙들어 매는 응념(凝念)이 잘되면 초입에만 화두를 붙들다가 나중에는 화두를 버려도 된다. 명상 도중 집중이 깨어지면 다시 화두를 붙든다. 조급해하지 말고 계속해서 반복하다 보면 화두 없이도 집중이 잘된다.

화두는 신줏단지가 아니다. 당연히 중도에 얼마든지 바꿀 수 있다 (단체로 수행하다 보면 그게 쉽지는 않지만). 시각적인 화두가 잘 맞는 사람이 있는가 하면 청각적인 화두에 집중이 잘되는 사람이 있고, 주문이나 수를 세는 것이 맞는 사람도 있으니 본인이 알아서 알맞은 것을 고르면 된다. 단 어떤 화두든 아무런 의미가 없는 것이어야 한다. 어떤 것을 연상시키는 단어나 이미지(물건)만 아니면 된다.

필자의 경우에는 무얼 암송하거나 응시하는 것보다 호흡으로 시작하는 게 잘 맞는다. 정좌해서 호흡에 집중하다 보면(처음엔 심호흡에서부터) 점점 가라앉아 가다가 어느 때엔 벽시계의 초침 소리와 리듬이 맞는다. 그쯤엔 관자놀이(태양혈) 맥박도 초침 소리와 거의 일치한다. 좀 더 가라앉으면 초침 소리도 들리지 않고, 호흡도 잊게 된다. (내공 수련할 목적이 아니라면 애써 단전 호흡을 할 필요까진 없다.) 중도에 의식이 흐릿해지거나 졸리거나 답답해지면 크게 심호흡을 하여 추스린 후 다시 집중한다.

62. 왜 정좌(正坐)인가?

대부분의 수행 자세는 가부좌다. 반드시 앉아서 하란 법은 없으나 누우면 자고 싶고, 서서는 오래 버티기가 힘들다. 그래서 앉는 것뿐이다. 의자에 앉든 바닥에 앉든 편한 대로 하면 된다. 또 굳이 다리를 꼬아 부처님처럼 결가부좌를 할 필요도 없다. 한국인들은 다리가 짧아 반가부좌가 편하다.

차가운 맨바닥은 절대 피하고, 방석을 깔고 앉아야 한다. 허리를 꼿꼿이 세우기가 힘들면 편한 등받침을 대고 기대어도 무방하다. (괜히 인도 수행자들처럼 맨땅이나 바위에 삼각형 가부좌를 틀어 폼잴 필요 없다.) 미세한 공기의 흐름도 나중에는 다 감지되기 때문에 수행은 가능한 한 작고 조용한 골방이 좋다. 방이 너무 크면 책장이나 병풍으로 중간에 칸을 막아 줄이면 된다.

명상을 하든 공부를 하든 시작하기 전에 충분히 몸을 풀어 주고, 마친 후에도 반드시 몸을 풀어 주어야 한다. 굳이 하타 요가나 도인 체조가 아니어도 상관없다. 혼자서 할 수 있는 갖가지 체조로 굳은 몸을 풀어 주기만 하면 된다. 명상 도중 엉덩이나 다리가 결리면 잠시 집중을 멈추고 앉은 자리에서 가볍게 몸을 움직여 긴장을 풀어 주고, 다리나 어깨를 주물러 기혈을 순환시킨 다음 계속하면 된다. 억지로 고통을 참을 필요가 없다. 서두르고 무리하다가는 오히려 수행을 그르치고 건강까지 망치는 경우가 허다하다.

불교는 윤회 사상 때문인지 육신을 영혼이 잠시 머물다가 버리고 가는 하찮은 것으로 여겨 함부로 다루는 경향이 있다. 어리석은 편견이다. 건강한 신체에서 건강한 정신이 나오는 건 단연지사! 육신을 소중히 보살피는 건 혼(魂)의 첫번째 의무가 아닐 수 없다. 그 의무를 다하고 남는 시간과 에너지를 가지고 인간이 온갖 사유놀이를 하는 것뿐이다. 육신 밖에 영혼 없다! 설사 윤회를 한다 해도 육신(물질)이 하는 것이지 영혼이 하는 게 아니다. 생물이 할 수 있는 윤회란 자기 복제(자손)뿐이다. 제아무리 교육을 통해 제 의견, 제 습관, 제 재산을 자식에게 전해 준다지만 영혼이 옮아갈 순 없는 일!
설령 가능하다 해도 그런 짓은 선한 일이 아니다.

수행하는 시간 역시 본인의 형편이나 근기에 따라 조절하면 된
다. 현대 생활에선 예전 사람들이 하던 것과 똑같이 할 수도 없고,
또 그럴 필요도 없다. 30분이든 한 시간이든, 하루든 이틀이든, 잘
되면 계속 따라가고 쉬고 싶으면 멈추면 된다. 졸음이 쏟아지면 억
지로 참지 말고 자면 된다. 수행은 극기 훈련이 아니다. 그렇다고
해서 나태해지면 안 된다.

형편이 허락하여 출가해서 본격적으로 수행의 길로 들어선 사람
이라면 무가(武家)나 도가(道家)의 내공 수련(단전 호흡)을 익히면 크
게 도움이 된다. 내공 단련을 하게 되면 의식을 통해 사지백태·기
경팔맥으로 기혈을 순환시킬 수 있다. 따라서 장시간 몸을 풀지 않
고도 집중 정진할 수 있어 크게 도움이 된다. 요가의 호흡법은 그에
훨씬 못 미친다. 움막이나 토굴에서 나오지 않고 몇 달 몇 년씩 용
맹정진하게 되면 기혈 순환 장애와 근육 약화를 피할 수가 없다. 반
드시 중간중간에 운동을 해줘서 백(魄)이 약해지는 걸 막아야 한다.
해서 달마 선사도 역근법으로 근육 강화 체조를 하였던 것이다.

63. 제감(制感)은 가능한가?

인간이 동물인 이상 경계심을 가지지 않을 수 없고, 그 경계심은

당연히 놀람과 두려움, 그리고 쾌감과 직결된다. 요가행에서도 이 감각을 통제하라고 했지만 기실 쉽지 않은 일이다. 낮에 활동할 때는 물론 잠을 잘 때에도 경계심을 완전히 풀지 못한다.

아무튼 수행중이 아니라 하더라도 오감에서 오는 신호는 대뇌를 자극해 여러 가지 기억들을 떠올리게 하고, 백(魄)으로 하여금 그에 대비토록 신호를 보낸다. 가령 맛있는 음식 냄새를 맡으면 절로 침이 돌면서 모든 의식이 화들짝 깨어나 집중이 흐트러지고 만다. 그렇지만 수행의 어느 책에서도 제감을 하라고만 했지 구체적으로 제감하는 방법을 설명해 놓지는 않았다.

물론 후각도 같은 냄새를 자주 맡게 되면 그러려니 해서 반응하지 않는다. 촉각도 방 안에 혼자 있으면 달리 겪을 일이 없다. 어떤 한 가지 일에 집중하게 되면 벽시계 소리는 물론이고 자동차 소음도 들리지 않는다. 그러다 문득 고개를 들고서 둘러보면 모든 소음이 일시에 몰려온다. 심지어 전투중에는 자기가 부상을 당했는지조차도 모른 채 싸우기도 한다. 해서 옛사람들은 집중을 통해 감각을 통제할 수 있다고 여긴 것 같다. 파도 소리며 낙숫물 떨어지는 소리, 또 벽시계 소리 등 일정한 박자가 있는 소음은 그걸 잊으려 들기보다 오히려 화두로 삼아 헤아리기도 한다. 문제는 불규칙하고 우발적인 높은 소음이므로 최대한 조용한 곳에서 수행하는 것이 좋을 듯하다.

그 정도를 가지고 제감했다고 할 수 있을까?

사람은 잠들기 전에는 인식의 무게(부담, 의무, 작동)로부터 벗어날 수가 없다. 깨어 있으면서 그 무게를 느끼지 않으려면 일단 혼백을 분리시키고, 최소한의 의식 기능만을 남긴 채 나머지는 모두 휴지(최면, 수면) 상태로 만들어야 한다. 그러니까 대뇌의 오감의 인식 기능을 담당하는 부분을 잠재워야 한다는 말인데, 그게 가능할까? 드물지만 수행을 많이 한 선사나 요기들 가운데 그러한 특이 능력을 보였다는 사례가 있으니, 전혀 터무니없는 일은 아닐 것이다.

64. 대뇌 컨트롤은 가능한가?

명상 수행의 목적을 단정적으로 말하자면, 두뇌의 활동을 외부의 도움 혹은 강제 없이 자기 의지대로 통제하는 기술의 터득이라 해도 되겠다. 다시 말해 최면·마약·마취는 물론 무당의 굿이나 기도회·부흥회를 통한 혼(魂)빼기 등의 강제적인 수단을 빌리지 않고, 스스로 대뇌 각 부위를 잠재우거나 각성시키는 훈련을 하는 것이다.

이미 깊은 명상 상태에 든 수행자들의 대뇌는 보통 사람들과 확연히 구별될 만큼 아주 작은 부분만 활성화되는 증상을 보였다는 연구 사례가 있다. 또 그럴 때 방출되는 뇌파는 보통 사람들의 수면 상태와 거의 비슷할 정도라고 한다. 이는 전 혼백이 활성화된 조현증 상태와는 정반대적인 상태이다.

의식이 깨어 있는 상태에서 집중으로 삼매에 이르게 되면, 대뇌 신피질의 극히 일부분만을 남겨두고 나머지 감각이나 기억·판단·운동 등을 담당하는 부위들은 모두 수면 상태로 들어간다. 예컨대 어둠이 깊어지면 각 사무실의 직원들이 퇴근해 버린 커다란 빌딩의 불들이 하나둘씩 꺼지기 시작한다. 이따금 어느 사무실에선가 전화벨이 울리지만 아무도 받지 않는다. 그런데 당직실(수위실)만은 밤새도록 불이 켜져 있는 것과 같다 하겠다. 한밤중에 누군가가 프래시를 들고 빌딩을 순찰하는 것이 마치 최면으로 기억 창고를 뒤지는 것과 같은 모습이다. 물론 한낮의 근무 시간에 여기저기 사무실을 뒤지고 다녔다간 난리가 났을 것이다.

삼매나 최면·조현증과 비슷하면서도 반대의 원리로 기능하는 것이 몽유(夢遊)다. 몽유는 병리적인 뇌 기능의 문제 때문에 발생하는 것이 아니라 중추신경계의 활성으로 인해 비렘 수면과 렘 수면의 상태가 교란되어 생긴다고 알려져 왔다. 삼매 상태와는 반대로 의식과 판단을 담당하는 대뇌 부분(중앙통제실)이 휴지 상태인데, 다른 부분(각 사무실)은 모두 활성화되어 꿈꾸는 대로 일어나 돌아다니는 것이다.

재미있는 것은 꿈이 헛것이긴 해도 거짓이 없다는 점이다. 사람이건 귀신이건 꿈에서는 누구도 속이거나 속지 않는다. 왜냐하면 대뇌에서 의심·궁리를 담당하는 부분이 수면 상태에 들었기 때문이다. 의도를 개입시켜 장난질을 치려면 그 부분이 깨어나야 하는데, 그렇게 되면 곧 꿈이 깨고 만다. 사유와 꿈은 바로 여기서 구별된다. 꿈의 이런 특성이 인간으로 하여금 꿈을 신성시 여기도록 만들었다. 아무튼 최면과 몽유의 두 현상을 보건대 대뇌 활성화 부위를 조종하는 것이 이론적으로 전혀 불가능한 일이 아님을 유추할 수 있겠다.

65. 의식의 매직 아이 현상

집중으로 응념(應念)이 되면 화두를 내려놓고 느슨하게 긴장을 푼다. 마치 깃털 하나를 물 위에 살그머니 띄우듯! 그러고는 가만히 기다리면 어느 순간 물이 공기처럼 사라지면서 깃털만 그대로 남은 양 의식이 공중에 떠 있는 듯한 현상이 나타난다. 흡사 무중력 상태에 놓인 것 같다. 오감을 담당하는 뇌의 기관들이 휴지 상태에 들어 중력의 무게를 느끼지 못하기 때문이다. 그런 다음 그 상태를 유지한 채 한없이 기다린다. 마치 매직 아이 그림책을 보다가 양쪽 초점이 잘 맞아 입체적으로 보이는 상태를 계속 유지시키는 것처럼!

아무리 기다려도 혼(魂)에서 신호가 들어오지 않자 백(魄)이 대기 상태를 해지하고 저대로 수면으로 들어가기 시작한다. 전두엽의 일부분만 그대로 두고 나머지 대뇌 각 부위가 하나씩 하나씩 불을 끄는데, 그럴수록 응념의 점(點)이 점점 뚜렷해지면서 확대되어 간다. 바로 이때 유체 이탈, 공중 부양, 떨림 같은 매직 현상을 체험하게 되는데 놀라지 말고 가만히 바라보기만 하되 내버려두면 저절로 가라앉는다. 그 상태를 유지하는 훈련을 반복적으로 지속한다. 최소한의 에너지만 소비하기 때문에 며칠씩 정좌하고 있어도 피곤하거나 졸리지 않는다. 자동차로 치면 시동만 건 채 전방을 주시하고 있는 상태이다.

잠이 들면 사람은 잠든 상태를 느끼지 못한다. 한데 정려(淨慮)에 몰입되면 반(半) 잠든 자기를 보게 된다. 커다란 빌딩에 당직실 한 군데만 불이 켜져 있는 것처럼, 최소한의 의식만 깨어 있고 나머지는 완전하게 잠든 것이다. 꿈처럼 의식의 통제를 벗어난 기억들이 제 마음대로 튀어나와 설치는 일도 없어진다. 그러니까 꿈 같은 현실, 현실 같은 꿈! 삼매의 초입에 선 것이다.

많은 수행자들이 이 단계에서 놀라 흔들리기도 하고, 매직 체험을 지나치게 신비로이 여겨 영적(신앙적) 체험 어쩌고 하면서 신비주의에 빠져 엇길로 샌다. 더 많은 이들은 이 단계에서 끔찍한 매직에 놀라 그 충격으로 수행을 포기하는 경우도 있다. 기도를 통해 신앙심을 확인코자 했던 사람은 그분을 뵙든가 그분의 목소리를 들었으므로 거기서 모두 그친다. 당연히 자기가 원했던 그분 모습이고, 갈구하던 대답을 구하였으니 더 이상 앉아 있을 이유가 없겠다.

수행자는 가능하면 이 단계에서 1년이고 2년이고 오래 머물러 기초를 굳게 다지는 것이 좋다. 왜냐하면 이 상태는 뇌의 정상적인 상태가 아니기 때문이다. 하여 뇌의 각 부분이 이 상황에 적응할 때까지 충분히 기다려 주어야 나중에 뒤탈이 없다. 그러는 동안 여러 특이 현상을 겪게 되고, 문득문득 떠오르는 수많은 매직 허상들을 가만히 바라보다가 물에 떠내려보내듯이 버리고 나면 나중엔 더 이상 아무것도 떠오르지 않게 된다. 유리 수면처럼 투명한 의식만이 남게 된다. 비로소 완전한 삼매에 든 것이다.

66. 왜 수행하는가?

이쯤에서 필자가 (감히, 건방지게) 다시 묻는다. 무슨 이유로, 무얼 얻으려고 수행하는가? 깨달음? 득도? 절대적 가치? 진리? 초월? 초능력? 참나? 반야? 해탈? 무수히 많은 선험자들이 경쟁하듯 온갖 경험담과 주석을 달아 묘사해 놓은 그 절대 세계에 들고 싶어서? 이왕 출가했으니 남들처럼 나도 한번? 혹여 수행을 통해 깨달음을 얻으면 그것으로 모든 걸 다 이룰 수 있거나, 그에 비할 만큼 가치 있고 또 그 대가도 누릴 수 있겠지? 나도 깨치면 훌륭한 성인으로 추앙받고 많은 중생들을 구원할 수 있겠지? …등등? 아무려나 각자의 몫이겠다. 한데 만약 누군가 수행을 통해 자신의 고민을 해결하거나, 운명을 개척하고 싶다거나 소원을 비는 욕심에서라면 예서 그만 수행을 그치라 말해 주고 싶다.

위안(구원)을 얻고자 하는 사람, 심신이 허약한 사람, 트라우마를 가진 사람, 증오심이나 피해의식을 가진 사람, 지독히 억울하거나 슬픈 일을 겪어 한 맺힌 사람, 지나치게 맹신적인 신도, 현실 도피하고자 하는 사람 등, 복잡한 문제를 지녔거나 잠재의식 내지는 무의식 속에 이런 상처를 가진 사람들은 제발 수행에 나서지 말았으면 한다. 수행은 그러한 치유가 목적이 아니다. 수행중에 무의식적으로 튀어나오는 공포며 두려움 · 적개심 · 분노와 관련된 환각의 강렬함과 그 치명적인 해악은 앞에서도 설명한 바처럼 자칫 큰 사고로 이어져 사람을 미치게(조현병) 할 수도 있기 때문이다. 삼매에 드는 것이 그런 위험을 무릅쓰고 도전할 만큼 가치가 있다고 필자는 생각지 않는다. 그냥 집중만으로도 정신 건강에 충분히 도움이 된다.

아무튼 수행중에는 분노며 집착 · 공포 · 원망 · 욕구 등 부정적인 마음(감정)이 일어나지 않도록 모든 걸 용서하고, 넓고 편안한 평정심을 가질 수 있도록 마음을 잘 챙겨야 한다. 평소 부정적인 일은 상상도 하지 말며, 끔찍한 일을 겪게 되더라도 놀라지 않도록 마음을 잘 다스려야 한다. 만약 수행중에 이런 부정적인 감정(느낌, 환상)이 조금이라도 일어날 기미가 보일라치면 그 즉시 중단한 다음, 시간을 두고 차근차근 마음을 다독여 다 용서하고 풀어낸 연후에 다시금 수행에 들어가길 바란다. 그냥 삼매에 든다고 해서 너그러운 성인이 되는 게 아니다. 또 초능력을 얻었다고 해서 본인의 고민이나 상처가 저절로 없어지는 것도 아니다. 깨달음을 얻었다고 해서 세상의 모든 고민을 해결할 수 있는 전지전능한 힘이 생기는 게 아니다. 수행은 그런 것들과 아무런 상관이 없다. 오히려 현실적으로는 지극히 무능한 사람이 될 수도 있다.

편견 없는 분별심? 그게 목적이라면 굳이 수행까지 할 필요가 없다. 앞의 책《산책의 힘》첫장에서 필자가 피력한 대로 형용사와 동사만 구별할 줄 알면 살아가는 데 필요한 웬만한 분별적 지혜는 얻을 수 있다. 대상과 자아가 합일한다? 그것도 착각이다. 의식만 깨어 있고 나머지가 수면에 들면 의식이 무중력 공간에 형체도 없이 존재하는 듯한 매직 현상을 체험하게 되는데, 그게 마치 대상(우주) 과 합일된 듯한 느낌(환각)을 주는 것일 뿐이다. 설사 합일했다고 하자! 그게 무슨 진리나 지혜라도 된다든가? 영원한 생명을 얻는다든 가? 수행의 목적은 영적 체험을 하거나 접신이나 환각을 만드는 기 술 습득이 아니다.

67. 드디어 삼매(三昧)에 들다!

흔히 삼매도 무상 삼매, 유상 상매, 법운 삼매로 나눈다고 한다. 인도 사람들은 무슨 일이든 지나치게 쪼개어 체계화시키는 습관이 있는데, 굳이 그런 것에 얽매일 필요 없다. 뭐든 그렇게 쪼개어 놓 으면 체계적이고 과학적인 것처럼 보이긴 하지만, 삼매라 하든 삼 십매라 하든 그게 무슨 상관인가!

더 이상 떠오르는 것이 없으며, 감각도 없고 감정도 일어나지 않 는 명징한 호수와 같은 상태! 컴퓨터에 비교하자면 아무것도 없는, 순백지 같은 깨끗한 자기만의 방을 하나 만든 것이다. 오직 나만이 들어갈 수 있는 비밀의 방. 드디어 삼매를 체득했다! 이제 나도 성 자가 된 것인가? 이제부터는 세속에 물들지 않고 성스럽게 살아갈 수 있게 된 겐가? 천만에!

삼매란 기실 反(반) 내지는 半(반) 현실일 수밖에 없다. 영원히 그

속(상태)에 머물 수가 없다. 법운 삼매에 들었다 해도 인간인 이상 먹고 사는 일과 무관할 수가 없다. 깨달을 때까지, 해탈할 때까지 누군가 시봉을 해준다면야 더없이 다행이겠지만 그런 수행자는 극히 드물다. 결국 정좌를 마치면 현실로 나와 세속적 삶을 살아야 하고, 아무리 초연하게 살려고 해도 이런저런 복잡한 일에 엮이게 마련이다. 해서 매일매일 삼매에 들어 그날그날 묻어 온 티끌과 먼지를 털어내고 닦아내어야 한다. 한번 삼매를 체득했다고 해서 죽을 때까지 맑은 영혼이 유지되는 게 아니다. 게을리해서 몇 날, 몇 달을 쉬게 되면 삼매에 들기가 점점 어려워진다. 묵은 때 벗기듯 다시 처음부터 과정을 거쳐야 한다. 수행자라면 죽을 때까지 이 짓(?)을 해야 한다. 종교인이 아니면 수행에 들기 어려운 이유다.

삼매의 상태를 누구나 이해할 수 있도록 설명해 놓은 말이나 글은 없다. 그냥 신비하기 짝이 없는 세계란 말밖에 없다. 수행자들에게 물어보면 하나같이 이미 책에 실려 있는 현학적인 미사여구(남의 말)를 되뇌이거나, 말로는 표현할 수 없는 현묘한 세계라고만 한다. 색불이공(色不異空) 공불이색(空不異色)? 색즉시공(色卽是空) 공즉시색(空卽是色)? 알고도 말을 안하는 것인지, 모르니까 설명을 못하는 것인지 도무지 알 수가 없다. 말이 아름다우면 이미 편견이 개입된 거다.

진리(진실)라 해도 남이 한 말을 주워담아서 내뱉는 순간 편견과 선입견이 묻어난다. 그렇게 '좋은 말'도 입에서 입으로 전해질 때마다 점점 더 미화되고 고매해져 본디의 뜻과는 멀어진다. 삼매 역시 그와 같다 하겠다. 과학의 반대말은 현학이다. 거룩하고 고결한 것은 태초부터 없었다.

고뇌도 걱정도 없는 청정무구한 초월의 경지에 들어 노닐기만 한다면 마약에 취해 사는 것과 다를 바 없는 현실 도피가 아닌가? 많은 이들이 대부분 삼매를 맛보고 나면 "됐다!"고 툴툴 털고 일어나 신앙 간증에 나서 스승 행세를 하고 다닌다. 삼매는 탈(가면)이 아니다. 귀신놀음하기 위한 것이 아니다. 뛰쳐나가 자랑할 일도 아니다. 지금부터가 진짜 수행이다.

68. 삼매(三昧)에서 무얼 하나?

다시 처음으로 돌아가자!
요가(수행)는 '마음을 통제하는 것'이라 하였다. 그렇다면 삼매(三昧)란 '마음을 통제할 수 있게 된 경지'에 다름 아니잖은가? 그러니 이제부터 본격적으로 마음을 다스려야 하지 않겠는가? 남의 마음이 아니라 제 마음 말이다.

삼매에 드는 훈련이 능숙해지고 나면 본격적으로 마음 다스림에 나서야 한다. 이전까지의 수행은 '마음' 다스림이 아니라 '생각' 다스림이었다.

그동안 우리가 맨정신 상태에서 익힌(습득한) 정보(지식)에 대한 기억에 붙어 있는 오류나 편견을 떨어내는 일은 그다지 어렵지 않다. 또 그같은 단순 기억들은 반복적으로 사용하지 않으면 쉽게 지워지는데, 그렇다 해도 살아가는 데 크게 지장을 받지도 않는다. 따라서 굳이 삼매에 들지 않고도 혼(이성)의 판단만으로 고치거나 버릴 수 있다. 심지어 (쉽지는 않지만) 신앙이나 신념도 이성의 판단으로 바꿀 수 있다. 그런 사람을 우리는 냉철하다고 한다. 문제는 감각·감정·욕구·생존과 관련된 기억들이다.

이 기억들은 대뇌의 전 기관들과 공유하고 있는 기억이기도 하다. 특히 변연계에 깊이 저장되어 있어 소위 '마음'의 뿌리가 되는 기억들이다. 가령 자기가 싫어하는 음식을 좋은 음식이니 먹으라고 하거나, 싫은 사람을 사랑하도록 강요한다고 해서 그렇게 되어지는 것이 아니다. 물론 억지로 먹고 억지로 사랑하는 척은 할 수 있으나 그 본디 마음이 바뀌지는 않는다. 또 어떤 일로 크게 놀랐거나 심히 역겨웠던 기억을 떠올리지 말고 그냥 잊어버리라고 강요한다 해서 그렇게 할 수도 없는 노릇이다. 그걸 바꾸려면 혼(이성)만 설득해서는 불가능하다. 백(魄)을 관장하는 기관의 기억(자율신경 조절 기능, 잠재의식, 무의식)까지 다 설득해내어야 바뀔 수 있는 것이다.

계속해서 강요당하면 이곳저곳의 눈치를 보게 되고, 조정·합의를 거쳐서 결정을 내려야 할 마음이 갈팡질팡 갈등하다가 스트레스만 받는다. 그 충격이 지나쳐 감당할 수가 없게 되면 마음이 책임 회피를 해 모른 척 딴청을 피운다. 무의식으로 덮어 버리는 것이다. 그럴 때 최면술사의 도움을 받아 다른 뇌 기관들을 가수면 상태로

만들어 놓고 감춰진 기억을 불러내기도 한다. 기실 최면이나 충격
요법이 아니고서는 무의식과 잠재의식 및 변연계의 기억(마음)을 끄
집어내기도 쉽지 않고, 바꾸기는 더더욱 어렵다. 그렇지만 삼매에서
라면 혼자서도 가능하다.

　더 이상 흔들릴 것 같지 않은 삼매 상태가 되면, 그 마음(변연계
의 기억)은 물론 의식 밑에 웅크리고 있던 잠재의식 및 무의식 속의
기억들을 하나씩 수면 위로 가만히 떠오르게 한다. 그렇게 '삼매의
방'에 마음의 기억 하나를 올려놓고 화두를 바라보듯 한없이 바라
보고(객관화) 있으면 어느 순간 투명해진다. 이때 잠자고 있던 그 기
억(정보)과 관련된 대뇌의 다른 부분들도 번갈아 가며 어렴풋이 반
수면 상태에서 바라보는데, 이렇게 여러 차례 지속적으로 반복하다
보면 그들도 그 대상(기억)에 익숙해져서 다시는 놀라거나 흥분하지
않게 된다. (두뇌 기관 전체가 각성 상태라면 그런 기억을 떠올림과 동
시에 혼백이 과거의 충격대로 한꺼번에 화들짝 놀라 서로 부화뇌동하기
때문에 통제가 불가능하다.) 만약 그때 감정의 파고가 일어 대뇌의 다
른 의식이 놀라 깨어나게 되면 그대로 멈추고 쉬었다가 용서가 되
고 가라앉으면 다시 시도한다. 웬만한 건 그렇게 서너 번 시도하면
안정되지만 심한 것들은 여간 오래가지 않는다.

　그러고는 예의 상태를 유지하면서 그 기억과 관련된 다른 모든
기억(정보)을 차례차례 끄집어내어 편견과 선입견이 묻어 있지는 않
은지 의심·분별한다. 그런 다음 가만히 관조하고 있다가 어느 순
간 솜털처럼 가볍고 유리처럼 투명해질 때 비로소 살그머니 그대로

내려놓으면 그 상태로 기억·저장된다. 그리하여 다른 대상이 떠오를 때까지 기다렸다가 같은 작업을 반복해 나간다. 흡사 강에서 모래를 걸러 사금(砂金)을 채취하듯 끊임없이 떠오르는 미망의 찌꺼기들을 그렇게 걷어내고 걷어내는 것이다. 절대 성급하게 서두르면 안 된다. 굳이 서두를 이유도 없다.

왜 이런 작업을 해야만 할까?

흔히 말하는 지식에 관한 편견과 선입견들은 언제든 그 오류가 확인되면 맨정신에도 바로 고칠 수가 있다. 그렇지만 마음에서 묻어나온 편견과 선입견은 가려내기도 쉽지 않고, 바꾸기는 더더욱 어렵다. 속으로 '그게 아닌데…!' '이러면 안 되는데…!' 하면서도 똑같은 일을 저지르는 것도 그 때문이다. 자기가 자기를 기만한 것을 인정하기 싫은 것이다. 그렇지만 삼매에서라면 마음의 정화가 가능하다. 삼매는 강력한 자기 최면 상태이기 때문이다. 마음의 뿌리, 변연계의 기억들을 이렇게 청소해 놓고 나면 모든 번뇌가 사라져 비로소 무분별의 지혜(반야)가 남는다.

더 이상 털어낼 것도 닦아낼 것도 없는 순수 정신! 그렇게 분별심까지 버리고 나면 웬만한 건 굳이 삼매에 들지 않아도 편견과 선입견에 물들지 않는다. 그제야 안심하고 삼매의 방에서 법열이든 희열이든 자신이 꿈꾸던 이상 세계를 세울(그릴) 수가 있다. 당연히 그 방에서는 모든 것이 가능하다. 그곳에서는 판타지도 현실이다.

삼매란 의식(魂)의 무게를 덜어내는 작업이다.

$69.$ 신(神)을 버려야 '나'를 본다!

필자가 여기까지 설명해 오는 동안 애써 종교적 · 철학적 해석을 삼가고, 또 그쪽 용어들을 가져다 쓰는 걸 최대한 피하여 온 이유를 독자들도 이해할 것이다. 명사의 대부분은 거짓(선입견, 편견, 위선, 가식) 덩어리이기 때문이다. 종교가 도깨비놀음이면, 철학은 허깨비 놀음이다. 수행은 동사이지 형용사나 명사가 아니다.

마지막 질문이다.

당신은 왜 신(神)을 믿는가? 그 '믿음'을 의심해 본 적은 없는가?

인간은 믿기 위해 믿는다. 믿을 대상이 필요했다. 큰 산, 큰 바위와 같은 좌표가 필요했던 것이다. 믿기 위해 신을 만들고, 믿기 위해 재물과 희생을 바치고, 믿기 위해 부적을 샀다. 무얼 믿기 위해서인가? 신(神)을 믿기 위해? 신(神)의 보증 아래 인간을 믿기 위해? 그렇다. 그리고 그렇지 않다. 궁극적으론 자기 자신을 믿기 위해 '믿음'을 산 것이다. 그렇다면 그 '믿음'은 진실일까?

귀(鬼)든 신(神)이든 어차피 대용품이다. 인간이 필요에 의해 만든 방편이자 도구다. 짐승의 털가죽으로 만든 게 귀신이다. 그 속엔 아무것도 없다. '훅!' 하고 불면 날아가 버리는 털에 불과하다. 따라서 당연히 신도 없고, 귀신도 없다. 부처도 없고, 하느님도 없다. 천당도 없고, 지옥도 없다. 전생도 없고, 내생도 없다. 저승도 없고, 극락도 없다. 다 거짓이다. 어른들이 아이들에게 위험한 강이나 연못에 들어가 놀지 못하도록 겁주려고 그곳에 귀신이 나온다고 한 것처럼 중생 계도용 구라일 뿐이다. '믿음'을 세우기 위해 만든 거짓이다. 당연히 그 귀신은 헛것이다. '있는 그대로'가 진실이고 진리다. 뒤집어 말하면, 진리란 따로 있는 것이 아니란 말이다.

믿음은 속임의 반작용이지만, 기실 그 뿌리는 '소유욕'이다.

따라서 믿음은 편견이다. 없는 것을 있다고 믿는 것을 믿음이라한다. 없는 귀신을 있다고 믿고, 다시 그 귀신의 없는 능력을 있다고 믿고, 또다시 내가 그 귀신을 믿고 받드니까 당연히 나를 잘 보호해 줄 거라고 믿는다. 자기 최면이다. '있는 그대로'는 애당초 믿고 말고 할 것이 없다. '없는 것'이 문제다. 없는 줄 알기에 있다고 믿는 것이다. 그 '없는 것'을 있다고(있을 것이라고) 믿는 순간 그것은 소유 가능한 무엇이 된다. 당연히 믿는 자의 것이다. 동시에 '있는 것'을 부정할(하찮거나 무의미하게 만들) 빌미가 생긴다. '없는 것'이 존재가 되는 바람에 '있는 것'이 문제가 되는 것이다. 보이지 않는 것이 오히려 가장 큰 존재가 된다. 그게 신이고 절대자다. 그러니 '믿음' 자체가 간교한 헛짓이다. 하지만 그 '헛짓' 자체는 부정할 수 없는 동사다.

신(귀신)은 거짓이다. 거짓은 참이 있어야 거짓일 수 있다. 한데 참이 없다면? 거짓도 거짓이 될 수 없다. 그렇다면 그 거짓은 참인가? 당연히 참이다. 그렇다면 그 참은 거짓인가? 당연히 거짓이다. 그렇다면 거짓이 참이고, 참이 거짓인가? 당연히 그렇다. 그렇다면 거짓이 거짓이 아니고, 참이 참이 아니란 말인가? 당연히 그렇다.

결국 거짓 없인 참도 없고, 참 없인 거짓도 없다? 그렇다면 신은 참이지 않은가? (회의의 시점을 이렇게 몽타주 기법으로 교묘하게 바꿔주면 얼핏 논리가 성립되는 것처럼 보인다.) 부정을 부정하고, 그 부정을 부정한 부정을 부정하고, 부정하고…, 부정의 부정은 긍정이고…, 그러고도 남는 것이 있다면? 금강반야(金剛般若)? 금강보리(金剛菩提)?

부정 없이(부정해 보지 않고) 어찌 긍정을 확신한단 말인가? 긍정 없이(긍정해 보지 않고) 어찌 부정을 확신한단 말인가? 자신의 판단·지식·감정을 진심으로 긍정하고, 또 부정해 본 적이 있는가? 있다면 그 '진심'이 과연 진심이었을까? 그 진심의 상태가 문제겠다. 편견 없는 순수 의식에서 나온 진심이냐를 묻는 것이다. 백지 상태에서 그같이 편견 없는 분별 프로그램을 뇌에다 깔아 놓으면, 이후 의식적으로 분별하려 들지 않아도 모든 인식과 사유가 그 프로그램을 통과하면서 편견과 선입견이 걸러진다.

믿음을 가진다는 건 뒤집으면 의심을 가졌다는 말이다. 믿음이건 의심이건 주관(의지, 의도, 감정)이지 객관이 아니다. 당연히 의심이 없으면 믿음도 없다. 있는 그대로의 나가 바로 '참나'다. 그러나 '거짓나'가 있기에 '참나'도 있게 마련! 따라서 '참나'도 진실이 아니다. 그러니 더 이상 의심으로 회의하지 마라. 신(神)은 지팡이고, 의심은 부지깽이다. 그 마지막 부지깽이조차 버리고 나면 남는 것은? 신도 없고 믿음도 없고, 의심도 없고 진리도 없는 상태, '참'도 '거짓'도 아닌, 찾을 것도 버릴 것도 없는 '나'가 남는다. 오직 존재할 뿐인 상태, 소위 무소유다.

All is nothing! 모든 걸 부정해 보라! 궁극에는 긍정이다. 모든 걸 긍정해 보라! 궁극에는 부정이다. 부정이 부정이 아니고, 긍정이 긍정이 아니다. 부정이 곧 긍정이고, 긍정이 곧 부정이다. 결국 긍정도 부정도 없다. 따라서 긍정·부정은 편견이다. 그것조차 버리고 나면 모든 상(像)이 상(像)이 아닌 상태, 모든 말은 말이 아닌 상태, 상(相)이 상(相)이 아닌 상태, 더 이상 아무 생각이 일어나지 않는 상태, 오직 투명하기만 한 상태가 온다. 그 어떤 것에도 걸림이 없는 순수 마음, 순수 의식! 의지 없는 마음, 마음이 곧 인식인 상태! 그게 '나'다. 그게 깨달음이다.

나무나 꽃에 거짓이 있던가? 비나 바람에 거짓이 있던가? 생(生)하고 멸(滅)하는 것에 거짓이 있던가? 애초에 탈(귀신)이 없었으면 거짓이 없었다. 당연히 '참'도 없었다. 탈놀음이 곧 거짓놀음! 그 귀신놀음을 통해 인간이 '기만'과 '믿음' '의심'이라는 개념을 터득한 것이다. 그러니까 믿음이란 인간이 스스로를 속이는 기술이라 하겠다. 마음의 장난이다. 그 마음의 그림자가 두려움이다.

'거짓'이 '참'을 낳는다. 그리고 거짓이 거짓을 낳는다. 참 또한 '믿음'이고 '척'이다. 고로 참은 진실도 진리도 아니다. 참은 동사가 아니다. 화두로 붙들고 온 똥막대기일 뿐이다. 참을 버려야 거짓을 본다. 거짓을 버려야 참을 본다.

마음을 쓰지 마라!

　믿음은 형용사이지 동사가 아니다. 대상(對象)에 의해 일어나는 모든 감정은 형용사다. 제행무상(諸行無常)? 기실 제형(諸形)·제상(諸相)·제상(諸像)·제법(諸法)이 다 무상(無常)이고 무아(無我)다. 신(神)을 붙들고 어떻게 진실을 볼 수 있단 말인가? 고작 신앙을 위해 죽도록 수행해 왔단 말인가? 그렇다면 헛짓한 거다. 다시 말하지만, 수행은 신앙이 아니다. 신(神)은 진리도 진실도 아니다. 수행자에겐 신(神)도 부적과 다름없는 화두일 뿐이다. 신성한 모든 것은 진실이 아니다. 종교적 편견일 뿐이다. 이제 신(神)을 버릴 때가 되었다. 기실 진즉에 버렸어야 했다. 탈을 쓰고 해탈하려는가? '나'를 찾았으면 '탈'은 필요 없다. 유아독존(唯我獨尊)! '자신(自信)'만이 동사다.

　기실 삼매를 이렇게 맨정신에서 맨글로 설명하고, 또 맨정신으로 이해한다는 것이 가당치 않은 일이란 걸 모르는 바 아니다. 무리하게 설명하려니 그 말이 그 말, 미사여구 동원해 찬사만 늘어놓게 된다. 게다가 실제 수행에서는 수행자마다 그 수련법이며 체험 과정, 삼매의 상태가 한결같지도 않다. 사람마다의 무의식이며 잠재의식의 정보가 다르고, 편견과 선입견의 정도가 다르며, 체질과 근기 또한 천차만별이다. 하여 삼매에 이르는 과정이 위에 나열한 순서대로 차근차근히 진행되지 않는 경우도 많다. 부분적으로 삼매와 무기·혼침·몽유·환각 등등 온갖 현상들과 뒤섞일 때도 많다. 놀라지 말고 인내를 가지고 끊임없이 반복해 가며 극히 조심스럽게 조금씩 조금씩 마음을 다스려 나가야 한다. 컴퓨터 운영체계 바꾸듯 일시에 인식 체계를 바꿀 수 있는 것이 아니다. 어린아이가 걸음마를 배우고 발레를 익히는 것과 같이 긴 시간 동안 끊임없이 연습해야 한다. 용맹정진한다며 조급하게 서두르면 반드시 문제가 생긴다. 특히 신체 단련을 소홀히 해 혼백의 균형이 깨어진 상태에선 더욱 그러하다.

문제가 생기거나, 도무지 자신이 없으면 중도에 멈추거나 포기해야 한다. 아쉬울 것도 없고, 부끄러운 일은 더더욱 아니다. 오히려 현명한 처신이라 하겠다. 산은 사람들더러 오르라고 높은 것이 아니다. 누구는 기를 쓰고 정상을 향하여 오르지만 누구는 중턱에서, 또 누구는 그 산자락께의 계곡에서 자족한다. 그런가 하면 멀리서 산을 우러러 앉은 사람도 있다. 도(道)가 한 길만 있는 것은 아니다.

무엇보다 수행에는 많은 지식이 필요치 않다. 똑똑하고 예민한 사람일수록, 그리고 가방끈이 길어 문자식이 많은 사람일수록 오히려 실패해 몸 건강 정신 건강을 해치는 경우가 많다. 그러니 경전 주석서 뒤지지 마라. 그분 말씀이라고 남긴 글 가운데 동사만을 골라 유념하는 것으로 충분하다. 형용사와 명사는 문자식(文字識)을 좋아하는 관객(독자)의 비위를 맞추기 위한 주석가들의 추임새일 뿐이다. 거의 대부분이 지식적 근거 없음에 대한 변명의 논리(페인트칠)들로 수행에 방해만 될 뿐 도움이 되지 않는다. 수행이란 마음을 다스리는 것이지 생각을 다스리는 것이 아니기 때문이다. 마음 다스리는 데에 지식이 필요한 게 아니란 말이다.

혹 독자들 가운데서 지금 말한 필자의 주장(말장난)에 전적으로 수긍한다 해도 맨정신에선 결코 신(神)을 버리지 못할 것이다. 버리자고 제아무리 생각하고 마음을 다져도 버려지지 않는다. 그동안 어떻게 붙들고 온 건데…! 아까워서도 못 버린다. 자기 부정 못한다. 편견·선입견·회의·계산·불안·미련·자존심·수치심 등등의 의식·잠재의식·무의식 기능이 자동으로 작동되기 때문이다. 있건 없건 한번 긍정하면 여간해서 부정 못하는 게 인간이다. 그 반대도 마찬가지다. 그렇지만 삼매에서라면 전혀 어렵지 않다. 그런다 한들 아무려나 필자가 수행자가 아닌 일반 신앙인더러 신(믿음)을 버리라고 하는 건 아니다. 귀신이 비록 거짓(헛것)이라 해도 신앙의 원초적 유용성까지 무시할 순 없을 테다. 삼매란 결국 선수들끼리 나눌 수 있는 얘기가 되겠다.

70. 해탈(解脫)이 가능할까?

재물? 권력? 명예? 하지만 삶은 유한한 것! 그 어떤 것, 그 모든 것을 붙들고 영원하리라 믿고 또 믿어도 그 믿음은 온전할 수가 없다. 인간에게 영원한 건 불안뿐! 고해(苦海)란 곧 불안·불신의 바다! 오직 신(神)만이 영원할 뿐! '영원'은 신의 또 다른 이름이겠다. 하여 신을 그 길잡이로 세워 놓고, 사후에라도 영원의 세계로 들고자 그 앞에 엎드리는 것이리라. 그렇게라도 위안받고 싶은 거다. 이른바 구도(求道)고 해탈(解脫)이다.

해탈이 뭔지 알기나(인정) 해야 가능할지 불가능할지 짐작이라도 하련마는 숱한 선지식(善知識)들이 그토록 많은 설법을 남겨 놓았건만 그것을 알아들을 수 있게 설명해 놓은 것이 없다. 윤회의 고리를 끊어 생로병사의 고통에서 해방되는 것이 해탈? 글쎄, 윤회가 왜 나쁜 거지? 사는 것이 왜 고통인가? 그런 거라면 왜 환생하는데?

죽어야 생물이다. 자기 복제로 자손을 낳고 죽든 그냥 죽든, 결국은 죽게 마련이다. 모두 자연의 섭리(현상)일 뿐이다. 죽어서 지수화풍(地水火風)이 되든 에테르가 되든, 윤회라 하든 환원이라 하든, 화장을 하든 미라로 만들든, 후세 사람들이 기억을 해주든 해주지 않든 모두 미련 · 미망일 뿐, 전혀 무의미한 일이다. 윤회? 부활? 환생? 헛소리! 생겨난 모든 것은 없어지고 잊히는 게 당연하다. 죽으면 그뿐이다. 영혼? 그런 거 없다. 갈 곳도 없고, 돌아올 일도 없다. 시작이 있으니 끝이 있는 것뿐이다.

그렇다면 그냥 죽는 것이 해탈이란 말인가? 아무렴, 그렇다! 그렇다면 부처님 · 예수님도 모두 거짓말을 했단 말인가? 아무렴, 거짓말이다! 하지만 진실이다! 거짓이기도 하고, 진실이기도 하다는 말인가? 그렇다고 할 수도 있고, 그렇지 않다고 할 수도 있다! 도대체 무슨 소리인지? '너도 결국 남들처럼 모르면서 아는 척하다가 이제 와서 꼬리 흔들어 흙탕물 만들어 놓고 도망가려고 고작 이따위 말도 안 되는 소리를 하느냐!'고 호통칠 독자가 혹여 있을는지도 모르겠다. 해서 필자가 아직 죽어 보지는 않았지만 해탈할 수 있는 길이 있는지를 죽음을 따라가면서 유추해 볼 수밖에 없다.

단도직입적으로 말해서, 삼매가 가능하다면 앞서의 모든 귀신 이야기가 가능하다. 당연히 해탈도 가능하다. 삼매는 해탈의 준비다. 해탈하지 않을 바에야 삼매를 닦을 이유가 없겠다.

그대나 필자가 운이 좋아서 치매에 걸리지도 않고, 끔찍한 사고 없이 자연스런 죽음을 맞이했다고 치자. 그러니까 임종의 순간을 맞은 거다. (필자라면 이 순간 주변에 아무도 없어서 방해받지 않았으면 좋겠다. 태어난 것은 내 의지와 상관없었으나 끝내는 것은 내 의지대로 하고 싶다.) 평소 수행을 게을리하지 않았다면 차분하게 삼매로 들어가 열락을 맞을 것이다. 그곳에서는 이미 어떤 번뇌도, 생(生)에 대한 티끌만한 미망도 남아 있지 않다.

생(生)의 끝에서 딱 한번 주어지는 기회! 비로소 혼백(魂魄)이 완전히 분리된다. 해탈(解脫)이다! 한 점(點) 의식이 무한히 확장되면서 공(空)이 된다. 시간의 파장도 무한대로 늘어난다. 적멸(寂滅)이다!

제3부

양생이설(養生異說)

본장에서는 섭생을 중심으로 세상일에 관한 조금 별난 시각들을 나열하였다. 기실 필자의 경험적 상식이라고 해야 정확할 듯하다. 흔히 의사나 한의사 등등의 전문가들이 말하는 전문적인 의학 지식들이야 군이 필자가 반복할 필요는 없겠다. 그렇다고 그같은 건강 지식들을 무시하거나 부정하는 건 절대 아니다. 단지 필자가 무예를 공부하는 등 좀 더 다양한 경험을 하면서 나름으로 이해한 것들 중에서 조금 별난 관점들만을 추려서 독자들과 함께 공유해 보고자 할 따름이다.

　이 책을 집어든 독자분들 가운데 혹여 필자를 제도권 밖의 민간 의학을 신봉하는 사람으로 오해할 이가 있을는지도 모르겠다. 그러나 절대 그렇지 않다. 필자는 현대과학·현대의학을 절대적으로 신봉하고 있다. 다만 제 전공이 아닌데다가 이미 다 알려진 지식들을 군이 필자까지 나서서 중언부언할 필요까지야 없지 않나 싶어 최대한 언급을 피한 것뿐이다.

　증권가에 루머가 많듯이 인간의 욕망이 몰려드는 곳에는 항상 온갖 속설과 유혹(덫)이 난무하기 마련이다. 건강 역시 마찬가지다. 몸이 아프면 먼저 병원을 찾기를 바란다. 당연히 완전한 약도 처방도 없고, 문제 없는 약도 처방도 없다. 그래도 우리는 현대의 의학·의약품을 믿어야 한다. 정신적으로 힘이 들 땐 종교(종교인)에 의탁하기 전에 먼저 병원을 찾아 안정제를 처방받기 바란다. 약에 길들여지는 걸 무서워하지 말아야 한다. 약에 길들여진 건 약을 끊으면 그만이다. 대신 종교적 구원에 대한 의지나 어떤 이념적 성향에 대한 신뢰는 오히려 끊기가 어렵다. 사람(귀신)에 의해 길들여지면 절대 못 벗어난다. 맹신에 대한 부정은 곧 배신이 되기 때문에 사람이란 여간해서 자기 부정을 못한다.

71. 무지하면 몸이 고달프다!

제정신을 온전히 지니고 살기가 참으로 힘든 세상이다.

필자가 자주 겪는 일이지만, 오래전에 뭘 공부한다는 젊은 친구가 찾아왔기에 두어 번 만나 준 적이 있었다. 그 방면에 별로 아는 것은 없었지만 인상도 밝아서 아직 때가 덜 묻었나 보다 했었다. 언제 또 오겠거니 했으나 소식이 없다가 5년이 지난 어느 날 찾아왔는데 사람이 많이 달라져 있었다.

그동안 그 방면 공부를 한답시고 지리산으로 어디로 전국을 쏘다니면서 또래의 온갖 도사(道師)들을 만나 이것저것 잔뜩 동냥해 와서 식자연(識者然)하는데, 차마 말을 섞기가 싫어 서둘러 돌아선 적이 있다. 완전 사자(邪者)가 되어 있었다. 세상 천지에 널려 있는 하고많은 지식과 지혜들 중에서 어쩌면 그렇게 사자(詐字)들만 골라 주워담아 왔는지! 필자가 평생 동안 귀가 따갑도록 들어 온 이바구들이지만, 정작 그 친구는 그게 자기 말인지 남의 말인지 구분조차 못하고 있었다. 선입견(先入見)이란 그래서 무서운 게다. 컴퓨터라면 깨끗이 지워 버리고 다시 프로그래밍할 수 있지만, 사람은 그게 절대 안 된다. 게다가 한술 더 떠서 그걸 들고 여기저기 남을 가르치러 다닌단다. 예전에 스승께서 누구라 하면 알 만한 꾼들을 앉혀 놓고 "네놈들 입에서 나오는 건 숨소리 빼고는 다 거짓말!"이라며 핀잔하시던 모습이 떠올라 씁쓸하게 웃고 말았다.

어디 그 친구뿐이겠는가? 요즘은 대학에도 갖가지 방술 과목들이 생겨났는데, 혹시 그쪽 사람들은 뭔가 좀 다를까 싶어 행사나 학회에 한두 번 참석해 보고는 다시는 그런 곳에 가지 않는다. 시간 버리고, 귀만 더럽혔다. 제도권까지 야바위학으로 잔뜩 오염되었다.

그런가 하면 요즘은 '전생' 이야기가 시중에 감기처럼 번져 나가고 있다. 이제는 드라마에서도 단골 소재가 되었다. 뭣 좀 한다는 사람들이 너도나도 자기의 전생을 보았단다. 어린아이라면 그냥 흘려듣고 넘기겠는데, 다 큰 어른들이 도대체 뭣하는 짓들인지? 왜 미치지 못해서 안달인지 답답하기 그지없다.

한 친구는 자기가 전생에 신라 때의 무슨 공주였노라 한다. 멀쩡하던 친구가 어떤 무리들과 휩쓸려다니더니 뜬금없는 소리를 하는데, 농담이 아니란다. 누가 그러든? 뭐, 다 아는 수가 있다나. 재차추궁하자 누군가가 봐줬단다. 사는 게 얼마나 허(虛)했으면 그딴 걸화두로 붙들었을까 싶다가, 일순 한심하고 미운 생각이 들어 필자가 되물었다. 그래? 그렇게 대단한 재주를 지녔으면 왜 전생만 봐준대? 내생(來生)도 좀 봐주지? 내가 보기엔 공주가 아니라 공주 시중들던 무수리 같은데! …? 진짜라니깐! 설마 아비가 제 딸도 못 알아보겠어? 내가 그때 왕이었다니깐! 어머, 정말요? 선생님도 그런 거 볼 줄 아세요?

나, 참! 그냥 우스개로 넘기면 그만이겠지만, 문제는 한국인들의 기본적인 사고의 알고리즘이 이런 식이라는 것이다. 철학이 안 되는, 과학이 안 되는, 상식을 언제든 뛰어넘는, 귀 얇은 한국인들이 매사에 덤벙대고 허우적거리는 이유가 아마도 여기에 있지 않나 싶다. 주인 의식을 가지고 주동적으로 살아 보지 못하고, 그저 노비나 소작인으로 살아 온 타성이 몸에 밴 탓이리라.

왜 하필 천년을 훨씬 뛰어넘어 신라 공주래? 그럼 그때 죽었다가 이제 처음 환생한 거네? 윤회한다며? 그동안 뭐했대? 대충 잡아도 44번은 나고 죽었을 법한데? 연옥에 머물다 왔나? 천당과 지옥을 왔다갔다하다가 왔나? 뭐 저승에선 하루가 인간 세계의 천년이라도 된다든? 아니면 중간에 개나 돼지로 수백 번 살다가 이번에 간신히 인간으로 태어났나? 신라 공주 이전의 전생은 또 뭐였대? 그나저나 왜 그렇게 다시 태어나는데 남녀 성은 안 바꿔준대? 설사 그렇다 치자! 그래서 뭐 어쨌다고? 뭐가 달라지는데? 멀쩡한 사람 한순간에 병신 된다.

72. 야바위와 돌팔이에게 걸려드는 이유

노비는 주인 앞에 무조건 복종하고 엎어진다. 주인님의 말씀은 하느님 말씀이다. 노비에겐 어떤 일에 대해 회의를 가지거나, 판단하고 결정할 자격이 없다. 책임질 일도 없으니 고민할 필요도 없다. 스스로 생각하는 능력 자체가 없다. 변명과 핑계만 허용될 뿐이다. 주인의 명령에만 복종하는 버릇이 몸에 배어 있어서 다른 누군가가 옆에서 잘못을 지적하거나 더 나은 길을 일러줘도 절대 안 고친다. 독립을 시켜 줘도 스스로 결정을 못하고 남들 하는 대로 따라 한다. 물론 그 의미도 모르지만, 알려고도 하지 않는다. 오로지 자기 것만 뺏기지 않으면 된다. 해서 절대 변하지 않는다. 그러고서는 또 다른 제 주인(스승? 절대자?)을 찾아나서 그에게 절대 복종한다. 그래야 안심이 되기 때문이다.

고민하기를 싫어하는 노비민족은 일상적인 문제에서도 단정적으로 확답을 잘 내린다. 그러고선 무슨 근거로 그런 말을 하느냐고 따지면 신문이나 책에 그렇게 실려 있다거나, TV에서 어느 교수가 그랬다는 식이다. 전생도 제 선생이 봐줬단다. 아무렴, 그러고 나면 왠지 그랬을 것 같은 느낌이 들고, 점점 신라 어느 공주와 자기의 삶이며 생김새가 비슷했던 것으로 여겨져서 자기 최면에 빠져들다가 확신까지 품게 된다. 여하튼 오천년 역사가 아니라 당장 제 주변을 조금만 뒤져도 저하고 비슷한 인생쯤은 수두룩하게 나올 테다. 가령 태극기나 촛불 들고 광화문에 모인 여성들을 붙들고, 당신은 전생에 유관순이었노라고 해주면 아마 열에 다섯은 갸우뚱하고 넘어갈 것이다.

'전생'이란 말 자체가 과학적인 용어가 아님을 모르는 사람이 있을까? 사어(詐語)다. 그리고 그 말도 안 되는 말을 팔아먹은 스승은 이미 야바위꾼이다. 만약 자기가 신봉해 마지않는 그 스승이 아닌 다른 사람, 즉 신뢰(신앙)하지 않는 사람이 제 전생을 봐줘도 곧이 믿을까? 아무리 믿고 따르는 스승이라 해도 그런 말을 하는 순간 의심을 해야 하는데, 이미 눈이 멀어 복종하는 처지가 되면 절대 그러질 못한다. 아무리 황당한 헛소리라도 스승의 말을 의심하거나 부정하는 건 곧 배신이자 자기 부정이기 때문이다.

신앙과 신뢰는 별개가 아닌가? 같은 '믿을 신(信)' 자가 들어가지만 '앙(仰)'이 들어가는 순간 편견이 되고 만다. 자연에서는 앙(仰)이 없다. 앙(仰)은 동사가 아니라 형용사다. 인간만이 할 수 있는 헛짓이다. 이런 사자(邪字)가 자꾸 늘어나면 결국 난세가 온다.

전생이니, 윤회니, 천당이니, 지옥이니, 연옥이니, 극락이니… 하나같이 설득의 방편(도구)으로 고안해낸 상상계에 지나지 않는 것들이다. 분명코 미련한 중생들을 설득하기 위해서 그런 걸 고안해내었을 것이다. 본디 하고자 한 이야기는 '그러니까 악한 짓 하지 말고 착하게 살아라'는 것일 게다. 그런데 그렇게 타일러서는 도무지 먹히지가 않으니, 할아버지가 귀신 이야기로 손자를 계도하듯이 고안해낸 것들이다. 신화란 것도 마찬가지다. 억지인 줄 알면서도 그 선의를 알기에 묵인해 주는 것뿐이다.

그런데 이게 부지불식간에 주객이 전도되어 버렸다. 달을 가리켰더니 달은 안 보고 손만 보는 어리석은 중생들이 본질은 외면한 채 엉뚱하게 방편을 물고늘어진다. 전생이 있으면 어떻고, 없으면 또 어쩔 건데? 이런 잡것이 먼저 플랫폼에 깔려 버리면 공부든 수행이든 이미 틀렸다. 지식이 많아야 지혜로워지는 것도 아니며, 지혜롭다고 해서 반드시 행복한 것도 아니다. 부질없는 짓 그만하고, 다른 길을 찾는 것이 다시없을 인생 그나마 귀하게 사는 거다.

아무튼 우리가 '지식'이라고 하는 문자식(文字識)에는 누천년 동안 인류가 쌓아 온 수많은 편견과 선입견이 뒤섞여 있다. 시중에는 증명되지 않은 속설들이 범람하고 있다. 대부분 현대 과학적 상식으로 이해되지 않는 것들이다. 그렇다고 해서 자신의 무지·무식 때문이라고 속단할 필요는 없다. 이해가 안 되면 이해될 때까지 내버려두는 것도 지혜로운 일이다. 필자의 장황한 얘기도 예외는 아니다.

73. 꽃을 먹는다고 아름다워지랴!

꽃은 아름다운 것! 아름다운 것은 좋은 것!
꽃을 먹으면 꽃처럼 아름다워질까? 그럴 수 있다면 얼마나 좋을까마는 천만의 말씀! 절대 그럴 일은 없다.

사람들의 건강염려증과 부합하여 계속해서 색다른 건강 상품들이 탄생하고 있다. 옥돌이니 황토니 돌침대니, 또 죽염이며 게르마

늪 등! 게다가 요즈음은 가는 곳마다에서 꽃차가 나온다. 칡꽃·국화꽃·장미꽃·진달래·연꽃·샤프란 등을 비롯하여 온갖 꽃잎이며 꽃술들을 모아 말린 것을 대단히 귀한 것인 양 내놓는데 참 난감하기 짝이 없다. 처음 몇 번은 멋모르고 주는 대로 마셨다가 머리가 띵하면서 멀미가 난 적도 있다. 그때는 그냥 내 체질에 안 맞아서 그런 모양이라 여겨 대수롭지 않게 넘어갔다. 체질이 양(陽)에 가까운 기름진 사람들은 이런 차를 마신다 해도 별다른 증상을 느끼지 않지만, 음(陰) 체질은 한두 잔 마시면 열이 곧장 위로 올라가서 어지러움을 느끼게 된다.

그런가 하면 웰빙 붐을 타고서 생꽃잎들로 비빔밥을 만들어 파는 식당까지 생겨나고 있는데, 생각할수록 인간이란 참으로 희한한 동물이로구나 싶다. 이쯤 되면 인간이 영악한 것인지, 아니면 어리석은 것인지 판단이 잘 안 선다. 꽃은 이제 눈과 코를 즐겁게 해주는 것만으론 인간의 욕망을 다 채워 주지 못한다. 혀까지 만족시켜 주어야 하고, 더러는 낱낱이 뜯기어 목욕탕에서 인간의 피부 촉감까지 만족시켜 주어야 한다.

이치적(아니 상식적)으로 생각해 보면, 꽃이란 결코 먹을 수 있는 것이 아님을 금방 알 수가 있다. 천하의 온갖 초근목피를 약재로 사용하는 한방에서도 예외적으로 꽃은 별로 쓰지 않는다. 간혹 특정한 증세를 지닌 환자를 위해 몇몇 종류의 꽃이 사용되기도 하지만, 어디까지나 치료용이다. 누구나가 먹어서 좋은 몸보신용으로 쓰이는 경우는 없다. 시중에서 가장 흔한 꽃차가 감국(甘菊)인데, 아마도 사군자 중의 하나라 친숙해서 달여먹고픈 모양이다.

야생 국화인 감국은 한의학에서 소풍청열(疏風淸熱)·해독소종(解毒消腫) 등의 항균 효능이 있는 것으로 알려져 왔다. 현대적으로 풀이하면 항바이러스·항염·해열·진통·면역 기능 제고 등의 효능이 있다는 말이다. 이렇게 글로는 복잡하지만 간단하게 말하자면 두풍(頭風), 즉 부스럼 치료에 사용하는데, 달인 물로 머리를 감으라고 하였지 달여 마시라고는 하지 않았다. 그러니까 그 옛날 소독약이 없던 시절에 소독용 알코올을 대신했다는 거다. 대충 헤아려 10여 가지 정도밖에 안 되는 다른 꽃잎 약재들 역시도 대개가 그와 비슷한 용도로 사용되고 있다. 그걸 열심히 달여먹고 있으니, 혹시나 장(腸)에 부스럼이라도 난 사람이라면 도움이 될 수 있을는지? 글쎄?

만약 아무나 먹어서 몸에 좋다면 아마 지구상에는 꽃이 존재하지 않았을 것이다. 식물들이 종족을 퍼뜨리는 수단으로 결코 꽃을 사용하지 않았을 것이라는 말이다. 인간의 입으로 들어오기 전에 동물이며 온갖 벌레들이 먼저 먹어치웠을 것이라는 뜻이다. 동물에게든 벌레에게든 꽃은 결코 먹어서 이로울 리가 없다. 백해무익하거나, 오히려 해로울 뿐이다. 간혹 꽃(꽃잎보다는 씨방)을 먹는 짐승들이 있지만, 그들은 그 꽃을 소화할 수 있는 특정 효소를 분비하고 있기 때문에 가능한 것이다.

천하의 어떤 해충도 꽃잎을 갉아먹진 않는다. 진딧물도 꽃대까지는 올라가지만 꽃잎은 절대 건드리는 법이 없다. 꽃잎은 종족 보존을 위해 벌·나비를 유인하는 도구이자 다른 온갖 해충들의 접근을 방지하기 위해 오히려 독(毒)을 넣어두는 곳이기도 하다. 그러니 건강식보다는 차라리 방충제를 만드는 편이 더 좋을 것이다. 한가한 이들이라면, 꽃을 따다가 말려서 베갯속으로 사용해 보시라. 어쩌면 집먼지진드기 방제에 도움이 될지도 모르니! 대신 꽃가루 알레르기가 있는 사람은 조심해야겠다.

꽃가루 역시 마찬가지다. 사실 송화떡만큼 맛없는 떡도 없다. 개떡만도 못하다. 맛없는 맛으로 먹는 것이 송화떡이다. 꽃가루가 맛있고 영양이 많다면 당연히 그 꽃도 진즉에 멸종하였을 것이다.

인간은 꽃을 보고 향기를 맡으면서 본능적으로 성적인 흥분(물론 매우 미약하지만)을 느낀다. 그래서 그걸 먹고 싶어지는 것인가? 그리고 먹으면서 쾌감을 느끼는가? 역시 아주 미약한 성적인 쾌감을? 수많은 종교며 방술, 혹은 신비한 동양철학과 관련된 미신적 취향에 대해서는 본인들이 군이 그렇게 믿고 싶어하니 누가 옆에서 왈가왈부할 일이 아니지만, 이치적으로 그런 줄 알고나 먹었으면 싶은 것이다.

증명되지 않은 속설이며 비법을 맹목적으로 따르거나, 비논리적인 모호한 동경심으로 제멋대로 해석해서 몸을 망치는 일이 없도록 항상 합리적이고 과학적인 사고를 지녀야 한다. 지혜롭지 못하면 몸이 괴롭다. 사소하고 쓸데없는 일에 인생을 낭비하거나 망치기 십상이다.

74. 아흔아홉 번을 구워도 소금은 소금일 뿐!

우리나라 사람들은 유난스레 자신의 신체적 조건에 대한 부족감, 그러니까 키 · 정력 · 외모 · 건강 등에 대하여 열등감을 느끼는 듯하다. 혹여 서양인들과 접하면서 생겨난 것인지, 오래 살면서 자식의 효도를 받으려는 유학적 세계관 때문인지, 아니면 어렵던 시절에 식탐(食貪)하던 습관 때문인지는 모르겠으나 가히 병적이라 할 만하다. 아무리 많이 가져도 채워지지가 않아 끊임없이 눈을 두리번거린다. 그러다 보니 텔레비전이나 신문 · 잡지, 기타 책자 등을 통해 소개되는 건강에 관한 이야기에 지나치게 민감한 반응을 보인다. 그렇지만 온갖 방면의 전문가들이 말하는 건강 상식이라는 것이 그야말로 병 주고 약 주는 식이다. 웬만한 병은 다 자기 것 같은 생각이 든다. 결국 아는 것이 병이 된다. 이제 웬만한 질병은 의사만큼 자기도 안다고 여기게 되었다.

상식적으로 생각해 봐도 현대인들의 병은 대개가 잘 먹고 게을러서 오는 것들이다. 술 · 담배는 말할 것도 없고, 온갖 기름진 산해진미를 너무 많이 먹어서 온 병들이다. 주체할 수 없을 정도로 과잉 섭취하고, 술 · 담배로 간과 폐를 지치게 해놓고서는 다시 건강원을 찾는다. 벌어서 남 보태어 주는 방법도 참 가지가지로구나 싶다. 한 술 더 떠서 충분히 건강한데도 헬스클럽을 찾고, 그만하면 날씬한데도 살 뺀다고 만용을 부린다. 절대적으로 운동량이 부족한 현대인들이라도 그저 앉아서 기지개를 켜며 숨만 크게 자주 쉬어도 쌓인 스트레스가 풀리고, 소화도 잘되게 되어 있다. 물론 평소에 먹어

보지 못했던 색다른 음식(건강 식품)으로 모자란 영양소를 섭취하다 보면 몸이 좋아지는 경우도 있다. 바로 이순간을 놓치지 않고 그 동양의 신비한 포장지가 그것들의 가격을 잔뜩 올려놓는 것이다. 고유하고 신비하게 포장된 인스턴트 양생술·건강 식품 등이 범람하고 있다.

그 한 예로 소금에 관하여 이야기해 보자.

오늘날에야 흔하디흔한 것이 소금이지만, 예전에는 지구상의 어느 민족에게나 소금은 귀중한 것이었다. 그래서 소금에 얽힌 이야기도 참 많다. 특히 이 귀한 소금을 먼 내륙으로 옮기는 과정에서 나라마다 이솝 우화와 같은 이야기들이 많이 생겨났다. 오늘날에는 용기나 포장술이 발달되어 보관이나 운반에 어려움이 없지만 예전에는 그렇지 못하였다. 우리나라에서는 대개 가마니에 담아 지고서 마을마다 팔러 돌아다녔다. 그리고 집집에서는 그 소금을 대부분 독에 넣어 보관하였다. 일반 가정에서도 그러하였지만, 특히 깊은 산에 자리한 절 같은 곳에서는 가을 한철에 1년 먹을 양을 한꺼번에 구입해서 보관하였는데, 아무리 잘 관리를 하여도 습기에 녹아드는 것을 막지 못한다. 독에 넣어 놓으면 밑바닥에 질퍽하게 녹아 있고, 가마니 소금은 장마철이면 녹아내려 손실이 많았다.

하여 어느 날 이를 아까워하던 절간의 공양주가 한 꾀를 내었은즉, 녹은 소금을 대통에 넣어서 불 땐 아궁이 속에 세워두었더니 덩어리 소금이 되더라는 것이다. 그것을 절구에 넣고 빻아서 보관해 두었다가 나중에 원소금이 다 떨어지면 사용하였는데, 재가 섞여들어 조금 거뭇해지기는 했지만 소금이란 게 귀한 것이라 그나마 아쉬울 땐 먹기도 하고, 또 가난한 이들에게 나누어 주기도 했다.

그런데 이 소금을 얻어먹어 본, 평소 염분 섭취량이 충분치 못했던 사람들 가운데 간혹 효험을 보는 경우가 있어 중생들이 여기에 무슨 신비한 효능이 있는 것으로 여기게 된다. 예나 지금이나 절에서 하는 모든 일에는 일반 중생들이 모르는 저들만의 현묘한 지혜가 있을 것으로 지레짐작하는 습성이 있다. 중세 서양의 교회에서도 성수와 호스티아(성찬식의 빵)가 신비한 효능이 있다는 소문이 퍼져 너도나도 가져가 아픈 환자들을 위해 사용하던 때가 있었다. 나중에는 병든 소나 돼지들에게 먹이기도 했다고 한다. 어쨌거나 한국 사람들은 뭔가 비과학적이고 신비한 것을 좋아하는 습성이 매우 강하다.

소금은 아무리 높은 온도에서 아홉 번이 아니라 아흔아홉 번을 구워도 조금도 변하지 않는 소금일 뿐이라는 건 누구나가 다 아는 사실이다. 그럼에도 대나무(참나무면 더 좋을지도 모르는데?) 통 속에 넣어서 구웠기 때문에 뭔가 신비한 효능을 가지게 되었을 것이라고 믿는다. 항상 애용하는 말로 현대 과학이 제대로 밝히지 못했을 뿐이라는 것이다. 혹 사람에 따라서 죽염 속의 불순물(재나 흙)로 인해 약간의 변화(효험)를 느낄 수도 있었겠지만, 과학적으로 입증된 효과도 없을뿐더러 더 이상 입증할 것도 없다는 건 자명한 사실이다. 그런데도 사람들은 이런 일을 믿는다. 아니, 믿고 싶어한다.

75. 정령(精靈)의 결정체, 주사(朱砂)

고대인들이 신비해하며 귀하게 여긴 물질이 있었으니, 바로 황금과 주사(朱砂)라는 광물이다. 하나는 바위틈에서 노란빛으로 반짝이고, 다른 하나는 붉은빛으로 고대인들을 유혹했다. 그 중 주사는 곧 황화수은(HgS)으로 단사(丹砂)·진사(辰砂)라고도 하는데, 고대인들은 이를 약물로 복용하면 사람도 불로불사할 수 있을 것이라 믿어 다양하게 이용하였다.

고대에 인간의 인지가 조금씩 발달하면서 사람들은 피가 곧 영(靈)인 줄로 인식하게 되었다. 피를 흘리게 되면 죽게 마련이니, 당연히 그렇게 생각하였을 것이다. 한데 그 흘린 피가 어디로 가는가? 땅속으로 스며들지 않는가?

피가 정액으로 변하고, 그것이 다시 어미의 뱃속에서 태아로 자란다. 그리고 아이와 어미는 탯줄로 연결되어 있는데, 이를 자르면 피가 나온다. 해서 흔히들 우리는 가족 관계를 혈연(血緣), 즉 핏줄이라고 말한다. 피가 곧 정액, 정기(精氣), 정령(精靈)인 것이다.

당연히 고대인들은 땅속에서 발견되는 피처럼 붉은 이 진홍빛 광물을 보고는 그 흘린 피가 굳어서 만들어진 것으로 여겼을 터이다. 그렇다면 이 물질은 분명 인간의 영령과 관련이 있을 것이다. 따라서 그것을 먹으면 그 물질의 고유한 성질(죽은 자의 영령, 혹은 에너지)이 복용하는 사람에게로 전이된다고 여겼을 테다. 그러니까 주사를 정령(魄)의 결정으로 본 것이다. 하여 온갖 주술이나 치료용으로 사용하게 된 것이리라. 고대인들은 물론 현대의 일부 오지에 남아 있는 원시부족들이 주사는 물론 적철광이나 붉은색 물감을 신성시하여 얼굴이나 몸이 바르기를 즐기는 것도 그 때문일 것이다.

황금은 금속 중에서 가장 안정된 것으로, 산이나 알칼리에 잘 견디며 부식이 되지 않아 고대로부터 아주 귀하게 여겨 왔었다. 그러나 수은은 상당히 불안한 물질이다. 주사를 구우면 당연히 수은(Hg)으로 돌아간다. 그리하여 황금은 영구불변의 성질로 인해 불사(不死)를 상징하는 물질로, 주사(수은)는 그 환원성으로 인해 다시 젊어질 수 있는 영생의 물질로 인식되었다.

그리하여 수많은 도사들이 이 물질을 가지고 불사약을 만드는 일에 뛰어들었으니, 비록 불사약은 만들지 못했다 하더라도 그들이 남긴 연금술은 인류 화학사의 초석이 되었다. 또한 이러한 일들이 전혀 미신적인 것만은 아니어서 상당 부분은 직관적인 경험의 도움을 받았으니, 여러 광물들 가운데 주사(HgS)는 확실히 신경을 안정시키고 놀란 것을 가라앉히는 효능이 있으며, 자석(Fe3D4)은 어린아이의 발작병을 치료하고 부은 것을 가라앉히는 작용을 한다. 또 웅황(As2S2)은 기생충과 피부병에 효능이 있으며, 비소(As)는 벌레를 죽이고 피를 보충할 수 있으며 피부를 윤기나게 할 수도 있다. 아마도 이러한 광물류의 효능은 사람들의 상상력을 도와 선약(仙藥)을 만들도록 하였을 것이다.

주사 광석은 그 질에 따라서 주보사(珠寶砂)·경면사(鏡面砂)·두판사(豆瓣砂) 등으로 불리며, 경련·발작을 진정시키는 한약재로 쓰이는 광물질이다. 신경쇠약으로 나타나는 정신불안증과 자주 놀라고 가슴이 두근거리며 유정이 될 때에도 유효하다. 정신이 불안하고 사고가 흐트러지며, 때로는 광증을 나타내고, 절제 있게 생활하지 못하고, 희비가 순간적으로 교차하는 정신이상자에게 사용하여 진정·안신(安神)시키는 효능을 얻는다.

수은은 은빛 금속으로 상온에서는 액체처럼 흘러다녀 고대로부터 신비한 물질로 보았으나, 기실 인체에 매우 치명적인 물질이다. 수은은 특성상 자연 상태에서는 얻기 힘든 광물이다. 주사를 불태우거나 가공하는 방법으로 많이 얻는다. 그리고 모두는 아니지만 대단히 많은 종류의 원소와 쉽게 결합하는 성질이 있는데, 금속과의 합금은 아말감이라 하여 불과 수십 년 전까지만 해도 우리 주변에서 널리 사용되었다. 고급한 인주나 적색 안료로써 그림 도구로 이용되며, 또 연고로써 피부병 치료에 이용하였다.

강한 살균력으로 불과 한 세기 전까지만 하더라도 매독이나 등창 등 고약한 질병의 치료제로 널리 사용되었다. 또 중국의 역대 왕들은 얼굴을 하얗게 만들기 위해서 수은을 마시거나 얼굴에 발랐다고 한다. 이는 수은이 체내에 흡수되면 혈관에 침착되면서 혈액 공급을 방해하고 피부를 경직시키는데, 이때 일시적으로 주름이 펴져서 피부가 탱탱해진다. 고대에 수은이 화장품으로 애용되었던 것도 이러한 효과 때문이었는데, 과용한 결과는 참담했다. 여왕 엘리자

베스 1세는 수은을 너무 많이 들이마시는 바람에 피부 상태가 말이 아니었다고 한다. 그렇지만 서민들에게 수은이란 귀한 것이어서 그 대용으로 비슷한 색을 띤 주석이나 납을 많이 사용했었다.

예로부터 민간에서는 주사로 부적을 만들거나 태워서 먹기도 하였다. 또한 가열할 시 산화와 환원을 저 혼자서 반복하기 때문에 불사조를 상징하여 도교 쪽에서도 연단술의 핵심으로 사용했다. 하여 수은을 불사약으로 오인하여 마시고, 나중에 광기로 인하여 죽은 황제들도 많았다. 예전엔 우리나라 왕들도 등창이 심하면 수은으로 훈증을 하기도 했다. 아직도 일부 저개발 국가에서는 이러한 광물류의 약재를 귀하게 사용하고 있으며, 우리나라에서도 불과 얼마 전까지만 해도 단사를 한약재로 사용했으나 남용에 따른 의료 사고의 위험성 때문에 지금은 공식적으로는 사용을 금하고 있다.

어쨌든 수은은 인체에 흡수되면 신경세포를 치명적으로 망가뜨리며, 미나마타병이라고 하는 수은중독증에 걸리게 된다. 그로 인하여 몸의 이곳저곳이 마비되면서 혀 또한 마비가 와 언어장애가 생기며, 심각한 우울증까지 초래한다. 특히나 수은은 상온에서도 표면에서 기화가 일어나므로 코와 피부를 통해 인체로 흡수될 위험성이 높기 때문에 취급에 주의해야 한다.

재미있는 것은 그럼에도 불구하고 왜 주사는 한약재로써 지금도 사용되고 있는가? 그것은 수은과 주사(황화수은)의 서로 다른 성질 때문이다.

고대인들은 주사를 인간의 정령의 결정으로 믿었기 때문에 대부분의 주술사나 무당들이 불안과 공포 등, 정신질환을 앓고 있는 사람에게 이 주사를 이용한 술법들을 많이 사용했다. 얼굴이나 아픈 부위에 주사를 바르는가 하면, 부적을 그려 붙이거나 태워 마시도록 하고, 각종 단약을 만들 때에 주사를 섞기도 했다. 그러자 간혹 (자주) 병이 낫기도 했던 것이다. 예전엔 사람이 미치면 귀신이 들렸다고 믿었다. 이로 보건대 주사의 신비한 힘이 귀신을 내쫓거나 제압을 한 것이 틀림없다고 여기는 것은 어쩌면 당연한 일이었을 테다. 그러니 고대인들은 이 주사를 그토록 영험하게 여기지 않을 수 없었을 것이다.

　수은은 인체에 흡입되면 메틸알코올처럼 신경을 파괴시켜 비틀어 놓는다. 당연히 한번 망가진 신경계는 회복되지 않는다. 한데 묘하게도 황화수은은 그만큼 치명적이진 않다. 신경을 파괴시키는 대신 신경을 부드럽게 안정화시키는 작용을 한다. 더불어 강력한 살균력과 같은 독성도 없어진다. 하여 광기에 미쳐 날뛰던 환자도 이 주사를 복용하게 되면 착 가라앉아서 온순해지는 것이다.

　대신 약재로 사용할 주사는 질이 상당히 우수한 것으로, 반드시 수비(水飛) 법제한 것을 사용해야 한다. 수비란 주사를 먹처럼 곱게 갈아 물에 타면 붉은 주사는 물과 희석되어 위로 뜨고, 아직 덜 황화된 수은과 불순물인 여타 중금속은 무거워 아래로 가라앉는다. 해서 위에 뜨는 것만 고운 비단으로 걸러 사용하고, 아래로 가라앉은 것은 버린다. 어떤 금속이든 일단 산화하면 수용성이 되어 인체에 흡수 혹은 배출이 용이해진다. 수용성이어야 인체 내에서 화학 반응(이온화)하여 제 역할을 해낼 수가 있다.

간혹 수준 낮은 한의사가 제대로 수비하지 않은 저질의 주사를 섞은 환약을 수입해 팔다가 환자가 회복할 수 없는 치명적인 신경계 손상을 입는 의료 사고를 내는 것도 이 때문이다. 어쨌든 그같은 효과에도 불구하고 주사를 장기간 복용하는 것은 금물이다. 광기로 인해 미쳐 날뛰는 환자처럼 급할 때 한두 번 응급약으로 사용하고 말아야 한다. 그런 다음 다른 방법이나 안전한 대용 약재를 찾아 시간을 두고서 증상을 다스려야 한다.

주사 외에도 금속성 광물 약재는 대체로 효과가 강력하고, 즉시 나타난다. 하여 식물성 약재가 귀한 티베트나 몽고 등지에서 이런 광물성 약재를 많이 사용하는데, 대신 질이 안 좋은 재료를 사용하거나 장기간 과다 복용할 적엔 이런 치명적인 위험을 피할 수 없다. 요즘은 여행객들을 통해 이들 지역에서 특효약이라며 들어오는데, 대부분 광물질이 많이 들어 있으므로 사용할 때에는 항상 조심해서 남용하지 말아야 한다. 고대에는 약(藥)과 독(毒)이 같은 의미였다. 이는 현재도 마찬가지다.

76. 사도세자는 왜 미쳐 죽었을까?

요즈음 열리는 국제적인 스포츠 경기에선 반드시 금지 약물의 복용 여부를 테스트하고 있다. 몸을 사용하는 선수들에게 강한 체력을 지니는 것은 최고의 열망일 테다. 하여 이들 약물의 대부분은 근육강화제나 흥분제와 같은 성분들인데, 장기간 섭취하면 인체에 이상을 일으키기 때문에 적극 감시하고 있다.

가령 근육강화제의 경우 남성 호르몬 분비를 촉진시켜 여성의 남성화를 유도하는가 하면, 심장마비를 일으키는 치명적인 위험이 있다. 인체에서 가장 부드러운 기관이 심장인데, 그 심장은 근육으로 이루어져 있다. 다른 근육은 중간에 쉴 수 있지만, 이 심장 근육은 죽을 때까지 멈추지 못한다. 그러니까 근육강화제가 심장의 근육까지 강화시키다가 자칫 마비를 일으키는 것이다.

고대 도교의 수많은 도사들이 황금이나 주사(수은)를 가지고 영생불사약을 만드는 동안, 무가(武家)에서는 강한 근골과 초능력적인 힘을 지니기 위해 도사들 못지않은 노력을 기울여 온갖 단약들을 연구했었다. 더구나 목숨을 걸고 전투에 나서는 무인들로서는 강한 신체와 체력을 지닌다는 건 그만큼 생명을 지키고 공을 세울 수 있는 기회를 늘리는 것이니, 필사적으로 단약 연구에 매달리게 마련! 무협지의 대부분이 천년 묵은 산삼이나 하수오 등 공력을 몇 갑자 증진시키는 효능을 지녔다고 하는 신비한 영약을 서로들 차지하려고 싸우는 걸 주요 소재로 삼은 데는 어쩌면 이러한 일들이 그 동기가 되지 않았을까?

비단 그러한 영약이 아니더라도 근골을 튼튼하게 하는 장원단(壯

元丹) 등의 처방이 적지않았고, 또 무예를 하다 보면 다치기 일쑤여서 그 방면에 대한 치료약 연구가 일반 한의학계보다 특별난 것도 사실이다. 필자가 그동안 접해 보고, 또 직접 만들기도 해본 경험에 의하면, 무협지에 나오는 몇백 년 만에 한번 나올까말까 하는 그런 명약재들은 구경한 바 없지만, 그 방면의 웬만큼 귀한 약재들은 얼추 구경한 셈이다. 일반 한의학에서는 그다지 다루지 않는 광물이나 호랑이 앞발 뼈, 그리고 무슨 이상한 도마뱀이나 벌레 등의 별스런 약재들은 오히려 무가에서 더 귀하게 취급되는 경우도 많다.

문제는 그러한 처방들에 광물질이 거의 빠지지 않는다는 점이다. 사실 우리의 인체는 동식물로부터 얻는 온갖 영양소들로 구성되지만, 소량의 각종 금속 및 중금속도 반드시 필요한 구성 성분이다. 특히나 근골을 강하게 키우는 데에는 이들 광물질이 매우 중요하다. 대표적으로 많이 사용되는 것이 동(銅), 즉 구리다. 물론 예전에는 자연동을 사용하였으나 지금은 순동을 초산에다 부식시켜 사용한다. 그러니까 주사처럼 산화된 동을 사용하는 것이다. 물론 수은과 달리 신경세포를 손상시키거나 하는 일은 없다. 오히려 적당량이라면 인체에 순기능을 한다. 그렇지만 고대에는 제련 기술이 발달하지 못해 자연동에서 납(鑞)이나 니켈 등 다른 중금속들을 완전히 걸러내기가 어려웠을 것이다. 이러한 불순물들은 미량이라 해도 장기간 복용하다 보면 중금속 중독을 피할 수 없다.

그밖에도 중국 후한시대부터 널리 상용되어 온 오석산(五石散)이 있다. 종유석·유황·백석영·자석영·적성지라는 다섯 가지 돌가

루로 만드는데, 허약체질 개선에 도움이 된다고 전한다. 오석산을 복용하면 피부가 민감해지고 몸이 따뜻해지는데, 이를 산발(散發)이라 한다. 그렇게 산발시키지 않으면 약기운이 몸 안에 머물러 중독을 일으킨다. 하여 산발 상태를 유지하기 위해 끊임없이 돌아다녀야 했는데, 이를 두고 행산(行散)이라 하며, 요즈음에 일컫는 산책의 어원이라고도 한다. 부지런히 단련해야 하는 무예인들이 좋아할 만한 성질을 지녔다고 할 수 있겠다. 문제는 역시나 중독, 그것도 그 광물들 속에 섞인 다른 종류의 중금속에 의한 독성 때문에 장기 복용한 사람은 필시 부작용에 시달려야 했다.

짐작건대 우리의 역사 속에 등장하는 조선 영조 때의 사도세자도 오석산이나 그와 비슷한 광물성 단약에 중독되어 광기를 억제하지 못하여서 그같은 비운에 빠지지 않았나 싶다. 그는 일찍부터 무예에 관심이 많아 직접 수련을 했었고, 잠시 섭정을 할 때에는 조선의 국기인 '십팔기'를 직접 완성하여 《무예신보(武藝新譜)》까지 편찬해 놓았었다. 효종처럼 직접 무예를 익혀 상당한 수준에 이르렀는데, 어쩌면 그 과정에서 필시 그러한 광물성 단약을 상시 복용하였을는지도 모른다. 당시의 기록으로 보자면, 전형적으로 중금속 중독에 의한 광기 및 조울증세로 여겨진다. 아무튼 효종·사도세자·정조의 죽음에 독약에 의한 암살설 내지는 음모론이 따라다니는데, 유의하지 않을 수 없는 것은 쫓겨난 광해군을 포함한 이들 모두가 무예 십팔기를 만드는 일에 직접적인 관련이 있었다는 사실이다.

어쨌든 설령 그렇듯이 뛰어난 단약을 만들 수 있다 하더라도 이제는 굳이 그러한 약에 의존할 필요가 없어졌다. 과거와 달리 현대의 보통 사람이 창칼 들고 몸으로 싸우는 전투에 나갈 일이 없다. 게다가 필자의 경험으로 보건대, 설사 어떤 수련 비법이나 단약으로 특이 공능이며 남달리 강건한 근골을 만들었다 한들 현실적으로 그다지 쓸모도 없을뿐더러 무림 고수라 소문난 이들이 대체로 오래 살지 못하고 예순 전후에 생을 마치더란 사실이다.

겉으로는 강건해 보이지만, 속으로는 골병이 다 들었는데도 명색이 무예 고수라 몸이 아무리 아파도 내색조차 못하고 상당히 고통스런 말년을 보내다 간 사람들이 꽤 많다. 몸을 함부로 다루거나, 특이 공능을 수련한답시고 특정 기능만을 무리하게 사용한 까닭에 균형이 깨어진 때문이리라. 벽을 타고 다니고 공중을 날 수 있다고 한들 요즈음 세상에서 그게 무슨 소용이 있으랴! 건강하게 오래 살려면 절대 그러한 특이 공능을 탐하면 안 된다. 그 공능의 성취만큼 반드시 망가지는 부분이 있게 마련이다.

77. 중금속, 약(藥)인가 독(毒)인가?

널리 알려진 자료에 의하면, 인체는 몸무게 70킬로그램을 기준으로 물이 2/3를 차지하고, 나머지 23킬로그램은 글루시드(당분)·지방질·단백질, 그리고 한 스푼 정도의 미네랄염이라 한다. 원자로는 산소 45.5kg, 탄소 12.6kg, 수소 7.0kg, 질소 2.1kg, 칼슘 1.5kg, 인 860g, 황 300g, 칼륨 210g, 나트륨 100g, 염소 70g이며, 그외에

몇 그램의 마그네슘·철·불소·아연·구리와 몇 밀리그램의 요오드·코발트·망간·수은·크롬·셀렌·발라디움·니켈, 그리고 몇 마이크로그램 정도의 알루미늄·납·주석·티탄·취소·붕소·비소·규소·은·금 등으로 이루어져 있다고 한다. 금(金)과 희토류 등의 희귀 물질 없이는 IT산업이 불가하듯, 우리 인체도 진즉에 지구상의 온갖 물질의 대부분을 사용해 온 셈이다.

그 중 철분은 두뇌 능력의 유지에 결정적인 역할을 하는데, 부족하면 빈혈과 산소 운반 능력의 부족 및 쉽게 피로하고, 두통에 숨이 차거나 심장 기능의 약화 등을 초래한다. 다량의 비타민C는 철분 흡수를 촉진해 편두통과 고혈압·관절통·적대감, 또는 공격적인 행동을 유발하기도 한다.

칼슘은 뼈와 치아, 혈액 응고, 인슐린 분비, 산과 염기의 균형을 유지해서 신경의 정상적인 기능을 책임지는데, 부족하면 골다공증·근육 경련·불안·고혈압, 어린이라면 주의력 결핍을, 과다할 때에는 피로와 식욕 감퇴·체중 감소·불면증 등을 초래한다. 그럴 때는 마그네슘 섭취로 완화시킬 수 있다.

그리고 마그네슘은 세포의 에너지 대사에 주요 작용을 하며, 수백 가지 효소의 작용을 돕는다. 부족하면 혈압 상승과 근육통·빈뇨·변비 등을 유발하는데, 과도한 스트레스와 음주가 그 원인이 되기도 한다.

조개나 굴 등의 어패류에 풍부한 아연은 발육과 성(性) 발달에 필수적으로 성호르몬을 생산하며, 면역력 유지 및 항산화작용을 한다. 아연은 스트레스나 감염질환에 의해 소실·결핍되기도 하는데, 부족하면 거의 모든 기관에 영향을 끼쳐 피부질환이나 상처 치유의 지연, 성장 장애, 성기능 장애, 원형탈모 등을 유발한다.

크롬은 인슐린과 함께 세포에서 당 흡수와 이용에 도움을 준다. 당뇨병 예방을 돕고, 근육량을 늘리며 체지방을 낮춘다. 부족하면 인슐린 요구량을 증가시키고, 사지의 무감각 또는 저림을 유발하며, 말초신경병 및 동맥경화, 콜레스테롤 증가, 비타민C의 흡수를 방해한다.

성인 몸에 보통 20mg쯤 들어 있는 망간은 관절을 부드럽게 하는 결합 조직 효소로 작용하며, 성장기 발육 촉진과 소화 기능 향상에 도움을 준다. 모자라면 지구력 부족, 체중 감소, 천식, 이명, 청력 저하, 그리고 머리카락이 적갈색을 띠기도 한다.

알루미늄은 과다하면 알츠하이머나 파킨슨병을 초래하고, 과소하면 오히려 수은이나 납 등 다른 중금속의 체내 함유량을 늘리는 기능을 한다.

참치를 비롯한 등푸른생선에 많은 수은은 신경조직을 파괴하고 알츠하이머에도 영향을 끼치지만, 황화수은의 형태로 존재할 경우에는 인체에 해를 끼치지 않는다.

그밖에도 납이나 비소 성분이 과다할 때에는 어린이의 경우 주의력결핍증(ADHD)을 유발하며, 카드뮴 과다는 간 손상을 초래한다고 한다.

이들 금속 및 중금속 성분들은 세포의 형성은 물론 인체 내의 각종 화학반응에서 직접 혹은 촉매제 역할을 하여 각각의 세포 생존에 없어서는 안 될 필수 요소들이다. 이들로 인해 온갖 호르몬과 신경전달물질이 만들어져 소위 생명 활동이 이루어지는 것이다. 특히 이들 미네랄·금속 혹은 중금속들은 근골(筋骨) 형성에 필수적인 요소들로서, 원상태로 기능하는 것들도 있지만 대개는 산화된 상태(수용성)로 존재하여 물과 음식물을 통해 섭취 또는 흡수·배출된다.

수백 년 전의 이탈리아 의학자 파라켈수스는 아연에 명칭을 부여한 이로서, "용량이 독을 만든다"라는 유명한 말을 남겨 '독성학의 아버지'로 불리고 있다. 어떤 물질이 인체에 약이 될지 독이 될지는 그 용량에 달렸다고 주장한 것이다. 모든 물질이 높은 용량에서는 독으로 작용할 수 있지만, 적절한(때로는 아주 낮은) 용량에서는 치료제나 예방제로 작용할 수 있다는 말로서, 기실 파라켈수스 자신도 고질적인 귀의 염증을 수은으로 치료하다가 수은 중독으로 인하여 죽었노라고 전한다.

중금속 배출은 신장이 그 대부분의 역할을 하는데, 만약 그 양이 과다하면 신장 조직이 파괴된다. 신장은 약 1백만 개의 네프론으로 구성되어 있으며, 이것이 파괴되면 단백질 등의 영양소까지 걸러지지 못하고 그대로 배출하게 된다. 한번 파괴된 신장 조직은 재생이 불가능하므로 다른 어떤 장기보다도 아껴야 한다.

한국인들은 채식을 많이 하고, 또 야채에는 탄닌 성분이 많아서 이런 미네랄이며 금속·중금속의 배출이 잘된다. 따라서 어쩌면 한국인에겐 오히려 위의 여러 가지 성분들이 과해서라기보다는 부족에서 기인한 질병이 더 많지 않을까 하는 생각이 들기도 하는데, 요즘은 육식을 많이 하니 그런 걱정은 덜어도 될 듯싶다.

드물지만 한동네 혹은 한집에서 유사한 질병을 앓는 환자가 끊이지 않고 생겨날 경우, 풍수쟁이를 동원해서 양택이 어쩌니 수맥이 저쩌니 따지기 전에 먼저 우물물의 성분부터 조사해 봐야 할 것이다. 허용치를 넘는 특정 광물질이 검출되는 경우가 많아서다. 그런가 하면 한집안이나 한동네 사람들의 기골이 다른 동네 사람들과 비교해서 전체적으로 장대하거나 왜소한 경우, 그 집 혹은 그 동네의 공동 우물과 관련이 있는 예 또한 많다. 즉 그 동네 지질로 인한 우물물의 광물질 성분이 근골 성장에 영향을 끼쳤을 거라는 말이다. 이는 그 동네 사람이 다른 지방으로 이주했을 때, 그 후손들의 기골이 예전 같지 않은 데서 미루어 짐작할 수 있을 테다. 하지만 오늘날에는 한동네에 대대로 사는 경우도 드물고, 시골이라 하더라도 대개가 수돗물을 마시므로 그런 마을마다의 특징적인 현상을 찾아보기가 어렵게 되었다.

78. 인간도 흙[土]을 먹고 살아야!

한반도의 옛 유물들이나 주거 흔적들은 대부분 땅 밑에 묻혀 있다. 그러니까 웬만한 무덤이나 절터·성터가 지표면에서 불과 5,60센티미터 정도만 파면 드러난다. 천 년 혹은 이천 년 동안 흙먼지가 쌓여 뒤덮어 버린 것이다. 모두 대륙에서 날아온 황사 때문이다. 해마다 날아오는 황사가 산간 지방에서는 비에 씻겨 내려가 서해 바다의 개펄이 되고, 평지에서는 그대로 쌓여 황토층을 이루고 있다. 이 황토가 곧 비옥한 옥토가 되어 누천년 동안 조상들이 농사짓고 살며, 그 황토를 가지고 집을 짓고 독이나 그릇을 만들었다.

풀 한 포기, 나무 한 그루에 얼마나 많은 곤충이며 벌레·세균·박테리아가 기생하는지, 그리고 인간의 피부나 장 속은 물론 혈액 속에도 얼마나 많은 기생충과 세균·박테리아가 살고 있는지는 초등학생도 다 아는 상식적인 얘기다. 의학자들은 현대인들이 너무 청결해서 오히려 병이 생기는 것이라고 진단한다. 그 청결 중에 첫째가 흙을 제거하는 일이다.

필자가 어렸을 적 목장일을 했었는데, 젖소들이 우리 바깥에 있는 맨흙을 혀로 핥아먹는 걸 흔히 보았다. 미네랄이 부족해서라는 건 이미 상식적인 일이나, 과연 그 때문만일까? 모든 생물이 물이나 흙에서 태어나는데, 어찌 흙(미네랄을 제외한 순수 흙)이 인체에 아무런 소용이 없을까? 야생은 물론 심지어 동물원의 짐승들도 먹이를 먹을 때 은연중에 땅바닥의 흙을 함께 먹고 있다. 인간도 원시

적에는 그렇게 흙을 먹었을 것이다. 고구마나 감자를 물로 씻어 칼로 껍질을 벗겨먹은 지는 그리 오래지 않은 일이다.

물론 아직은 흙이 구체적으로 인체에 어떤 영향을 주는지, 또 필요한지에 대한 연구는 없다. 다만 흙 속에 있는 각종 미네랄이 필요하다고 여겨서 부족한 미네랄을 따로 섭취하고 있다. 그뿐인가? 수백 가지의 미생물이 장 속에서 인간의 진화와 더불어 수십만 년을 공생해 왔는데, 이들의 생존은 흙과 상관이 없을까? 그 미생물들이 만들어내는 각종 부산물들이 인체에 어떤 영향을 미치는지는 요즈음 들어 차츰 밝혀지고 있다. 현대의 숱한 희귀병들 가운데 일부는 어쩌면 너무 부족한 흙 섭취로 인한 이 미생물들의 예전 같지 않은 활동 때문은 아닐는지? 원시 식단으로 돌아가자는 주장에는 이 흙의 섭취에 대한 인식이 있어야 하지 않을까?

사람의 배안에 사는 장내 세균만 해도 전체적으로 1천여 종이나 되는데, 사람마다 평균 160여 종에 100조 마리를 기르고 있다 한다. 이들은 장내에 공생하며 소화를 돕고 병원균의 침입을 막아 주는 역할을 하기도 하고, 때로는 암이나 다발성경화증과 같은 질병을 일으키기도 한다.

장내 세균은 인체의 면역계를 늘 긴장케 만들어 외부에서 병원균이 들어왔을 때 즉각 대응할 수 있도록 준비시키기도 한다. 또 동물의 뇌에 영향을 미치기도 하는데, 세균이 신경세포를 자극해서 뇌 신경전달물질인 세로토닌의 분비를 증가시켜 학습 능력을 높인다는 것이다. 실제로 아일랜드 연구팀이 장내에 사는 락토바실루스 람노수스라는 세균을 생쥐에게 먹인 결과 스트레스도 덜 받고, 뇌의 신경전달물질 수용체 숫자도 늘어났다는 연구 결과도 있다. 뇌의 활동이 활발해졌다는 의미다.

이들 장내 세균의 유무 혹은 다소에 따라 그 사람의 체질이 결정된다는 보고도 있다. 아무튼 장내 세균이 적이 될지, 친구가 될지는 미묘한 '균형'에 의해 결정되는데, 스트레스나 항생제 사용 등 사람과 세균 사이의 이 균형이 깨어지는 순간 병원균이 삽시간에 수십억 마리로 증가해 병을 일으킬 수 있다는 것이다.

예전에는 위생 개념도 부족하고 생활 환경도 청결치 못해 의도하지 않게 인간도 약간의 흙을 섭취하며 살아갈 수밖에 없었다. 우물 물만 하더라도 실은 흙물이 아니던가? 그러나 지금은 모든 음식 재료를 씻고 또 씻고, 껍질 따위는 다 벗겨내 버리기 때문에 인간이 흙을 섭취할 일은 고작 먼지 흡입 정도인데, 요즘은 그마저도 공해라 하여 마스크로 철저히 차단하고들 있다. 황토가 사람의 건강에 좋다며 그를 이용한 갖은 건강 상품들을 만들어 팔면서도 그 원천인 황사를 조금이라도 들이마실까 봐서 질색을 한다. 미생물(세균)과 흙은 원천적으로 불가분의 관계인데, 과연 인간은 앞으로도 더욱 청결(?)해질 텐데 원시적 건강성을 회복할 수 있을까?

한약재로는 아궁이 바닥의 흙을 복용간(伏龍肝)이라 하여 장내 지혈제로 사용하였는데, 지금은 그런 원시적인 재료(?)를 사용할 필요까지는 없겠다. (뭐든 태운 것들은 지혈하는 기능이 있다.) 그밖에 흙이 우리 몸 안에서 특별한 기능을 하지 않는다 하더라도 적어도 장내 세균들의 생태계에 영향을 미칠 것은 분명하며, 해독 및 중화 작용을 할 것은 충분히 짐작이 갈 것이다. 옛날엔 실수로 독초나 독극물을 섭취했을 때 흙물을 마셔서 응급 처치를 하기도 했었다.

어쨌든 사람마다 소화기에 서식하는 미생물군이 다르며, 이것들이 건강에 간여하거나 약물에 더 잘 듣거나 안 듣는 등의 여러 차이를 만들어낸다고 한다. 그러니 난치병에 걸린 사람이라면 평소에 주로 먹던 음식을 원시 식단으로 바꾸고, 적당량의 흙을 섭취해서 장내 환경부터 바꿔 줄 필요가 있을 테다. 특히 직접적으로 장(腸)에 문제가 있는 사람이라면 더욱 그러하겠다.

그렇다고 해서 현실적으로 맨흙을 먹는다는 것도 여간 난감한 일이 아니다. 결국 간접적으로 섭취해야 하는데, 가령 무나 당근 등 야채의 뿌리를 대충 씻어서 껍질째로 요리를 한다든지, 우물물을 먹는다든가 하는 방법이 있다. 가장 좋은 방법은 꼬막 등의 조개류나 추어탕을 종종 먹어 주는 것인데, 이렇게 하면 어렵잖게 장에 뻘흙이 공급된다.

어디 장내뿐이겠는가?
동물은 물론 사람의 피부에도 다양한 미생물들이 생태계를 이루고 있다 한다. 그리고 그들의 역할이 근자에 조금씩 밝혀지고 있는데, 현재 몇 종의 미생물이 식물들과 마찬가지로 주변의 다른 미생물의 생장을 방해하는 물질을 생산한다는 연구 결과마저 보고된 바 있다. 하여 이들 미생물이 만드는 대사 산물을 찾는 연구가 활발히 진행되고 있기도 하다. 실제로 2018년 2월 미국 샌디에이고 캘리포니아대 연구진은, 건강한 피부에 살고 있는 '스타필로코코스 에피더미디스'라는 세균이 만들어내는 물질이 일부 암의 성장을 저해한다는 사실을 확인하였다고 밝혔다.

자연(전원)에서 산다는 것은 그만큼 흙과 가깝게 지낸다는 의미이다. 특히 자라나는 어린이들은 되도록 흙장난을 자주 해서 필요한 미생물들을 많이 확보할 수 있어야 한다. 장이든 피부든! 아무튼 세균이니 중금속 오염이니 하면서 지나치게 호들갑 떨 것 없다는 말이다. 제아무리 청결하다 해도 그 전에 장기 가운데 어느 하나가 수명을 다하면 다같이 흙먼지로 돌아가게 마련인 것이다.

79. 세탁기의 보급과 하이타이, 그리고 아토피

요즈음 수돗물은 과거에 비하면 깨끗하다 못해 차라리 증류수에 가까운 수준이랄 수 있다. 세균도 거의가 살균되었다. 하지만 결벽증에 걸린 인간들은 그것도 모자라서 그 수돗물을 다시 정수기로 걸러 끓여먹는다. 현대 도시인들은 옛사람들에 비하면 거의 무균인간이라 할 수 있을 것이다. 실험실의 무균돼지처럼 말이다.

그런 만큼 과연 인간은 예전보다 훨씬 더 병 없이 살고 있는가?

물론 세균 감염으로 인한 질병은 많이 줄어들었다. 피부병도 많이 줄었다. 대신 과거에는 듣지도 보지도 못한 희귀한 신종 질병들이 계속해서 생겨나고 있다.

전 세계적으로 유행하고 있고, 도무지 치료가 쉽지 않는 아토피만 하더라도 그렇다. 과거에는 한센병이 아니고는 이렇게 지독한 피부병은 없었다. 대표적인 면역성 질환으로 알려진 아토피! 이게 도대체 언제 어디서 온 병인가? 전문가들도 그 원인을 놓고 의견만 분분할 뿐 확실하게 정리된 주장이 없다. 단지 대기오염이나 생활 속에서 접하는 화학물질, 즉 환경 호르몬에 의한 면역력 저하에서 기인한 것으로 짐작할 뿐이다. 그러니까 현대화병? 마땅한 치료약도 없어 민간 처방이나 대체의학을 총동원해도 뾰족한 수가 없는 실정이다. 문제는 이 질병이 나날이 증가하고 있다는 것이다. 그것도 어린아이들로부터. 당사자나 그 가족들의 고통은 이루 말할 수 없고, 또 그것이 오래, 평생을 갈 수도 있어 심각성만 더하여 갈 뿐이다.

그래서 새집에 들어가지 마라. 친환경 자재로 집을 꾸며라. 대기오염이 심한 대도시를 벗어나 시골에 가서 살아라. 인스턴트 식품을 피하고, 조금 비싸더라도 가급적이면 유기농 식품을 먹어라. 플라스틱 등 화학물질로 만든 식기를 피하라고 의사들은 조언한다. 하지만 환자가 줄어들기는커녕 점점 늘어나고 있다. 이제는 아기를 낳아도 미숙아나 기형아만 아니면 안심하기에 이르다. 이 아토피도 없어야만 온전한 아기를 낳았다고 할 수 있을 정도에 이를 만큼 만연되어 있기 때문이다. 이대로라면 반세기를 넘기기도 전에 거의 모든 아이들이 이 아토피에서 벗어날 수 없게 될 것이다.

많은 아토피 환아들의 부모가 일단 도시에서 벗어나 공기 좋은 전원 생활을 찾아가거나 그러고 싶어한다. 아토피의 주된 원인을 도시 공해와 생활 속의 화학제품이라고 여겨 친자연적이고 친환경적인 것을 찾고들 있다. 이렇게 전 세계적으로 아토피 투어를 하는 가족이 수백만에 이른다고 한다. 시골로, 산으로, 바닷가로…, 어쨌든 도회지를 벗어나 증세가 호전될 만한 곳으로 끊임없이 옮겨다녀 보는 것이다.

한데 대도시를 벗어나 시골로 내려가면 아토피가 나을까? 그렇지 않다! 요즘은 지방도시 시골 학교 할 것 없이 아토피로 고생하는 어린이들이 적지않다. 심지어 청정의 섬으로 소문난 제주도에도 아토피 환자들이 수두룩하다. 물론 치료 효과를 기대하고 대도시에서 이주한 아토피 환자들도 있지만, 원래 제주도민 중에도 아토피 환자들이 적지않다. 하여 더 멀리 뉴질랜드나 호주ㆍ캐나다 등지로 이민 가는 환자 가족들이 줄을 잇고 있다.

아토피는 세균성 질병이 아니다.
필자는 아토피의 가장 중요한 병인으로 식수를 꼽는다. 돌이켜 보면 이 땅에 '아토피'라는 생소한 이름의 질병이 생겨나게 된 시기가 공교롭게도 세탁기의 보급과 일치한다. 우리네 가정에서 비누 이외의 세정제가 쓰이기 시작한 시기가 본격적으로 세탁기가 보급되면서부터인 것이다.

우리나라 최초의 합성세제는 1966년 4월에 출시된 락희화학공업사의 '하이타이'와 '뉴힛트'다. 이전의 일반 가정들에서는 비누와 치약의 사용이 그 전부랄 수 있었다. 그리고 최초의 가정용 국산 세탁기는 1969년에 금성사가 생산한 '백조'다. 1970년대 중반에 이르러 대한전선·신일산업·삼성전자·한일전기 등이 세탁기를 생산하기 시작했고, 1980년대 중반부터는 삼성전자·엘지전자·대우전자 사이에 세탁기 경쟁이 치열하게 전개되었다. 하여 1975년에는 1%에 불과하던 세탁기의 보급률이 1985년에는 25%를, 1993년에는 91%를 기록했다.

이들 세탁기는 1970년 한강맨션아파트를 시작으로 반포와 여의도·잠실 등 한강 주변에 대규모 아파트 단지가 들어서면서부터 본격적으로 보급되기 시작했다. 당시 서울시의 수돗물 취수구는 영등포·노량진·잠실·뚝섬 등지였다. 그 시절에는 생활하수를 정화해야 한다는 인식조차 없었다.

필자가 생전 듣도 보도 못한 아토피라는 말을 처음으로 들었던 곳도 1970년대 중반 잠실에 새로이 들어선 아파트에 사는 친척집에서였다. 그때만 해도 한센병으로 오해받지 않을까 싶어서 쉬쉬하며 감췄다.

한강 주변에 아파트 숲이 들어서고, 세탁기가 집집마다에 보급되었다. 그리고 하이타이를 비롯한 각종 세정제들의 수요가 폭발하면서, 샴푸며 퐁퐁·수퍼타이 등 이름도 다 들먹이지 못할 정도의 수

천 가지 세제들이 쉴새없이 생활하수에 녹아 강으로 모여들기 시작했다. 지금은 대한민국의 첩첩 산골짜기에까지 세탁기가 보급되지 않은 곳이 없고, 산간 오지의 구멍가게에도 각종 세제들이 잔뜩 쌓여 있다.

우리나라의 강은 진즉에 하수도로 전락해 버렸다.

가정에서뿐만이 아니라 각종 공장이며 업소들에서도 끊임없이 온갖 세제를 하수구로 흘려보내고 있다. 게다가 먹다 남은 약은 물론 중금속투성이인 화장품도 결국은 강물로 모여든다. 각종 소독제·첨가제·농약·제초제 등도 모두 녹아서 강으로 간다. 자연 상태에서는 결코 존재할 수 없는 물질들이다.

흙이나 더러운 이물질들을 걸러내는 것은 어렵지 않다. 하지만 물에 녹아든 화학물질들은 물로부터 분리해낼 수가 없다. 왜냐하면 이것들은 모두 수용성이기 때문이다. 제아무리 정화 기술이 발달한 나라라고 해도 수돗물을 완전히 정화하기란 불가능하다. 만약 그러려면 정수장은 거대한 화학공장이 되어야 할 것이며, 물값이 오일보다 훨씬 비싸질 것이다. 그럴 거면 차라리 증류수나 지하생수를 사 먹고 말 일이다.

이 수돗물, 아니 강물을 먹고서도 아직 아토피에 걸리지 않은 아이들은 그야말로 행운인 셈이다. 하지만 그것도 잠시 다음 세대에서는 누구도 결코 그러한 행운을 기대하기란 어려울 것이다.

시골로 이주한 아토피 환자 중에서도 누구는 낫고 누구는 전혀 호전되지 않는 이유가 바로 이 수돗물에 달려 있다. 요즘은 전국 대부분의 시골에도 지하수가 아닌 수돗물이 공급되고 있다. 아무리 공기가 맑고 환경 호르몬이 적은 시골에 친환경 재료로 집을 짓고 살아도 먹는 물이 수돗물이라면 결코 그곳에서 구원을 받을 수가 없다. 반드시 지하수나 우물물을 사용하는 마을로 가야 한다. (제주도는 화산 지형의 특징상 빗물도 금방 땅 밑으로 스며들어 버린다. 하여 큰 호수나 강이 없어 지하수를 퍼올려 수돗물로 공급한다. 문제는 밭이나 과수원에서 농약을 많이 사용하는데, 이것들까지도 빗물과 함께 곧장 지하수로 녹아 들어가 버린다는 점이다. 따라서 제주도라면 그 취수공의 위치가 매우 중요하다 하겠다. 일반 암반이라면 빗물이 통과하는 데 1미터에 대략 1년가량 걸린다고 한다. 그러니 100미터 지하 암반수라면 최소한 100년 전에 내린 빗물일 테다.)

　아토피 환자는 일단 수돗물을 먹지 말아야 한다.
　그리고 심한 경우에는 목욕물까지도 수돗물은 피해야 한다. 부모의 직장이나 아이들의 학교 문제로 그나마 시골로 옮아갈 수 없거나, 그럴 만한 경제적 여유가 없는 경우라 할지라도 먼저 아이가 먹는 식수만큼은 생수로 바꾸어 줘야 한다. 형편이 어려우면 주변의 약수나 우물물을 길어다가 먹으면 된다. 비위생적이라는 호사스런 생각일랑은 아예 버려야 할 것이다. 특별하게 주변 환경이 나빠서 중금속으로 오염되지 않은 물이라면 식수로 사용해도 무방하다. 대장균이 걱정되면 끓이면 된다.

일단 그렇게 먹는 물부터 바꿔 놓고 난 다음, 주변 생활 속의 화학물질들을 하나씩 제거해 나가면서 친자연적인 것들로 바꾸어 가면 된다. 다시 강조하지만 아토피는 바깥 물질이 피부와 접해서 생긴 질병이 아니라, 몸속에서의 화학 반응에 의해 생긴 질환이다. 피부에 연고 바른다고 나을 수 있는 병이 아니다. 원인 물질이 몸으로 흡수되는 것을 막지 않으면 고칠 수 없는 병이다. 그 원인 물질은 공기 중에도 있어 호흡을 통해서, 또 일부는 가공 식품의 각종 첨가제와 포장지를 통해서 흡수되기도 하지만, 가장 직접적인 것은 식수를 통해서 몸 안으로 들어오는 것이다. 아토피 환자는 비누나 세제를 절대로 사용하지 말아야 한다. 그냥 맹물(생활하수에 오염되지 않은 지하수, 우물물, 계곡물)로 세수하고 목욕하면 된다. 한 세기 전만 해도 우리 모두가 그렇게 살았다.

물론 오염된 식수가 아토피만의 원인이겠는가? 아마도 면역계 이상으로 생긴 질병의 상당 부분도 먹는 물과 관련이 깊을 것이다. 해결책은 지금의 강물은 대충 걸러서 중수도로 사용하고, 각 동네 계곡마다에 크고 작은 수원지를 만들어서 생활하수로 오염되지 않은 물로 상수도를 만들어야 한다.

그렇다고 해서 멀쩡한 사람들까지 지레 겁을 먹고서 수돗물을 기피할 까닭은 없겠다. 사람의 체질이 다 같지는 않으니 말이다. 단 임신중인 주부는 다른 것들도 주의하거나 기피할 것이 많겠지만, 예방 차원에서 식수도 잘 선택해야 할 필요가 있다. 또 아이가 태어나면 유아기부터 상태를 잘 관찰하여 조기에 이러한 조치를 취하는 것이 상책이다.

필자는 언젠가 형편이 되면, 아토피로 고생하는 학생과 학부모를 위한 기숙형 대안학교를 운영해 보았으면 하는 바람을 가지고 있다. 청정 지역 약수로 유명한 고장에서라면 더없이 좋을 것이다. 원래 산 좋고 물 좋은 나라이니, 찾아보면 전국 각지에 꽤 여러 곳이 나올 듯하다. 교육부는 지자체와 협력하여 이러한 조건에 맞는 시골의 폐교를 골라 아토피학교로 운영하면 좋을 듯싶다. 필요하면 아토피 치료에 도움이 되는 우물을 별도로 만들 수도 있다. 그럴 경우 필자가 가진 작은 재주를 보탤 수도 있겠다.

혹여 이 글을 읽고서, 캐나다나 뉴질랜드 등으로 이주해 아토피가 낫거나 호전된 사람들이 그곳에서도 수돗물을 마시는데 왜 낫지하고 항변할 수도 있을 테다. 아무렴! 하지만 그런 곳은 워낙 수원이 풍부한데다가 인구도 많지 않아서 호수나 강이 한국처럼 생활하수로 오염되려면 몇천 년은 더 걸릴 것이다. 그러니 그곳 상수원은 한국의 웬만한 지하수보다 덜 오염되었다고 해도 과언이 아니니 이런 걱정할 필요가 없겠다.

80. 자연이 주는 최고의 항생제, 껍질

껍데기는 가라?

요즘 사람들은 과일이나 곡식의 껍질을 먹으면 죽는 줄 알고 있다. 곡식이든 과일이든 껍질을 벗겨먹는 것을 당연한 일로 여긴다. 그런데 조금만 되돌려서 생각해 보면 인간이 그 껍질을 모조리 내다 버린 지는 불과 백 년도 채 되지 않는다.

한국인의 주식은 쌀인데, 물론 겉껍질은 벗겨내고 먹지만 지금처럼 흰쌀을 먹기 시작한 것은 20세기 들어 정미소가 들어서면서부터였다. 그 전에는 물론 1950년대까지만 해도 시골 집집마다 방아로 벼의 겉껍질만 벗겨내고 밥을 해먹었다. 다시 말해, 현미를 먹었다는 말이다. 당연히 밀은 통밀을 먹었고, 보리 등 다른 곡식도 하나같이 속껍질이 있는 그대로 밥을 해먹었다. 정미소가 전국 곳곳에 생기고서 지금처럼 보드라운 속살로만 만들어진 밥을 먹게 된 것이다. 이제 와서 다시 옛날처럼 현미·통밀·통보리로 밥을 해주면 껄끄럽다며 아무도 먹으려 들지 않을 것이다.

곡식만 그랬던가? 과일이나 웬만한 야채들도 당연히 껍질째로, 잔뿌리나 잔가지들을 버리지 않고 대충 그냥 통째로들 먹었다.

현대의 질병 가운데 많은 것들이 어쩌면 이런 식습관에서 기인한다고 볼 수도 있지 않을까? 물론 그것들을 안 먹는다고 해서 당장에 병을 얻는 것이 아니라, 그로 인한 여러 가지 결핍이 병에 대한 저항력을 약하게 하지는 않았을까? 무슨 말인가 하면, 이 곡식이나 과일·야채의 껍질이나 뿌리, 그리고 잔가지 등에는 지구상의 모든 동물에게 필요한 성분들이 많이 있는데, 인간은 그걸 버림으로써 병에 대한 저항력과 여러 기능이 떨어졌을 거라는 말이다.

자, 이치적으로 생각해 보자. 모든 식물은 자신의 종을 보전하기 위해 씨앗을 남기는데, 이 씨앗을 보호하기 위해 그 껍질을 딱딱하게 만들 뿐 아니라, 다른 벌레나 세균들이 침범하지 못하도록 껍질로 밀봉시키는 것은 물론 그 껍질에다 온갖 보호물질(독)을 분비해서 발라 놓는다. 가령 어떤 과일이든 상처 없이 깨끗하게 남아 있으면 시들지언정 여간해서 썩지 않는다. 즉 세균이 침입하지 못한다는 말이다. 하여 벌레라고 해서 아무 과일이나 씨앗의 껍질을 뚫고 들어갈 수도 없다. 반드시 그에 맞게 진화된 특정 벌레들만이 특정 과일을 갉아먹을 수가 있다. 그렇지만 어느 한 곳에 상처라도 나게 되면 즉시로 세균들이 침입해서 썩기 시작한다.

그만큼 모든 식물들은 자신과 그 씨앗을 보호하기 위해 특히 껍질에 여러 가지 대항물질을 만들어 저장시킨다. 특히 열매가 아직 나무에 매달려 있을 경우에 상처를 입게 되면, 그곳으로 여러 가지 보호물질을 보내고 분비시켜 빨리 상처가 아물게 한다. 해서 비록 상처를 입었어도 여간해서 썩지 않는다. 따라서 바로 그 부위는 다른 곳보다 대항물질이 훨씬 더 많이 함유되어 있을 수밖에 없다. 그런데 인간들은 그런 과일이나 야채 · 곡식은 상품성이 떨어진다고 여겨 골라내서 버리거나 짐승들에게 줘버린다. 사실 그 상처받은 것이 인간이나 짐승에겐 더 유익할 수 있는데도 말이다. 그러니까 좋은 것은 짐승에게 주고, 인간은 그저 맛 좋고 부드러운 속살만 먹는다는 말이다. 영양 불균형의 시작이다.

밤이며 잣 등 아주 못 먹을 겉껍질을 제외하고, 사과나 고구마 등의 껍질을 벗겨서 버리거나 상처가 났다고 안 먹고 내다 버리는 짐승은 없다. 우리 인간도 불과 백 년 전까지만 해도 웬만한 껍질과 흠이 있는 과일과 곡식을 그대로 다 먹었다. 원시시대에는 지금의 짐승과 다를 바 없이 흙 묻은 채로 먹었을 것이다. 수억 년 동안 우리의 몸은 그런 상태에서 진화해 왔다. 그런데 그 내다 버린 껍질 성분들이 부족해지기 시작하면서 온갖 희귀한 질병들이 생겨나고, 저항력도 급격히 떨어져서 약 없이는 못 사는 동물이 되어가고 있는 건 아닌지? 그렇다면 지구상에서 가장 어리석은 종자가 바로 인간이 아닌가?

체리가 관절염에 좋다는 연구 보고가 있었다. 그밖에 블루베리며 건포도·아몬드 등등도 갖가지 성분이 있어 몸에 좋다고 보고되면서 권장되고 있다. 왜일까? 많은 학자들은 그 열매의 빛깔과 연관이 있을 것으로 짐작하기도 한다. 물론 그 과즙이나 씨에 그런 성분이 있을 것이다.

한데 재미있는 사실은 몸에 좋다는 그런 대부분의 과일이나 견과류들은 껍질째로 먹어야 한다는 점이다. 체리를 예로 들면 그와 비슷한 빛깔을 지닌 열매들이 많다. 그런데도 체리의 효능은 뛰어나다. 만약 체리가 조금 더 커서 인간들이 사과처럼 껍질을 깎아내고 속살만 먹는다면? 포도나 블루베리로 주스나 술을 만들 적에 수고스럽지만 그 껍질을 제거하고 속의 과즙만으로 만들면? 당연히 맛이 더 달콤하고 부드러울 것이다. 하지만 그 몸에 좋다는 약효는 떨어지거나 없어질 것임이 분명하다.

초근목피! 초목의 뿌리와 껍질! 때로는 광물성 약재나 곤충·양서류 등의 동물성도 사용하지만, 대부분의 한약재는 초근목피다. 식물들의 뿌리와 줄기·잎·열매·씨앗·꽃, 그리고 그것들에 기생하는 버섯 등이 그것들이다. 특히 껍질을 약재로 가장 많이 사용하는데, 그 중 뿌리껍질은 대부분 주요 보약재로 취급되고 있다. 흙속의 수많은 미생물과 벌레들이 식물의 뿌리에 특히 많이 기생해서 살고 있는데, 그들로부터 자신을 보호해야 하니 식물로서는 그 뿌리껍질에 방어적인 강한 독성과 면역 성분을 함유시켜 놓지 않을 수가 없는 것이다. 그 독성을 동물이나 인간이 약성으로 섭취하는 것이다. 줄기나 씨앗도 실은 그 껍질에서 약효 성분을 거의 다 얻고 있다. 해서 심(芯)을 제거하는 약재는 많아도 그 껍질을 제거하는 한약재는 그다지 많지 않다.

열매나 알뿌리는 인간의 모자란 영양분을 보충하는 데 많이 쓰이고, 잎이나 껍질들은 인체 기능의 정상적인 관리 능력을 향상시키는 데 주로 쓰인다. 쌀이나 밀·고구마·감자·콩·밤 등, 곡식을 통해 탄수화물 위주의 에너지원을 주로 섭취하고, 사과나 배, 야채나 나물, 차 등을 통해서는 비타민 등의 몸의 기능 관리에 필요한 영양소들을 많이 섭취한다.

필자는 무예인이다 보니 질병보다 건신과 섭생에 흥미가 많아 음식이나 한약재 중에서도 그런 쪽에 관심이 쏠린다. 해서 평소 한약재들로서 건강에 좋은 차를 즐겨 달여먹는데, 이때 사용되는 재료들이 대부분 뿌리 혹은 뿌리껍질, 그리고 열매 위주의 약재들이다.

잎이나 꽃 약재는 대개 어떤 특별한 증상에 쓰이는 것으로 일반적인 보양재로는 별로 사용치 않는다.

결국 음식 재료든 한약 재료든 껍질에 약효 성분이 많으니 가능하면 껍질을 버리지 말고 먹기를 권한다. 가령 파뿌리가 감기에 좋으니 생강과 함께 달여먹으라는 민간 처방이 있다. 그러자 사람들은 파의 진짜 뿌리는 더럽다고 잘라내 버리고 몸통의 아랫부분만 달이니 약효가 있을 리 없다. 물론 껍질이라고 해서 다 좋은 건 아니다. 이를테면 생강 껍질은 설사와 복통을 유발하므로 반드시 벗기고 사용해야 한다.

껍질을 먹기 거북한 음식 재료를 손질할 땐 버리는 껍질만 따로 말려서 모아두었다가 탕약처럼 육수를 내어 유효 성분만 우려내는 것도 살림의 지혜라 하겠다. 예컨대 양파 껍질이나 파뿌리, 배추 뿌리, 더덕이나 도라지 껍질 등등! 모두 훌륭한 약재들이다. 농약을 겁내는 사람들이 있는데, 요즘은 예전과 달리 그렇게 독성이 강한 농약은 사용하지 않는다. 대부분 수용성이어서 비에 씻겨 나가거나 햇볕에 산화되어 버린다. 그걸 다시 한 번 씻게 되면 껍질에 잔류하는 농약 성분은 거의 다 제거된다. 하여 농약의 해로움보다 껍질의 이로움이 더 많다.

동물이든 인간이든 원시 야생의 상태에서는 피부의 위생 상태가 말이 아니다. 더러운 웅덩이나 진흙 속에 뒹구는 짐승들이지만 의외로 피부가 강하고, 상처가 나도 빨리 아문다. 그만큼 피부의 면역

력이 강하다. 짐승들은 먹이의 껍질을 벗기고 먹지 않는다. 마찬가
지로 아토피 등 피부 질환을 앓고 있는 사람도 식물의 껍질에서 방
어물질을 섭취하면 크게 도움이 될 것은 자명한 이치겠다. 그러니
당장 현미, 속껍질을 함께 먹는 잡곡, 껍질 먹는 과실, 그리고 뿌리
들로 식단을 바꾸는 것부터 시작하기를 권한다.

왜 자연산인가?
좋은 환경에서 보호받고 자라는 식물은 싱겁다. 약초든 우리가
매일 먹는 채소나 과일이든 자연산은 분명 재배한 것보다 맛과 향
이 진하다. 모든 식물은 자연 상태에서 곁에 다른 종과 섞여서 자랄
때 더 많은 자기 방어물질을 만들어낸다고 한다. 인간의 보살핌을
받으며 자기들끼리만 모여서 자라면 타종족과의 경쟁을 하지 않는
바람에 다른 식물 성장의 방해물질이나 해충에 대한 방어물질을 굳
이 열심히 만들 필요가 없기 때문이다. 그 방어물질의 독성이 곧 약
이 된다. 약이 되지 않을 경우에는 독초니 독버섯이니 하며 기피했
다. 하여 자연산의 약효가 양식산보다 3~5배가량 차이가 나는 것
이다. 그러니 상처 많은 야채를 천시할 이유가 없겠다.

사과 껍질에 비만을 억제하는 성분이 들어 있다는 연구 결과가
있다.
미국 아이오와대학교 당뇨병연구소의 크리스토퍼 애덤스 박사는
사과 껍질에 들어 있는 우르솔산이 칼로리 연소 기능을 지닌 인간
의 두 조직인 근육과 갈색 지방의 양을 증가시켜 비만을 억제한다
는 사실을 쥐 실험을 통해 알아냈다고 한다. 고지방 먹이를 주어 대

사증후군이 발생한 비만 쥐들에게 우르솔산을 먹인 결과 골격근과 갈색 지방이 증가하면서 비만·대사증후군·지방간이 줄어들었다고 애덤스 박사는 밝혔다.

또 영국 옥스퍼드대학교의 아담 브리그 교수팀은, 매일 사과를 먹는 사람과 콜레스테롤 저하제인 '스타틴'을 복용하는 사람들에게서 나타나는 효과를 수학적 모델을 이용해 분석한 결과, 사과 섭취가 콜레스테롤을 낮추는 효과가 있음을 확인했다고 밝혔다.

그런가 하면 땅콩의 속껍질에 함유된 천연물인 '루테올린'이 다이어트에 도움이 된다는 연구도 있다. 이 루테올린은 땅콩 껍질뿐만이 아니라 과일과 파슬리·샐러리 등에도 많이 들어 있는 플라보노이드 성분으로 항암과 항염증 효과가 있다고 알려져 있다.

이외에도 견과류를 먹으면 세로토닌 분비를 증가시킨다는 연구 결과도 많이 나왔다.

해서 서양에선 '하루에 사과 한 알이면 의사를 멀리하게 된다'는 속설이 있다. 하지만 그 말은 한국인들에겐 맞지 않는다. 왜냐하면 서양인들과 달리 한국인들은 사과나 배의 껍질을 벗기고 먹기 때문이다. 그러니 껍질이 얇아 통째로 먹기 좋은 사과나 배를 재배하였으면 좋겠다.

81. 아무도 모르는 병, 냉상(冷傷)!

오래전에 해군특수전단에 무예시범을 보이러 갔다가 들은 얘기다. 제대한 대원들의 상당수가 수년내 중풍으로 반신불수가 되거나 사망하는 경우가 많단다. 비슷한 얘기를 공수부대 장교들에게서도 들은 적이 있다. 누구보다 신체 건장한 사람들이 왜? 아이러니하게도 바로 그 남다른 건장함 때문에 겪게 되는 불행이다.

한국 프로야구가 결성된 초창기 MBC청룡팀이 최고의 성적으로 승승장구하던 어느 해 겨울, TV 뉴스에 선수들이 단체로 강원도 태백산 계곡의 얼음물에 맨몸을 담그는 극기 훈련을 하는 장면이 나오기에 필자가 혀를 찬 적이 있다. 아니나 다를까, 다음해부터 MBC청룡은 우승을 못해 보고 내리막길을 걷다가 결국 팀이 다른 기업에 팔리고 말았다. 그런가 하면 다시 몇 년 후 한국의 조성민 선수가 일본 자이언츠에서 크게 명성을 날리던 그해 겨울, 혼자 귀국해 소백산 골짜기에서 역시 얼음물에 몸을 담그는 극기 훈련을 하는 장면이 TV에 나왔었다. 역시나 다음해부터 일본에서 성적이 자꾸 떨어지더니 결국 쫓겨 들어오고 말았다.

이같이 몸을 차게 해서는 당장은 눈에 띄는 증상을 못 느끼지만 왠지 몸이 완전하게 풀리지 않아 이전과 같이 백 프로 능력을 발휘하지 못하다가 차츰 쇠퇴의 길을 걷는 선수들이 의외로 많다. 간혹 허약한 사람들이 남들 따라 얼음물에 들어갔다가 고환이 냉상에 걸려 성기능 저하 또는 성불구가 되어 아이조차 못 낳는 경우도 있다.

한겨울에 바다 수영이나 얼음물에 몸을 담그는 건 여성에게도 치명적이다. 특히 아랫배가 차서 냉(冷)이 있는 여성은 이후 임신은 포기해야 한다. 임신하는 족족 유산이다. 어떤 경우에도 얼음물에 들어가 극기 훈련하는 것은 미련한 짓이다. 요즘도 겨울이면 TV에서 무술인들이나 연예인들이 겨울철 얼음 계곡물에 몸을 담그고서 누가 더 오래 버티는가를 겨루는가 하면, 겨울 바다에 뛰어드는 장면을 무슨 축제인 양 보여주는데 용감한 건 기특하지만 안타깝기 짝이 없는 만용이다.

그런가 하면 또 어떤 친구는 아주 만능 스포츠맨인데, 어느 날부터 몸이 아파 말을 안 듣는다고 해서 이 병원 저 병원 다 다녀 보았지만 그 원인은 물론 병명조차 찾아내지 못했다고 한다. 몸이 아파 아무것도 할 수가 없는데, 정작 병원에선 아무 이상이 없다고 하니 본인으로선 더더욱 미칠 지경이란다. 자초지종을 들어 보니, 그는 수상 스키에 미쳐 수년간을 거의 한강에서 살다시피 했단다. 짐작대로 냉병(冷病)이다. (제 몸 온도보다) 찬물에서 오래 놀다 보니 조금씩 조금씩 차가운 기운 때문에 근육이 딱딱해지고, 기혈의 순환이 느려져 온몸이 옥죄는 듯한 아픔 때문이다. 다행히 불가마 한증막에서 필자를 만나 상담한지라 몸이 다 풀릴 때까지 두세 달 아예 그곳에서 살면서 몸을 굽되 다시는 찬물에 들어가지 말라고 주문한 적이 있다.

위에서 말한 특전사나 공수부대원 출신들은 오랫동안 차가운 물속에서 훈련을 많이 한다. 따라서 여름이든 겨울이든 일단 물에 들어갔다 나오거나 겨울 혹한기에 눈밭에 굴렀으면 무조건 한증막에 들어가 몸을 구워 냉(冷)을 쳐내야 한다. 훈련일지라도 맨몸으로 만용을 부리는 짓은 절대 삼가야 한다. 운동선수들의 동계 훈련은 이왕이면 따뜻한 곳에서 해야 한다.

모 대학의 아무개 교수는 무단히 요가 명상에 심취하여서 지나치게 열심을 부려 수련하다가 이상한 병에 걸리고 말았다. 도무지 엉덩이가 아파서 앉지를 못한단다. 밥 먹을 때나 강의를 할 때나 책을 보고 일을 할 때에도 서서 해야 하고, 잠은 엎어져 자야 한단다. 친구의 소개로 필자를 찾아왔을 때는 이미 2년여나 되었는데, 그동안 여러 대학병원들을 다니며 온갖 검사를 다하고 갖가지 재주를 지닌 온갖 도사들이 다 만져 보았지만 역시나 원인도 병명도 모르겠다 하더란다. 너무 힘이 들어 마침내 학교도 쉬어야 할 지경에까지 이르렀건만 주변에선 꾀병이 아니라면 무병(巫病)이라는 말까지 들어야 했다. 짐작 가는 바가 있어 매일 30분씩 필자가 직접 붙들고 기공 체조를 시켰더니 채 한 달도 안 돼서 나았다. 엉덩이 살도 별로 없는 사람이 요가 도사를 따라 차가운 바닥에 가부좌 틀고 앉았다가 그만 엉덩이 부근의 혈이 막혔던 것이다. 남 따라 너무 열심히 수련한 업보다. 해서 골반을 풀어 주는 회춘공 서너 개를 골라 집중적으로 연습시켜 풀어 주었더랬다.

지금도 히말라야 산을 찾거나 국내 깊은 산골짜기에 바위 하나씩 차지하고 가부좌 틀고 앉아 수련하는 무리들이 적지않은데, 건장하고 젊은 친구들이야 그냥 넘어가지만 몸이 차거나 약골인 친구들은 재수 없으면 이런 꼴 당하기 십상이다. 당장은 불편이 없는 이들 중에도 나중에 나이가 들어 기운이 떨어지면 그 후유증이 나타나기도 한다. 물론 그렇다고 한들 설마 그 원인이 젊었을 때의 미련한 단련 때문임은 짐작도 못하고, 오히려 옛날처럼 열심히 수련을 안해서 그런 줄로 알 테지만!

또 어느 날엔 건장해 보이는 장년이 허리가 아프다며 찾아왔다. 병원도 많이 다녀 봤지만 아무 데도 잘못된 곳이 없다는데, 정작 본인은 허리가 아파서 견디기 힘들단다. 해서 이런저런 건강원을 다니며 도사들의 기치료며 추나요법도 받아 보았지만 도무지 차도가 없단다. 무엇보다 그 전에는 남보다 건강했었는데 왜 이러는지 모르겠다며 답답해했다. 해서 필자가 허리가 지금처럼 아프기 전후를 잘 생각해 보라며, 언젠가 차가운 바닥이나 돌과 같은 곳에 누워서 잠이라도 잔 적은 없느냐고 물었다. 잠시 갸우뚱하더니 "아차!" 하며 그런 기억을 떠올렸다. 하여 허리 찜질하는 법과 풀어 주는 도인 체조 몇 동작을 가르쳐 주고 돌려보낸 적이 있다.

일반적으로 사람들은 동상(凍傷)은 잘 알지만, 냉상(冷傷)에 대해서는 잘 모르고 있다. 사전에도 실려 있지 않는 용어로서, 필자가 지어낸 말이다. 의사는 물론 한의사들조차도 처음 듣는 소리라며 고개를 흔든다. 당연히 위와 같은 증세를 이해도 못하고, 병명도 지어내지 못한다.

간혹 공원이나 야외에 나가 보면, 찬 돌이나 시멘트로 만든 긴 벤치 등에 잠든 어린이를 뉘어 놓은 부모들을 볼 때가 있다. 또는 술에 취해 찬 콘크리트 바닥 같은 곳에서 잠들어 있는 사람들도 보게 되는데, 건강 측면에서 보면 안타깝기 짝이 없는 일이다. 사람은 어떤 일이 있더라도 찬 곳에 오래 신체를 접촉시키는 것은 절대적으로 금해야 한다.

어린이 천식과 비염의 중요한 원인 가운데 하나는 바로 이처럼 아이를 찬 곳에서 오래 잠들어 있도록 방치하는 것이다. 태어날 적엔 멀쩡했는데 어느 때부터 감기를 달고 살게 되거나 천식에 걸려 고생하고 있는 아이의 부모들은 그저 약해서, 감기 때문이거나 혹은 주변 공기가 안 좋아서 그런 것으로 알지만, 실제로는 이 냉상(冷傷)에 의한 기혈 순환 장애로 인한 경우가 대부분이다. 특히 차가운 곳에 반듯하게 오래 누워 있으면 등에 냉상이 드는데, 이는 폐에 치명적이어서 호흡기 장애에 시달리게 된다. 흔한 말로 허파(실은 등)에 바람이 들었다고 생각하면 된다.

필자 역시 젊은 시절의 어느 해 무더운 여름, 창고에서 일을 하다가 차가운 바닥에 등을 대고서 쉬다가 깜박하고 잠이 들어 등에 냉상을 입어 20년 가까이 고생을 하고 있다. 비염과 함께 등의 서늘한 기운 때문에 상체를 떠는 '틱'까지 생겨서 고생이 많았다. 물론 처음에는 감기 정도로 알고 대수롭지 않게 수년을 보냈었다. 하여 지금은 등이 조금만 뻐근해도 잘 때 등(폐유혈)찜질을 해버릇한다.

체질적으로 살이 많고 몸이 더운 양(陽)에 속하는 사람들은 이에 대한 피해가 심하지 않지만, 음(陰)의 체질을 타고난 사람이나 허약한 사람들은 가벼운 냉(冷)에도 피해를 보기 일쑤다. 특히 늙은 사람들은 여름날 차가운 방이나 마루에 누웠다가 뇌졸중을 일으켜 중풍을 앓거나 급사하는 일이 흔하다. 또한 책상 위의 차가운 유리에 얼굴을 대고 잠들었다가 구안와사가 나타나 안면이 틀어져 고생하는 학생들도 더러 있다. 공원의 찬 벤치나 지하도의 차가운 시멘트 바닥에서 노숙하는 이들의 대부분이 이 냉상을 입어, 신체의 전반적인 감각이 둔해지고 의식마저 몽롱해져서 삶에 대한 의지가 차츰 사라져 회복 불능의 나락으로 떨어지게 되는 것이다. 거기까지 간 사람은 절대 정상적인 생활로 돌아가지 못한다.

냉상은 동상처럼 신체의 일부가 썩어 나가지는 않지만, 그 기능이 현격히 떨어져서 정상적으로 돌이키는 데 엄청난 노력이 필요하다. 안으로는 좋은 약으로 몸을 덥히면서 기혈의 순환을 원활하게 해주어야 하며, 밖으로는 뜨거운 한증막에서 오랫동안 몸을 쪄내야 어느 정도 풀어낼 수 있다. 그렇지만 대부분의 사람들이나 의사들도 이 냉상에 대한 인식이 없기 때문에 치료에 대한 뾰족한 방법을 찾지 못하고 있다.

요즘은 그런 이들을 거의 찾아볼 수가 없지만, 예전엔 냉수마찰이 건강에 좋다고 알려져 한겨울에도 찬물에 적신 수건으로 몸을 닦는 사람들이 많았다. 그런 이들의 특징은 평소 건강한데다가 추위를 별로 타지 않는 더운 체질을 가졌다. 냉수마찰을 한 덕분에 얼굴은 물론 피부가 불그스레한데, 그게 건강의 상징인 줄 알고들 자랑도 하고, 또 다른 이들은 그를 부러워했었다. 한데 이들의 대부분이 60세도 되기 전에 뇌졸중으로 사망하였다.

다들 심장은 타고날 때 크게 가지고 나와 활기차게 박동하는데, 이미 피부 밑 실핏줄들에는 냉상이 걸려 기혈의 흐름이 더디기 짝이 없어졌다. 그래서 불그스레하게 보이는 것이다. 차가운 냉수마찰 때문에 실핏줄까지 굳어 탄력성을 상실해 버린 것이다. 해서 과음이나 과식을 하거나 체했을 때 순간적으로 올라가는 혈압을 완충적으로 흡수해 주지 못하자 그 압력이 곧장 제일 약한 뇌의 실핏줄을 터뜨리는 것이다. 뇌 외의 피부 실핏줄이야 터져도 그다지 큰 문제가 되진 않는다.

요즘도 군에서는 동계 훈련으로 웃통 벗고 눈밭을 뒹굴고, 냉수마찰을 하고, 얼음물에 몰아넣어 극기 훈련을 시키는데 이를 하루빨리 금지시켜야 한다. 반드시 보온 수단을 강구한 다음에 그런 훈련을 해야 한다. 아무튼 냉수마찰은 자해 행위이다.

그런가 하면 한국 사람들은 골프라면 환장을 한다. 골프를 쳐보지 못한 필자가 그 맛을 알 리 없겠지만, 문제는 나이가 들어서 늙은 사람들까지 골프라면 사족을 못 쓴다는 데 있다. 그렇다 해도 각자의 취미 생활이니 무어라 참견할 바는 아니다. 다만 그 골프 때문에 상당히 많은 사람들이 제 명대로 다 살지 못하고 가는 것을 자주 본 터라 한마디 보탠다. 제발 겨울에는 골프를 치지 말라고! 잔디가 푸르를 적에 치는 것이지 누런 잔디에서 치는 것은 아니라고! 정히

치고 싶으면 동남아로 나가서 치라고!

　뇌졸중을 '바람 맞았다' 하여 예전에는 중풍(中風)이라 일컬었다. 뇌출혈·뇌경색 때문에 오는 반신불수나 급사를 말한다. 한겨울 들판에 나가 차가운 바람을 잔뜩 맞으면 심한 경우에는 골프장에서, 아니면 돌아오는 길에, 혹은 마치고 사우나하고 육고기로 과식한 뒤 소파에서 술 한잔 마시며 텔레비전 보고 쉬다가, 혹은 그날 밤 자다가 '윽!' 하고 혈압이 쭉 올라가 뇌출혈이나 뇌경색으로 쓰러지기 예사다. 대개가 골프장 밖에서 생긴 일이니 골프가 직접적인 발병 원인이라곤 생각지 않는다.

　등산중에는 심장마비가 많고, 골프 치다가는 뇌졸중에 많이 걸린다. 겨울 산행도 물론 겨울 골프만큼 뇌졸중 위험이 있긴 하지만, 다행히 등산을 갈 때에는 두툼하게 보온을 챙긴다. 반면에 골프는 복장이 간편해야 공을 잘 칠 수 있다. 해서 잔뜩 바람(찬 기운)을 맞는 것이다. 겨울에는 따뜻한 곳에서 부드러운 운동을 해야 한다.

　건신(健身)과 양생에 관심이 많다 보니, 필자도 관상쟁이처럼 웬만한 사람은 척 보고도 대충 그 건강 상태가 짐작이 간다. 오래전에 필자가 알고 지내는 사장님이 있었다. 친구 좋아하고 술을 좋아해서 항상 얼굴이 불그스레 화색(?)이 도는 분이었는데, 워낙 건장하고 씩씩해서 주말마다 친구들과 더불어 강원도 산들을 제집 뜰처럼 훑고 다녔다. 어느 날 필자가 그분더러 병원에 가서 건강 진단을 좀 받아 보라고 권하였더니 무슨 소리냐며 펄쩍 뛰며 끄떡없으니 걱정말란다. 그러더니 3년도 지나기 전에 중풍으로 쓰러져서 누웠다가 조금 더 살다가 갔다.

요즘은 국민 대부분이 의료보험 때문에 의무적으로 건강 검진을 받고 있기는 하지만, 건강에 자신이 넘치는 사람들은 여전히 위의 사장님처럼 과신하다가 졸지에 당하는 사람들이 꽤 많다. 이런 사람들은 남들보다 크고 튼튼한 심장을 지니고 있어 건강하게 살지만, 그 덕분에 오히려 몸을 차게 다루어서 혈관이 빨리 경직, 노화되고 만다. 물론 심장도 그에 맞춰 기력이 떨어져 주면 큰 사고가 없지만, 이미 태어날 때부터 큰 마력을 지닌 심장은 여전히 힘 좋게 품어대는 바람에 아차 하는 순간 뇌 속의 실핏줄이 그 압력을 감당하지 못하고 터져 버리는 것이다.

'골골 육십'이라는 말이 이제 이해가 갈 것이다. 요즘은 '골골 구십'이다. 타고난 체질이 허약해서 추위를 많이 타는 바람에 평소 몸을 따뜻하게 감싸는 습관을 들인 사람이 건장한 신체를 가지고 태어난 사람보다 오래 사는 이유가 여기에 있다. 아, 물론 건장한 사람이 몸까지 따뜻하게 관리를 잘하면 능히 백 살까지도 살 수 있을 테다. 차가운 환경에서 작업을 하는 사람은 필시 찜질방이나 한증막을 찾아 몸을 구워서 굳은 혈관을 풀어 주는 습관을 들이는 것이 좋다. 그리고 보면 한국의 찜질방 덕분에 한국인의 평균 수명이 10년은 늘어나지 않았을까 싶다. 늙으면 골골하게 사는 것이 장수의 지혜다.

아무튼 사람마다 체질과 근기가 다르다. 아무리 좋다는 약도 어떤 이에게는 독이 될 수도 있는 법이다. 무작정 남 따라 하다간 몸 다 망가지는 수가 있다. 돈 받고 파는 양생술이나 건강 상품에는 반드시 무지와 몽매를 이용한 과장과 속임수가 있게 마련이니 잘 살펴야 한다. 고작 간단한 체조 동작 하나 가르쳐 주면서 노자·장자는 물론 부처님의 깨달음에다 인도철학적 우주관까지, 세상에 널려 있는 온갖 고매한 미사여구를 보이는 대로 다 끌어다붙인다. 말 그대로라면 고작 그 돈으로 누구나 부처가 되고, 만병통치 불로장생의 신선이 되고도 남을 테다. 한국인들은 귀가 얇아 감언이설에 잘 넘어간다. 별것 아닌 것을 별것인 양 요상하게 포장하는 요망한 짓을 잘하고, 그리고 거기에 잘 속는다. 그러고 보면 대한민국은 아직도 한참 미개한 나라다.

82. 협심증과 심장마비를 부르는 운동, 직업

여러 스포츠 중 골프가 협심증 내지는 심장마비를 일으키기에 딱 좋은 자세다. 골프채를 잡으려면 두 팔을 뻗고 두 손을 모아야 하는데, 이때 저절로 어깨까지 움츠려져 가슴을 압박하게 된다.

심장마비 내지는 협심증을 많이 일으키는 직종이 바로 치과다. 좁은 구강에 갖은 기구들을 가지고 작업하다 보니 절로 가슴을 오므리게 되고, 힘이 들어가 흉부의 모든 근육을 응축 긴장시키기 때문이다. 해서 역시 자다가 심장마비로 사망하는 치과의사가 많다.

헬스클럽에서 근육 운동을 하다가 심장마비로 사망하는 사람이 많은데, 근육강화제를 복용하거나 육식을 많이 하기 때문이기도 하지만 근육을 강화시키는 몇몇 동작들이 치명적으로 심장에 해롭다. 특히 앞가슴 근육을 뚜렷하게 만드는 버트플라이 기구가 문제다. 바깥에서 안으로 당겨 모으는 바람에 심장 주변의 가슴 근육을 응축 긴장시켜 협심증을 가져오기에 딱 좋은 자세다. 게다가 보디빌더들은 근육이 풀어지는 몸풀기 체조를 절대로 하지 않는다.

전통적인 도인 체조법은 긴장을 풀되 동작을 활달하게 바깥으로 쭉쭉 늘이는 동작으로 구성되어 있다. 앞쪽 가슴 안으로 잡아당겨 응축시키는 동작은 절대 없다. 만약 그런 동작이 있다면 그 도인법은 하급이라 보면 틀림없다. 그런가 하면 시중에는 선가 체조 어쩌고 하는 이름을 붙여 보급하는데, 문제는 전혀 호흡법도 모르고 모양새만 요상한 체조 동작으로 그럴듯하게 만든 것들이 대부분이다. 그런 건 도인 체조가 아니라 그냥 보건 체조일 뿐이다. 그나마도 운동을 안하는 것보다는 낫지만 기대한 만큼 도인 효과는 반도 못 거둔다.

호신술 권법 중에도 그처럼 심장에 무리가 가는 종목이 있는데, 바로 이소룡이 만든 절권도(絶拳道)가 그러한 경향이 강하다. 실전에선 상당히 효과적인 동작 원리이지만, 그러기 위해서는 가슴과 겨드랑이를 꽉꽉 조여붙여 끊어쳐야 한다. 이런 동작이 심장을 무척 압박한다. 아무튼 이소룡 자신도 영화를 위해서 화려한 상체 근육을 만들었다. 그 정도의 근육을 만들려면 엄청나게 많은 버트플라이 단련을 했을 것이다. 그 때문인지 그 자신부터 심장마비로 죽고 말았다.

시계 수리, 보석 세공 등 움츠리고 작업하는 일에 종사하는 사람은 항상 협심증과 심장마비에 조심해야 한다. 작업하는 중간은 물론 마치고 나면 반드시 심호흡과 함께 가슴을 펴주는 간단한 체조로 심장과 위장에 쌓인 스트레스를 풀어 주는 습관을 들여야 한다.

자동차 트렁크에 사용하지도 않는 50kg짜리 어떤 물건을 싣고 다닌다고 치자. 그게 돌덩이일 수도 있고, 흙자루나 물통일 수도 있다. 마찬가지로 뱃살이 많은 사람이 헬스클럽을 다녀 근육 운동을 해서 몸짱을 만들었다고 치자. 결국 필요 없는 짐을 싣고 다니기는 매한가지가 아닌가? 돌이든 흙이든, 살이든 근육이든, 지방이든 단백질이든 그 무게만큼 연료가 더 들어가고, 모든 부품의 마모도 늘어나 수명이 단축될 것은 뻔한 이치! 자동차든 사람이든 가벼워야 오래간다. 한창 젊은 시절 제멋에 취해 몸에 웅장한 근육을 달고 다니는 건 귀엽게 봐줄 만하지만, 살아가는 데 아무 도움도 안 되는 단백질 덩어리를 평생 지고 다니는 건 어리석은 일이겠다. 노쇠해가면서 명태처럼 말라가는 사람은 장수할 가능성이 높다. 반대로 고등어처럼 살이 찌면 마르기 전에 썩고 만다.

조금 다른 이야기이지만, 요즈음 절이나 교회에 가면 신앙심을 증명이라도 해야 하는 듯 지나치게 신체적인 고행을 강요하는 듯하다. 부처님상 앞에서 백팔 배는 기본이고 일천 배, 이천 배를 시킬 때도 있다. 강요한 건 아니라고 하지만 조장한 건 사실일 터이다.

　그렇게 신체에 고통을 가하는 동안 분비된 도파민 효과에 길들여
지면 마라톤과 마찬가지로 중독이 되어 다음에도 그 정도까지는 해
야 제대로 기도한 것 같은 만족감이 들고, 신(神)이 우선적으로 제
소원을 들어줄 거라는 안도감이 들겠다. 도파민에 의한 황홀감이
신(神)에게 보다 가까이 다가갔다는 자기 만족을 하게 만들지만, 기
실 자기 학대를 통한 자기 기만에 다름 아니다. 신앙심에 무슨 등급
이 있다던가? 결국은 무릎·허리 다 망가진다. 부처님께 절 많이 한
다고 깨달음에 빨리 이르는 것은 아니다. 마음을 열고 안팎을 편하
게 바라봐야 한다.

　기독교인들이 기도하는 자세 역시 지나치게 가슴을 쥐어짜는 모
양새이다. 마치 죄인처럼 무릎을 꿇고, 머리를 숙이고, 어깨를 움
츠리고, 두 손 꽉 부여잡고, 가슴을 졸이는 자세로 장시간 기도하는
사람들이 많은데, 이는 기혈의 순환과 호흡을 방해하는 자세이다.
자신을 낮추고 공손한 건 좋지만, 그걸 굳이 몸자세로 표현할 필요
는 없지 않나 싶다. 가슴을 펴고 당당한 자세로 기도했으면 싶다.

　어디 육신만 그러할까? 실제로 살아가는 데 아무 소용 없는 지식
들을 잔뜩 주워담고 다니는 것 또한 그와 다를 바 없다. 특히나 선
입견이나 편견은 비곗덩어리에 비할 만한 것들이다. 수행의 궁극적
인 목적도 이 육신과 영혼의 비곗덩어리를 제거하는 일이 아니겠는
가? 버리지 못하면 진리도 없다. 해탈도 없다. 해탈이란 육신을 버

리는 것이다.

83. 최고의 건강 도우미, '팥서방'

건강용품점에 가면 갖가지 찜질용 팩을 수입해서 팔고 있다. 목 덜미에 걸치기 좋은 모양으로 만들었는데, 굳이 그런 제품이 아니 어도 집에서 간단하게 만들어 쓰면 된다. 안 쓰는 천이나 헌 수건을 반으로 접어서 꿰매어 자루를 만들고, 그 속에 팥을 2kg쯤 넣어 베 개를 만든다. 그 팥자루를 전자레인지에다 4~5분 정도 돌리면 엄 청 뜨끈뜨끈해진다(너무 돌리면 타니까 화재 조심!). 이걸로 아프고 결리는 신체 부위를 찜질하면 더없이 좋다.

밖에서 바람 맞고 들어오면 목덜미에, 무릎이 아픈 사람은 무릎 에, 아랫배가 찬 사람은 아랫배에, 허리 아픈 사람은 허리에, 심지 어 배탈이 난 사람은 배에, 코가 막히는 사람은 얼굴에, 두통이 심 하면 머리에…, 그야말로 만능이다. 체했을 적엔 명치의 반대쪽 등 부위에 대어 찜질해 주면 웬만한 건 다 풀린다. 폐렴이나 감기·천 식이 심한 사람은 등쪽의 양 견갑골 사이 폐유혈(肺兪穴) 부위에 팥 서방을 대어 깔고 자면 크게 완화된다. 식으면 다시 2~3분쯤 전자 레인지에 돌려 기혈이 안 통하거나 근육이 뭉친 곳에 대고 잠을 자 면 된다. 이불 속에서는 2~3시간 따뜻하게 열기가 지속된다.

물로 만든 찜질기나 다른 증명되지 않은 광석 같은 걸로 만든 비싼 제품을 구태여 살 필요가 없다. 더구나 이렇게 팥으로 베개를 만들면 신체의 어느 부위든 마음대로 얹거나 갖다대어 부분 찜질이 더없이 용이하다.

그러면 콩이나 녹두 같은 곡물도 있는데 왜 굳이 팥이어야 하느냐는 사람들도 있겠다. 아무렴 다른 곡물들도 다 실험해 보았지만 팥이 최고다. 다른 콩들은 몇 번 사용하고 나면 두 쪽으로 쪼개지는데 비해 팥은 그러지 않아 반영구적으로 사용할 수가 있고, 냄새도 나지 않는다. 먹을 것도 아니니 굳이 비싼 국산 팥이 아니어도 된다. 2~3년쯤 사용하다가 지겨워지면 버리고, 새로 만들면 되겠다.

여성의 경우 한번 팥자루 찜질에 맛들이면 그것 없이는 못살 정도가 된다. 해서 필자가 팥서방이라 이름 붙였다. 서방 없이는 잘 수 있어도 팥서방 없이는 못 잔다고. 집집마다 팥서방 한둘 들여다 놓으면 약방 감기약과 신경통약 및 파스류 판매부터 반토막나고, 의료보험비 내는 게 억울해질 것이다.

84. 침뜸 대신 샤워뜸을!

어렸을 적에 놀다가 무릎이 많이 까져 본 사람은 무릎관절이 남보다 튼튼하다. 무릎 상처가 아물 날이 없을 만큼 돌아다녀 그 부분이 유달리 발달된 때문도 있지만, 그 지속적인 무릎 상처의 복구를 위해 무릎 쪽으로 면역물질을 배달하느라 기혈이 몰리는 덕분에 덩달아 영양물질도 많이 공급되어서 다른 부위에 비해 상대적으로 더 잘 발달된 것이다.

길을 가다가 혹은 일이나 운동을 하다가 삐끗하는 일이 자주 있다. 허리·목·무릎·발목 등 관절이 아프거나 근육통으로 고통을 겪는 일도 종종 겪는 일이다. 대부분 하루이틀 그냥 둬도 낫지만 계속해서 아프다면 결국 치료를 받는데, 이 경우 한국인들은 병원보다 먼저 한의원에 들러 침이나 뜸 치료를 받는 예가 많은 것 같다. 낮에 그런 일을 당한 사람들 대부분이 하룻밤 지내 보고 그래도 아프면 병원이나 한의원을 찾는데, 그러기 전에 집에서 스스로 물리치료를 해보는 것도 괜찮을 것이다.

이런 경우 처치법은 증세에 따라 크게 두 가지로 분류할 수 있겠다. 아픈 부위가 퉁퉁 부어 열이 나는 경우에는 차가운 얼음찜질을 해야 하고, 그러지 않고 불편한 경우에는 뜨거운 찜질로 기혈을 소통시켜 주면 된다. 만약 부은 것이 빨리 가라앉지 않으면 당연히 병원을 찾아야겠다. 고통이 웬만한데다가 병원이나 한의원을 찾을 틈이 나지 않을 경우 집에서 간단하게 침이나 뜸을 대신할 수 있는 처치법이 있다.

필자는 평생 무예를 익히고, 또 책 등 무거운 것을 들 때가 많아 자주 허리를 삐거나 어깨 등에 근육이 상하는 일을 자주 겪는다. 게다가 젊은 시절 무리하게 몸을 사용한 부위들이 나이가 들자 신경통으로 나타나 계단을 오르내릴 때 무릎이 움찔움찔 주저앉을 때가 많다. 특히 겨울이면 더 심하다. 웬만하면 참고 파스 정도 붙이는 것으로 치료를 대신하는데, 주변에 재주를 지닌 친구들이 많아 통증클리닉이며 지압·사혈·침·뜸·스포츠 마사지 등 다 받아 보았지만 그때뿐, 이미 망가진 것을 임시 수리하고 윤활유 조금 더 발라 사용하는 처지라 근본적으로 원상 복귀는 불가능하다. 그렇다고 허구한 날 치료받으러 다니기도 그렇고 해서 결국 그에 상응할 만한 처치법을 독자적으로 터득해 관리할 수밖에 없었다.

요즘은 누구나 가정에서 침뜸을 대신할 수 있는 것이 있다. 바로 샤워기다. 저녁에 샤워를 할 때, 참을 수 있을 정도의 뜨거운 물로 허리나 무릎 등 아픈 부위를 1~2분 정도 찜질해 준다. 그 부위가 빨갛게 될 때까지! 그리고 자고 나면 대부분 통증이 없어진다.

기록을 보면 고대 선비족들이 불에 달군 작은 돌멩이를 아픈 부위에 얹어 통증을 치료했다고 한다. 아마도 뜸의 시작이었을 것이다. 지금도 티베트 등지에서 상용하고 있지만, 예전의 침은 대개 좁은 칼이나 송곳에 가까운 강침으로 다친 부위를 푹 찔러 고여 있던 죽은피를 뽑아냈었다. 오늘날의 실처럼 가는 침들은 근자에 일본인들이 개발한 것이다.

침이든 뜸이든 아무튼 인체는 상처가 나서 방어막이 뚫리면 모든 방어물질과 복구물질을 집중시킨다. 따라서 다친 부위를 그대로 두는 것보다 그 위에 침을 찌르거나 뜸을 떠서 그 부위에 상처를 내주는 것이 방어 기능의 활성화를 배가시킬 수 있다. 그러니까 백(魄)

에다가 긴급 상황을 실제보다 부풀려 SOS를 계속해서 보내는 것이다. 그렇지만 계속 침뜸 치료를 받고 있을 수도 없으니 어찌하면 좋은가? 이럴 때에는 침보다 뜸이 효과적이다. 왜냐하면 침은 뽑고 나면 그만이지만, 뜸은 약간의 상처가 남는다. 그 상처가 완전 복구될 때까지 긴급 상황이 지속되어 치료물질이 집중 배달될 수밖에 없으니 뜸으로 생긴 상처를 당분간 그대로 유지하는 것도 괜찮다.

　뜨거운 샤워기의 실 같은 물길이 흡사 수십 개의 침이나 뜸과 같은 효과를 내는 것이다. 더구나 이 샤워뜸은 언제든 혼자서 할 수가 있어 더없이 편하다. 아주 중증이 아니라면 효과 만점이다. 필자는 이 샤워찜을 예방 차원에서 잘 이용하고 있다. 굳이 아픈 곳이 없더라도 습관적으로 목이며 허리 · 팔꿈치 · 엉덩이 · 무릎 · 발목을 차례로 20~30초씩 뜨겁게 찜질한 후에 샤워를 마친다. 이때 염려되는 부위를 좀 더 많이 찜질해 주면 된다. 많이 걷거나 노동을 좀 심하게 한 날엔 이렇게 샤워찜을 해주면 병원이나 한의원 갈 일이 많이 줄어든다.

85. 경기(驚氣)와 간질(癎疾)

　흔히 우리는 감정의 상태를 표현하는 말로 '희로애락(喜怒哀樂)'이라는 용어를 대표적으로 많이 사용한다. 한데 가장 중요한 한 가지가 빠져 있다. 바로 '놀람'과 그로 인한 '두려움(공포)'이다. 이게 없다면 인간은 분명 지금까지 종을 이어오지 못했을 것이다. 왜냐하면 놀람과 두려움은 생존에 가장 필수적인 요소이기 때문이다. 여기서부터 '조심'과 '경계' '절제'의 학습이 본격적으로 시작된다.

놀람은 태어나자마자 배우기 시작하는데, 대체로 감각의 체험을 통해 배우게 된다. 그 중에서도 촉각과 청각에서 오는 경우가 많다. 뭔가에 의해 찔리거나 상처를 입었을 때, 그리고 천둥·벽력 등 큰 소리에서 많이 놀란다. 그외에 시각이나 상상에 의해 놀라는 것으로는 경험의 축적과 문명화 교육에 의한 놀람이 있다. 가령 TV에서 끔찍한 사고 장면을 보고 놀라는 건 실제 자신에게 위험이 없지만 자라면서 이미 그렇게 교육되어 선입견이 생겼기 때문이다.

인간이 자궁에서 나오는 순간 급격한 환경의 변화에 놀란다. 물속에서 공기 속으로 나와 호흡을 하고, 어둠의 동굴(심연)에서 빛의 세계로 빠져나오고, 사람들이 만지는 손에 의해 촉각이 깨어나고, 주변의 음성과 소음, 다시 제 울음소리에 놀라는 등. 한꺼번에 겪게 되는 이런 최초의 충격적인 놀람은 무의식중이지만 모두 혼백(魂魄)에 기억되어 아이의 성장과 성격 형성, 그리하여 일생의 삶에 영향을 끼치게 된다.

옛 태교에도 임신하게 되면 조심해야 할 것 중 가장 중시하는 것이 바로 심리적 안정이다. 다른 금기 사항들도 결국은 이를 위한 것이다. 사람은 감정의 상태에 따라 갖가지 호르몬을 분비하게 되는데, 이것이 만약 임신중에 장기간 지속되면 태반을 통해 태아에게 조금씩 영향을 미치지 않을 수 없기 때문이겠다.

필자가 정신질환을 앓고 있는 아이들을 관찰해 본 결과 발병의 원인에 어떤 공통점이 보이고, 또 그것들 대부분이 부모들의 무지에서임을 알 수 있었다. 물론 부모들은 그런 걸 배운 적도 없기 때문에 자신들의 과오란 걸 인정하기를 꺼리지만!

대개 간질을 앓고 있는 아이의 부모들을 살펴보면 아버지가 군인이거나 운동선수 혹은 술주정이 심한 경우가 많다. 그리고 부부 싸움을 격하게 자주 벌이는 경우, 부모 중 한 사람 혹은 같이 사는 가족 중 목소리가 지나치게 큰 경우 등등. 그러니까 아이가 그 조심성 없는 행동과 폭언에 놀라 일찍부터 경기(驚氣)를 하고, 그것이 반복적으로 지속되어 뇌세포 1차 혹은 2,3차 성장 단계에서 간질로 발전한 것이다. 이게 간질병의 표준적인 발병 원인이리라고 필자는 감히 짐작한다.

이렇게 얘기해 주면 어떤 부모들은 자기들은 부부 싸움을 한 적도 없고 모두가 얌전한데 아이가 왜 그러느냐고 반문한다. 주변 사람의 큰 소리에 놀라기도 하지만, 다른 원인으로 놀랄 경우도 많다. 내동댕이쳐지거나, 찬물이나 뜨거운 물에 담겨지거나, 천둥소리며 기차나 불자동차 지나가는 소리, 혼자서 집에 있다가 문득 무서워 놀라기도 하는 등 아이가 놀랄 일은 주변에 널려 있다. 부모들이 부지불식간에 저지르는 실수 가운데 하나는, 아이가 누워 있는 방문을 갑자기 '꽝!' 하고 닫는 바람에 자다가 깜짝 놀라서 자지러지는 경우이다. 이런 걸 대수롭지 않게 여기는 부모들이 대부분이다.

물론 대부분의 아이들은 그때마다 깜짝 놀라 울고 나면 그만이다. 하지만 심약한 아이는 그렇지 못하다. 그리고 건강한 아이라 하더라도 그런 일이 지속적으로 반복된다면 결코 대수로운 일로 그치지 않는다. 군인이나 체육인 등 신체가 건장하고 목소리가 우렁찬 아버지들은 당연히 제 아이도 자기를 닮아 건장한 체질을 물려받았을 거라는 섣부른 생각을 가지고 있어 육아에 조심성이 부족해 본의 아니게 위해를 끼치는 경우가 많다. 이런 사람들은 또 심약한 자식을 자기처럼 강하게 키운다며 큰 소리로 말하거나, 신체적인 억압을 가한다거나, 담력을 길러야 한다며 공포스런 체험을 강요하거나, 먹기 싫어하는 음식을 강제로 먹이거나, 내키지 않는 일을 강제하거나, 대범하지 못하다며 꾸짖기를 서슴지 않는 경우도 많다.

야생의 상태에서 동물들이 가장 놀라고 두려워하는 것이 천둥·번개다. 인간 역시 마찬가지여서 문명(문화)의 본질이 바로 이 무서운 하늘님을 달래는 데에 있다고 해도 과언이 아니다. 과학문명이 이처럼 발달한 현대에도 기실 이 보이지 않는 하늘님〔神〕을 찾아 태양계 너머로까지 우주선을 보내어 우주를 뒤지고 있는 중일 테다.

그렇게 놀람과 공포가 급작스럽게 덮치면 그 충격에 혼(魂)과 백(魄)이 서로 어찌할 줄을 몰라 혼비백산, 얼이 빠지고 넋이 나가 버린다. 그렇게 백(魄)에까지 각인이 되어 버리면, 나중에 혼(魂)이 상황을 파악하고 괜찮다고 아무리 설득을 해도 백(魄)이 믿지 않고 즉각 반발한다. 심장과 간에 치명적이다.

어떤 충격적인 일에 놀라게 되고, 다시 그 공포심이 사라지지 않고 장기간 지속되면 두뇌의 담당하는 부위(편도체)가 비정상적으로 발달하게 마련이다. 그러다가 1,2,3차 성장 단계에서 생기는 스트레스로 인한 과도한 중압감이 그 부분을 비정상적으로 자극해 어떤 비정상적인 경로를 통해 (정상적이라면 절대 그래서는 안 되는) 엉뚱한 곳(뇌줄기, 뇌간 등)으로 터져 나가는 사고가 일어난다. 마치 잠잠하던 화산이 일시에 폭발하듯! 홍수에 강둑의 가장 허약한 부분이 터진 것처럼!

그러니까 과도한 전압으로 인해 신경 회로의 어느 부위가 합선으로 스파크를 일으킨 것이리라. 이에 감전된 대뇌가 통제 불능의 상태에 빠지고, 일시에 분출된 엄청난 양의 신경 임펄스가 중뇌나 척수로 쏟아져 들어감으로써 전신 발작을 일으킨 것이겠다. 한번 발작이 일어나면 그 전압이 완전히 소진되어 맥이 다 빠져야 붙었던 회로가 떨어져 나가 안정을 되찾는데, 문제는 이 사고가 계속해서 반복된다는 것이다. 한번 터진 둑이 보수되지 못하고 비만 오면 범람을 하는 꼴이다.

이를 방지(치료)하려면 우선 스트레스(놀람, 두려움, 걱정)를 줄여야겠지만, 일단 발병하고 나면 그것만으로는 근본적인 치료가 쉽지 않다. 다음으로 혼(魂)과 백(魄)을 분리시켜 서로의 접촉을 막아 합선으로 인한 방전을 차단시킨 다음 망가진 신경 회로의 피막을 복구시켜야 한다. 필자의 경험으론 일단 혼백(魂魄)만 격리시켜 놓으면 발작을 못하고, 다시 그 상태가 서너 달 지속되면 생체의 자기 복원력 덕분에 벗겨진 피복이 자연스레 복구되는 것으로 짐작된다.

간질도 발작 증세에 따라 두 가지로 구분한다. 놀람에서 온 것과 두려움에서 온 것의 증상이 차이가 나는데, 아마도 중뇌 쪽으로 터졌을 때와 뇌간으로 터졌을 때의 차이일 것이다. 신경안정제로는 발작 증세만을 누그러뜨릴 수 있을 뿐, 주기적으로 일어나는 발작을 근본적으로 막아내지는 못한다. 다만 그 증상이 경미한 경우에는 신경을 안정시키는 것만으로 스트레스를 많이 받는 성장기〔雨期〕를 잘 넘기면 저절로 피막이 복구되기도 한다.

아무튼 태교든 육아든 가장 명심해야 할 것이 놀람과 공포로부터 아이를 지켜 주는 것이다. 천둥·벼락이 치는 밤에 아이를 혼자 있게 내버려두는 건 위험천만한 일이다. 반드시 감싸안아 보호하고, 놀라지 않게 달래어 줘야 한다. 아무리 화가 나는 일이 있어도 아이 앞에서는 절대 과격한 행동을 하지 말아야 한다. 이미 튼튼한 심장과 큰 신장을 가지고 태어나 백(魄)이 강한 아이는 경기(驚氣) 걱정 없이 무탈하게 잘 자란다. 하여 예로부터 도가(道家)에서는 아이가 태어나자마자 신장과 심장을 편하게 다스리는 처방으로 경기를 예방했다.

근자에는 대마초 재배를 허용하는 나라가 늘고 있어 마약에서 해금될 날도 머지않은 것 같다. 대마를 이용한 치료제 개발도 활발해지고 있다. 대마초는 예로부터 진정 효능이 뛰어나 주술사들이 애용해 오던 약초다. 이미 서구에선 대마 기름으로 소아간질이나 공황장애 등 발작을 진정시키는 치료제를 만들었는데 상당한 효과가 있다고 한다. 그렇지만 발작만 멈추게 하거나 완화시킨다고 해서 병이 바로 낫는 건 아니다. 심장과 신장을 함께 다스리면 단기간에 근본적으로 완치된다. 그리고 굳이 대마가 아니어도 진정 효과가 뛰어난 약재들은 많다.

86. 주의력 결핍 과잉행동장애(ADHD), 자폐증

몇 년 전 서울시와 서울대학교병원에서 시행한 국내 역학조사 결과에 따르면, 주의력 결핍 과잉행동장애(ADHD)의 유병률이 6~8%로 나타났다. 심각하지 않은 경우까지 포함하면 13%가 조금 넘는데, 청소년기 이후 성인기까지 지속되는 경우도 30%에서 많게는 70%에 이르는 것으로 밝혀졌다.

주로 12~20세 사이에 증상이 호전되는데, 완치되었다 해도 과잉 행동 증상은 호전되지만 집중력 저하와 충동 조절 문제는 지속되는 경향이 있다고 한다.

이 질환의 정확한 원인은 현재까지 밝혀지지 않았는데, 뇌영상 촬영에서 정상인에 비해 활동과 주의 집중을 조절하는 부위의 뇌 활성이 떨어지는 소견이 관찰되며, 이 부위의 구조적 차이도 발견되고 있다고 한다.

2017년에 캐나다 중독-정신건강센터의 스테파니 아메이스 박사가 자폐아와 ADHD, 강박장애(OCD) 아이들 200명과 정상아의 뇌 백질 영상을 비교 분석한 결과를 발표했는데, 이 아이들 모두가 뇌의 좌반구와 우반구를 연결해 주는 다리 역할을 하는 백질 신경로인 뇌량이 손상된 것으로 밝혀졌다.

대뇌는 신경세포체로 구성된 겉부분인 피질과 신경세포를 서로 연결하는 신경 섬유망이 깔린 속부분인 수질로 이루어져 있는데, 피질은 회색을 띠고 있어 회색질, 수질은 흰색을 띠고 있어 백질이라고 불린다. 뇌량은 좌뇌와 우뇌를 연결하는 신경섬유 다발로 이를 통해 뇌의 두 반구가 서로 정보를 교환한다. 따라서 이곳이 손상되면 좌우 뇌 부위들 사이의 신호 전달(신경 동조)이 방해를 받게 된다. 자폐아들은 특히 언어를 담당하는 뇌 부위인 하전두회와 다른 사람의 말을 이해하는 데 관여하는 상측두회의 좌우 반구 교신에 차이가 있는 것으로 나타났다.

이 질환의 원인으로 몇몇 유전자의 유전적인 불균형과 임신중 흡연, 음주, 약물, 유해 환경 호르몬, 음식 첨가물 등 환경적 요인이 의심받고 있지만 아직 확실한 증거는 없다고 한다.

필자는 본래 뭘 외우고 기억하는 데는 소질이 없어 지식추구형 인간이 못된다. 겨우 잔머리나 굴리는 정도이지만 어쨌든 지혜추구형 인간이라 할 수 있다. 그런 필자가 감히 전문적인 영역을 기웃거리다가는 자칫 남이 해놓은 연구 실적을 들먹여 아는 체한다거나,

돌팔이짓하는 것으로 오해받을 소지가 있어 더 이상 들어가지 않기로 한다. 다만 그 분야 전문가들이 관심 두지 않는 구석이 있어 잠시 들여다보았다.

필자의 관찰에 의하면 군인이나 술주정이 심한 사람의 자녀 중에 간질을 앓는 아이들이 많듯, 의외로 대학교수나 법조인, 심지어 대기업 CEO나 오너의 자녀들 중에 자폐나 ADHD와 같은 자폐류 질환을 가진 아이들이 많다는 사실이다. 부모의 체면 때문에 소문날까봐 쉬쉬하는 바람에 잘 알려지지 않았을 뿐이다. 소위 잘나가는 고급한 직종에 종사하는 이들의 자녀들이 유독 많이 걸리는 이유가 뭘까?

이들 부모들에게는 가방끈이 길다는 공통점이 있다. 필자가 짐작되는 바가 있어 그런 자녀를 둔 이들에게 그 아이를 임신했을 당시의 부모, 특히 엄마가 어떤 처지에 있었는가를 살펴보았다. 대부분의 경우 임신 기간 내내 유학 준비나 고시 준비, 박사학위 논문 준비, 프로젝트 진행 등 엄청난 중압감에 스트레스를 받고 있을 때였다. 엄마 자신이거나 아니면 남편의 스트레스를 감당하다가 자신도 스트레스를 받았거나! 어쩌면 태아가 뱃속에서 엄마의 스트레스 호르몬에 지속적으로 영향을 받은 때문이 아닐까?

물론 태아와 엄마 사이엔 탯줄로 연결되어 있고, 그 탯줄을 자궁벽에 흡착시키는 태반이 있어 엄마의 혈액을 통해 태아에게 공급되는 영양소 중 꼭 필요한 물질 외에는 걸러낸다. 엄마의 피와 태아의 피가 직접 섞이지 않는 것이다. 하지만 완전하게 화학물질을 걸러낸다고는 자신할 수 없을 것이다. 비록 적은 양의 스트레스 호르몬일지라도 그것이 장기적일 때에는 태아의 신경체계에 영향을 끼치지 않을 수 없는 일이겠다. 그러니까 태아는 엄마의 뱃속에서 세상에 나갈 준비를 하는데, 마침 바깥 세상이 무척 척박한 것으로 인식하고 그에 대비해 각 기능들을 활성화하거나 누그러뜨리는 방향으로 성장했는데, 막상 세상에 나오니 전혀 그런 환경이 아니었다? 하여 필자는 젊은 부부들이 임신하고자 할 때 제발 그처럼 과중한 스트레스를 받는 시기를 피하라고 권하고 있다. 가령 유학을 가서라면 유학 생활이 제법 안정되고 난 다음에, 논문을 집필중이라면 다 마치고 나서 임신하라고.

뇌병변과 같이 태어날 때 이미 구조적으로 비정상적인 아이나 뇌를 다친 아이는 정상화시키기가 불가능하다. 다행히 발견 시기가 빠르면 아직 뇌가 성장중이므로 어느 정도 수준까지는 훈련을 통한 기능적 개선이 가능할 수도 있겠다. 그렇지만 뇌의 1,2단계 성장 시기를 다 넘긴 후라면 그나마도 불가능해 증상을 완화시키는 정도밖에는 도리가 없다.

그러나 태어날 때 정상인 아이가 어떤 사고나 사건으로 인해 정신적 충격을 받아 자폐가 된 경우엔 정상으로 돌리는 건 어렵지 않은 일이고, 또 언제든 가능하다. 대개는 진정 효과를 지닌 몇 가지 한약재로 차를 달여먹이기만 해도 금방 낫는다. 놀란 혼백(魂魄)을 달래어 주면 바로 풀리는데, 다만 이때에도 너무 늦으면 또래들과의 학업 격차 때문에 사회 생활에서 상당히 뒤처질 수밖에 없어 안타까울 때가 많았다. 게다가 너무 늦게 자폐가 풀리면 그동안 형성된 성격(성질)이 그다지 순하지 않아 가족들이 당황해하는 경우가 많다. 착하고 얌전한 줄로만 알았는데…!

특별히 질병이라고 말할 정도는 아니지만 평소 심약하거나, 남들과 잘 어울리지 못하거나, 신체가 왜소하고 허약하거나, 자다가 오줌을 싸거나, 지나치게 예민하거나, 말을 더듬거나, 다 컸음에도 선생이나 어른들 앞에 서면 당황해서 안절부절못하고 다리를 떨거나 진땀을 흘리는 등의 불안 증상은 자율신경을 안정시키고 심장과 신장의 기운을 북돋워 주어 혼백(魂魄)의 균형을 맞춰 주면 저절로 없어진다. 곁에서 그러지 못하도록 말로 압박하거나 신체적 제재를 가하는 건 오히려 사태를 악화시킬 뿐이다.

일상의 업무에서 생긴 스트레스가 원인일 경우에는 산책이나 체조·명상으로도 해소된다. 그러나 조울증·조현병·간질·ADHD·야스퍼거 증후군·강박증 등은 약물(한약)의 도움 없이는 완치가 어렵다. 가벼운 자폐증이나 소심증은 스포츠나 도인 체조만으로 풀어지기도 하지만, 심한 경우에는 체조와 약물을 병행하면 효과가 빠르고 확실하다. 운동 처방의 경우 구령과 기합·고함을 많이 지르도록 슬그머니 유도하면 빠른 효과를 거둘 수 있다. 백(魄)을 강화시켜 자기 표현력을 길러 주는 것은 물론 구령과 동작을 일치시키는 반복 행동을 통해 절제력을 길러 준다.

87. 정신질환 발작과 신경안정제

학자들에 따라 다르기는 하지만, 대체로 인간의 뇌는 태어난 후에도 생체시각표에 따라 3단계 폭풍성장 과정을 거쳐 완성된다고 한다. 그러니까 약 400g의 무게를 가지고 태어나서 20세 정도에서 완성되는데, 남자는 1,400g, 여자는 1,250g 정도라고 한다.

그 첫단계가 2~3세 무렵이고, 두번째가 6~7세, 마지막이 사춘기인 11~12세 무렵이다. 그리고 이 시기에는 두뇌 신경세포의 시냅스가 수십 배로 급격히 늘어나는데, 그 때문에 밀려 들어오는 정보를 제대로 처리하지 못해 우왕좌왕 헤맨다. 그리고 그것이 행동으로 나타나는데, 때로는 무절제하거나 감정을 제대로 통제하지 못해 반항하거나 엉뚱한 짓을 저지르기도 한다.

그런데 왜 굳이 이 무렵인가. 그저 조금씩 성장에 맞춰 시냅스를 늘리면 자연스러운 것을! 그랬다면 굳이 반항기니 사춘기니 하는 것을 겪지 않아도 될 것을!

한데 다른 포유동물들과 마찬가지로 인간에게도 반드시 거쳐야 하는 성장 단계가 있다. 그 첫단계(위기)가 아기의 젖니가 나서 젖을 떼고 제 스스로 걷거나 뛰어다닐 수 있게 되면서 어미의 품을 동생에게 빼앗기고 내쳐지는 시기다. 비록 계속해서 어미나 가족의 보호를 받지만 이제부터 떨어져 나가 놀아야 하고, 또래들과 싸우고 도망다니며 무리들과 어울려 살아가는 법을 배워야 한다.

두번째는 웬만큼 성장을 한데다가 동생들이 줄줄이 태어나 가족의 울타리에서 완전히 배척되는 시기다. 아무도 자기를 보호해 주지 않는다. 젖니가 빠지고 간니가 생겨나기 시작한다. 채집과 사냥에 참여하여 눈치껏 제 먹을 것을 챙겨야 한다. 누구의 간섭받기를 싫어하여 독자 행동의 길로 들어선 것이다. 때로는 위험을 감수하면서 생존 기술을 익혀야 한다.

그리고 마지막 단계가 사춘기다. 2차 성징으로 신체가 완전한 형태를 갖추는데, 비로소 생식 능력을 갖춰 온전한 성인이 되는 시기이다. 분가할 때가 온 것이다. 완전 독립과 함께 성욕이 일어나 짝을 찾아 가정을 꾸린다.

바로 이 격변기에 엄청난 정보를 처리하고 기억해야 하기에 두뇌의 신경세포가 보통 때보다 몇 배로 증가하도록 진화를 해온 것이겠다.

필자가 주변에서 ADHD · 간질(뇌전증) 등의 정신질환을 앓고 있는 어린이와 청소년을 관찰하고, 또 낫도록 도움을 주면서 항상 안타까워하는 것이 있다. 대개의 부모들은 자기 아이가 세 살을 넘기고서야 겨우 정상적이지 않음을 인식하고 병원을 찾는다. 언어 습득이 지나치게 늦거나, 행동이 불안정하고, 과격한 행동을 하거나, 누구와도 눈맞춤을 피하고, 몽유 증세를 보이는 등 심하면 까무러치거나 발작을 일으킨다. 그렇지만 대부분의 부모들은 '어릴 땐 다 그렇지'라며 대수로이 여기지 않다가 주변에서 아이의 행동이 이상하다고 조언을 해도 웬만해선 인정하지 않으려 한다. 경미한 경우에는 다행스럽게 커가면서 정상화되기도 하지만, 일부는 점점 심해져서 결국은 병원을 찾게 된다.

문제는 병원에 가도 근본적으로 치료(완치)가 어렵다는 점이다. 이런저런 약들을 처방하지만 주된 것은 신경안정제다. 덕분에 발작은 억제시킬 수 있지만, 기능을 정상으로 돌리는 약은 아직 없다. 해서 조현병 등 다른 발작증과 마찬가지로 지속적으로 약을 먹어야 하는데, 만약 약을 끊으면 다시 발작을 일으킨다. 여기까지가 현 상황이다.

한데 더 큰 문제가 있는데킨 바로 이 약물 치료가 아이의 지능과 관련해서 치명적인 결함을 가져온다는 사실이다. 의학계에선 어찌해볼 의지도 요량도 없어 그냥 덮어두고 넘긴다.

앞에서 얘기한 뇌의 성장 단계는 그 시기에 뇌세포가 엄청나게 불어나는데, 그 신경세포 돌기에서 역시 엄청난 양의 시냅스가 생겨난다. 이 시냅스가 50여 종의 신경전달물질의 분비를 조절하여 한 신경원에서 생긴 신경 임펄스를 다른 신경원으로 전달한다. 그리고 그 시냅스들은 다시 적게는 수천 개, 많게는 일만 수천 개 정도의 다른 시냅스들과 연결되어 정보를 전달하고, 기억하고, 저장한다.

이 시냅스의 촘촘한 연결망이 바로 지능을 결정하는 것이다. 시냅스가 일단 많아야 하고, 그것들끼리의 연결이 많을수록, 그리고 정보를 전달하고 저장하고 끄집어내는 훈련이 잘 될수록 지능이 높아지는 것이다. 물론 시냅스도 신경세포와 함께 계속 죽어 나가고 새로이 생겨난다. 그렇지만 그 연결망이 잘 구성된 뇌는 정보가 여러 곳에 잘 저장되어서 기억이 사라지지 않는다.

한데 하필 그 중요한 시기에 이런 발작 현상이 나타나고, 거기에 신경안정제를 복용시키는 바람에 이 시냅스들이 정상보다 현저히 적게 만들어지고 연결망도 엉성하고 저들끼리 소통하는 훈련도 미숙한 채로 성장을 마쳐 버린다. 하여 단기 기억을 장기 기억으로 저장하는 능력이 현저하게 떨어진다. 안정제를 먹는 그때부터 지능 발달이 크게 억제되고 만다. 그렇게 1차, 2차, 3차 폭풍성장기의 신경세포와 시냅스가 늘어나는 만큼 최대한 정보를 많이 저장해야 하는데, 약효과로 인해 그만 멍하니 지나 버리게 된다.

하여 그 아이는 약을 먹기 시작한 시기 수준의 지능에서 크게 나아지지 못한 상태에서 일생을 살아야 한다. 물론 그렇다 해도 신경세포까지는 정상적으로 자라 뇌의 크기는 정상인과 크게 차이나지 않는다. 그렇게 1,2,3차의 뇌 성장 시기를 다 보내고 나면 지능을 획기적으로 높일 기회는 영영 오지 않는다. 정말 무서운 일이지만 현대 의학 수준으론 어쩔 수 없는 현상으로 치부하고 있다. 과연 방법이 없을까?

필자의 좁은 소견으론 고통스럽고 힘들지만 최소한 그 시기만은 안정제를 먹이지 말았으면 싶다. 안정제를 먹기 전에 찾아왔으면 좋았을 것을! 참으로 안타까울 때가 많다. 운이 좋아 병이 완치되어도 시기를 놓쳐 정상보다 뒤떨어진 지능은 필자도 어쩔 수가 없다.

88. 마늘을 이기는 보약은 없다!

양인(陽人)보다 음인(陰人)이 체질적으로 추위를 많이 타고, 그 바람에 상대적으로 활동적이지 못한 성향이 있다. 젊었을 적엔 큰 문제가 없지만, 나이가 50을 넘어서기 시작하면 기력이 차츰 떨어지고 날씨에 상당히 민감해져 추운 겨울날에는 가능하면 바깥 출입을 하지 않으려 든다. 당연히 남들 따라 등산이나 산책을 나가도 즐겁지가 않다. 근육 운동을 꺼리니 더욱 추위를 탈 수밖에 없겠다. 속이 냉(冷)한 체질의 사람은 겨울 추위도 많이 타지만, 여름 더위도 그만큼 남들보다 못 견뎌한다.

몸을 덥게 해주는 한약 처방들이 있지만 사실 여간해서는 체질을 바꾸기가 어렵다. 대개는 부자(附子)와 옻(漆)진을 많이 처방하는데, 부자는 독성이 강해 부득이하게 냉(冷)이 심한 경우가 아니면 많이 사용하기가 꺼림칙하고 옻도 체질에 맞지 않는 사람은 부작용 때문에 권하기가 어렵다. 시중에서는 옻닭이 좋다고 하지만, 그 정도로는 평생을 먹어도 몸이 더워지지 않는다.

필자도 어렸을 적부터 찬물이나 콜라 한 모금 마음놓고 못 마실

만큼 장(腸)이 차서 홍삼·부자·옻은 말할 것도 없고, 다른 탕약재도 수없이 먹어 보았지만 그다지 효과를 보지 못했었다. 그러다가 50이 되어 마늘을 먹기 시작했는데, 그때부터 지금까지 마늘 없이는 못살 정도가 되어 있다. 장(腸)이 따뜻해졌을 뿐만 아니라 기운이 나고, 가장 중요한 것은 겨울에도 추위를 모를 정도가 되었다.

〈동의보감〉에서도 마늘은 '종기나 옹종을 풀어 주고, 풍습과 장기를 없애며, 냉증과 풍증을 없앤다'고 하였다. 마늘이 수족냉증 개선은 물론 몸을 덥히는 이유는 몸의 신진대사를 개선하고, 혈액순환을 돕는 스코르디닌이라는 성분 때문이라고 한다. 스코르디닌은 강력한 산화 환원 작용을 해 몸에 들어온 영양물질의 완전 연소에 기여한다. 보통 스코르디닌의 효능으로 강장 및 근육 증강 효과를 꼽는데, 마늘을 '천연 비아그라'라고 부르는 것도 바로 이 스코르디닌 성분 때문이다. 해서 마늘 냄새를 싫어하는 일본인들이 마늘을 먹기 좋게 만든 것이 바로 '아로나민'이다.

몸이 덥혀졌으니 당연히 암 걱정도 그만큼 사라진다. 암세포가 가장 싫어하는 게 열이니까. 게다가 마늘은 살균 및 항균 능력이 다른 어떤 식재료보다 뛰어나다. 또 몸속의 과산화지방 생성을 방지해 노화를 억제하여 치매를 감소시키고, 뇌혈관 질환과 심장 질환을 예방한다고 한다. 이는 마늘 속의 알린이라는 성분 때문으로 섭취 과정중에 알리나제라는 효소에 의해 알리신으로 모양이 바뀌어 그같은 효능을 발휘한다고 한다.

마늘을 먹는 법은 다양하다. 온갖 방법을 다 해봤지만 가장 간단한 방법은 마늘을 구워먹는 것이다. 껍질을 까지 않은 통마늘을 반접 정도 사다 놓고 하루에 한 통(냉이 심한 사람은 아침저녁으로 두 통)씩 전자레인지에 구워먹는 방법이 가장 편하고 먹기에도 좋다.

굽기 전에 먼저 통마늘을 부수어 쪽마늘로 만든다. 이때 절대 껍질을 벗기면 안 된다. 칼로 남아 있는 뿌리를 잘라내어 공기구멍을 만들어 준다. 그러지 않고 그냥 통째로 구우면 풍선처럼 퍽하고 터져 나간다. 접시에 담아 전자레인지에 크기에 따라 50초 내지는 60초 정도 돌린 다음 꺼내서 까먹으면 감자나 고구마처럼 졸깃하게 맛이 있다. 껍질을 미리 벗기고 돌리면 표면이 타는데, 그렇게 되면 매워져 못 먹는다.

그렇게 마늘을 먹으면 처음 한 달 정도는 방귀 냄새가 고약하지만, 그 이상이 지나면 방귀도 잦아지고 냄새도 없어진다. 어떤 이는 마늘을 삶거나 프라이팬에 볶아서 먹기도 하지만, 문제는 그럴 경우에는 식혀서 먹게 되는데 그러면 맛이 없다. 아로나민(주성분이 마늘 가루)이나 흑마늘을 비싸게 주고 사먹는 사람들도 있지만 굳이 그럴 필요까진 없겠다. 흑마늘의 효용을 강조한다지만 기실 그만큼 마늘의 원래 성분이나 양양이 줄어들었을 것은 불문가지, 그냥 있는 그대로 먹는 것이 가장 좋다. 또 혹자는 전자레인지에 돌리면 영양소가 파괴된다는 둥 어쩌고 하는데 제발 그런 맹랑한 말씀은 그만두시라. 아무렴 한 달 내내 부지런히 먹어 봐야 1만 원어치 정도밖에 못 먹는데 까짓 영양소가 손실되어 봤자 얼마나 된다고!

그렇게 마늘을 먹기 시작하면 그해 겨울부터는 예전과 달리 추위를 훨씬 덜 탄다. 무엇보다 정력이 좋아져 일하는 데 피로가 훨씬 덜해진다. 필자의 경험으론 홍삼과 비교하면 가격 대비 20배는 더 나은 듯하다. 무엇보다 다른 약재나 음식보다 먹기가 간편하고 경제적 부담이 없다. 감히 필자가 호언장담컨대 전 국민이 하루 마늘 한 통씩만 먹는다면 대한민국 전체 의료비가 절반으로 줄어들고, 반세기 이내에 대한민국이 세계 최고의 장수국가가 될 것이다.

89. 체육인의 필수 음식, 율무

오죽했으면 '율무미인'이란 말이 생겨났겠는가?

미인의 첫째 조건이 아름다운 피부가 아니던가? 그만큼 율무가 피부에 좋다는 말이다. 이는 다시 말해 습(濕)을 쳐내는 효과가 탁월하다는 말이다. 필자도 속이 냉(冷)한데다 습(濕)이 많은 체질이다. 다른 것으로는 습(濕) 때문에 크게 불편하지 않았으나 잇몸 때문에 많이 힘들었다. 칫솔질만 하면 예외없이 잇몸에서 피가 쏟아졌다. 피곤할 땐 치아 전체가 통째로 빠질 듯 잇몸이 물렁물렁해져서 흔들거렸다. 샤워를 하고 나도 상쾌하지가 않았음을 나중에야 알았다.

젊었을 적부터 한약을 꽤나 먹어 보았지만 별무신통했다. 그러다가 율무를 먹기 시작하면서부터 그런 것들이 싹 없어지면서 살갗에 와이셔츠나 바람만 스쳐도 촉감이 상쾌해지고, 예전에 비해 몸이 가벼워졌다.

예로부터 습(濕)한 지역에서는 율무 농사를 꼭 지었었다. 단 임신부는 물[水]을 말린다 하여 많이 먹지 못하도록 했다.

율무를 집에서 먹으려면 밥에다 넣든지 미숫가루로 만들어 먹으면 편하다. 별로 맛이 없으니 다른 고소한 곡물과 섞는 것이 좋다. 율무를 볶아서 역시 볶은 현미와 함께 끓여 보리차 대신 마시는 것도 좋은 방법이다. 비싼 재료가 아니니 아낌없이 푹푹 넣어 많이 먹어 주길 바란다. 가족들의 건강은 식탁에서부터 챙기는 것이 상수다. 특히나 관절을 많이 쓰는 운동선수라면 반드시 율무를 상복해야 한다. 류머티스 관절염으로 고생하는 분이 있어 율무를 권했더니 상당한 도움이 된다며 평생을 먹을 거란다.

그외에도 약이 되는 건강식은 많다.
요즈음 웬만한 음식에 대한 건강 정보는 인터넷에 다 올라와 있다. 정보가 많다 보니 과장도 심하고, 상술적인 억지 정보들도 넘쳐나고 있다.

아무튼 지금은 전 세계의 식재료들이 밥상에 올라오는데, 약이 되는 귀한 것들도 많다. 기실 한약재들 중에는 동남아나 인도 등지에서 향신료나 식재료로 사용되던 것들이 꽤 많다. 물론 굳이 그런 외국산 재료가 아니어도 예전 같으면 약재로나 쓸 수 있는 식재료들이 연중 내내 시장에 나온다. 가령 폐를 맑게 해주는 도라지, 최상의 보혈제 더덕, 심장을 편안히 해주는 연근, 장을 깨끗이 해주는 우엉, 간에 좋은 강황, 대표적인 자양강장제 산마 등등. 요즘은 이 밥상만 잘 챙겨도 가족 건강은 충분히 지킬 수 있다.

왜 뿌리채소가 장수에 도움을 줄까? 뿌리채소에는 특히 노화의 주범인 활성산소를 제거해 주는 비타민A 성분이 많이 들어 있어 노화도 방지하고, 면역력도 키워 준다. 한약에서도 보양재의 주재료는 뿌리다.

그리고 간이 망가진 사람이 들깨와 다슬기를 밥만큼 먹고, 헛개 열매로 차를 달여 마시면 빠르게 회복된다. 아무려나 사람이 간 때문에 죽을 일은 없다. 또 걷기가 당뇨병에 도움이 된다지만 기운이 없으면 그마저도 힘들다. 당뇨 때문에 육고기를 맘놓고 못 먹는 사람은 콩(대두)을 고기 대신 먹으면 충분히 기운을 차려 사회 활동하는 데에 지장이 없을 만큼 활력을 찾을 수 있다.

90. 위기(圍氣)를 다스리는 도인법

우리 몸은 기혈(氣血)의 순환으로 생명을 유지한다. 혈(血)이 막히면 기(氣)가 끊기고, 기(氣)가 끊기면 역시 혈(血)을 인도하지 못한다. 뿐만 아니라 신경계 또한 전기적 신호의 흐름이다. 이 흐름들이 원활하지 못하면 질병이 생기는 것이다.

이처럼 기(氣)에는 내적으로 흐르는 것이 있는가 하면, 지구의 자장처럼 피부 외적으로 흐르는 기(氣)가 있다. 이를 위기(圍氣)라 한다. 비록 눈에 보이거나 흔적을 남기지 않지만 자기장처럼 우리 인체를 둘러싸고 있고, 이 또한 일정한 흐름을 유지하고 있다. 침구술이나 내외공(內外功)으로 내적 기의 흐름을 다스리기도 하지만, 바로 이 위기를 잘 다스려 내적 기혈(氣血)의 흐름에 영향을 미칠 수도 있다.

풍수가들이 집터를 둘러싸고 흐르는 주변 산세의 기운이나 수맥, 심지어 고압선과 송전탑 주변의 자장이 어쩌고 하는 것도 바로 그 자장이 이 인체의 위기에 영향을 끼치기 때문이리라.

흔히 우리가 몸을 쓰다듬는 것은 곧 위기를 다스린다고 보면 된다. 직접 손바닥이나 어떤 도구를 이용해서 피부에 마찰시켜 쓰다듬기도 하고, 때로는 피부와 일정 거리를 유지한 채 신체 바깥 부위를 반복해서 쓰다듬는 방법이 있다. 중국 정통적인 도인법인 육자결(六字訣)과 기치료라는 것도 실은 이 위기를 다스리는 것이다. 최근에는 중국에서 위기를 다스리는 기공 체조와 참선(명상)을 잘 결합하여 크게 성공한 파룬궁(法輪功)이 있는데, 아이러니하게도 효과가 뛰어나 사람들이 너무 몰려 집단을 이루는 바람에 공산당 당국의 박해를 받아 중국에서 쫓겨났다. 그외에도 많은 신흥종교나 건강을 파는 단체들이 알게 모르게 이와 비슷한 방법을 많이 응용해서 사람들을 모으고 있다. 시중에 유행하는 이런 것들을 너무 맹신할 것은 아니지만 그렇다고 싸잡아 무시할 것도 아니다.

그밖에도 시중에서 각종 신비한 재료들로 건강 팔찌를 만들어 파는 사람들이 흔히 써먹는 방법이 있다. 위기를 확인한다며 손목에 금속성 혹은 비금속성 팔찌를 채우거나, 다른 한 손에 그 상품을 쥐고서 다른 손의 손가락 쥐는 힘을 측정해 보면 그러지 않았을 때보다 훨씬 약하다는 것을 보여주고 그것이 곧 그 신비한 힘을 지닌 물건(물질) 때문이라며 살 것을 강권하는데, 실은 굳이 그 상품이 아닌 다른 아무것을 가지고 실험해도 결과는 동일하게 나온다. 그렇다 해도 이런 팔찌나 목걸이 등이 비록 미세하지만 위기의 흐름을 방해하고 있음을 짐작할 수 있겠다.

이처럼 미세한 영향이 단기적으론 그다지 큰 장애를 가져오지 않지만, 낙숫물이 바위에 구멍을 내듯이 장기적으로 축적되면 허약한 사람에게서 암이나 기타 질병을 일으키는 원인이 될 수도 있다. 직접적인 원인은 아닐지라도 간접적인 영향을 미치거나 그 발병 시기를 앞당길 수 있음이다. 특히 현대 여성들이 아름다움을 위해 브래지어와 꽉 조이는 거들을 입으면서 유방암과 자궁암·대장암 등이 늘어나는 것은 육식 습관이 직접적인 원인일 수 있지만, 간접적으론 이 위기 흐름의 방해 때문이라 할 수 있다. 유방암에 걸렸던 여성 중에 브래지어를 벗어던졌더니 암이 절로 낫더라는 예가 바로 이 위기 흐름의 중요성을 말해 주는 사례이다.

그렇다면 앞의 그 건강 팔찌들은 위기의 흐름에 도움이 될까, 아니면 고압선처럼 오히려 위기의 흐름을 방해할까? 상식적으로 생각하면 방해한다고 보는 것이 타당하겠다. 장식용이든 부적용이든 쇠

붙이를 몸에 걸쳐 좋을 것은 하나도 없다. 마찬가지로 풍수쟁이나 기공사들이 꼽는 신령스런 명당, 지자기(地磁氣)가 강력하다고 주장하는 성지에 앉아 수행하는 것이 과연 건강에 도움이 될까? 그렇게 자기장이 수행에 도움이 된다면 고압송전탑 아래에 가부좌를 틀고 앉아야 하지 않은가?

어쨌든 인체의 안으로 흐르는 기혈(氣血)이든 밖으로 흐르는 위기든 그 흐름이 원활한 것이 건강에 도움될 것은 자명한 이치겠다. 그러니 따로 특이한 기술을 배우거나 지기나 우주의 기운을 받겠다며 신성한 곳을 찾아다닐 것이 아니라, 평소에 두 손을 비벼 손바닥의 열과 자기장으로 기혈이 잘 흐르도록 온몸을 문지르고 주무르고 쓰다듬어 주면 위기 또한 자연스럽게 흐를 것이니 차라리 원초적인 도인법이나 열심히 행하길 바란다.

기실 위기(圍氣)를 다스리는 최고의 도인법은 몸을 따뜻하게 감싸는 것이다. 야생의 동물들이 동물원에선 두 배 이상 오래 사는 것처럼 인간의 수명이 지속적으로 늘어난 원인으로 의학의 발달과 영양의 풍부한 공급을 우선적으로 꼽아야겠지만, 예전보다 인간이 훨씬 따뜻하게 산다는 점도 크게 꼽아야 할 것이다. 노숙을 해본 사람이면 이 말을 십분 이해할 것이다. 배고픔보다 백배 더 무서운 게 추위임을!

91. 원초적인 양생법, 박타(拍打)

필자는 젊은 시절 외항선 기관사였다. 기관실에는 엄청남 양의 파이프가 거미줄보다 수백 배 이상 복잡하게 얽혀 있는데, 마치 인체의 혈관처럼 뒤얽혀있다. 그 중 해수(海水) 파이프들이 녹이 잘 슬고 막히길 잘한다. 이들 막힌 파이프를 뚫는 방법은 두 가지가 있다. 잠시 작동을 중단시키고 독한 세제로 파이프 내부를 청소하는 법과, 망치 등으로 파이프를 때려 그 진동으로 속에 낀 녹이 떨어져 나가게 하는 응급 조치법이다.

사람의 몸도 크게 다르지 않다. 파이프와 달리 인체는 부드러워 즉각적인 효과가 나타나지는 않지만 가죽을 무두질하면 부드러워지는 것처럼 장기간 반복하면 탄력성이 늘어난다. 인체 혈관도 늘렸다 줄었다, 눌렀다 놓았다를 반복해 주면 현관 속의 노폐물이 어느 정도 떨어져 나가고 탄력성이 높아져 일시적으로 높아지는 혈압을 흡수하는 완충적 역할을 하게 된다. 덕분에 뇌출혈이나 뇌경색과 같은 치명적인 사고를 예방할 수 있게 된다. 이는 도인 체조의 기본 원리이기도 하다.

사람이든 동물이든 몸의 어딘가가 가려우면 손(발)으로 긁게 마련이다. 마찬가지로 어디가 아프거나 뻐근하면 그 부위를 움켜쥐거나 문지르거나 두드리는 습관이 있다. 그러니까 최고(最古)의 도인 체조는 몸 두들기기, 손바닥으로 살갗 때리기, 주무르기, 긁어주기, 흔들기, 떨기, 늘리기 등 자극주기라 할 수 있겠다. 손바닥은 도인 체조의 가장 중요한 역할을 한다.

도인 체조의 주목적은 외부에서 백(魄)을 자극하고 강화시키는 것이다. 이때 손이 큰 역할을 담당한다. 사실 인간의 손은 인간의 뇌와 가장 많이, 가장 빨리 신호를 주고받는데 그만큼 둘 사이에 전기적 신호가 잘 흐른다. 아이가 배가 아프면 할머니나 어머니가 손으로 배를 문질러 주면 웬만한 통증은 잘 가라앉는다. 해서 약손이라 하였다.

특정 장기가 부실하거나 고장이 난 사람은 평소 손바닥을 문질러 열을 내서 그 장기에 해당하는 부위를 살살 어르듯 달래듯 문질러 주면 상당한 효과를 본다. 그리고 잘 때에는 손바닥을 그 부위에 올리거나 대놓고 잠드는 습관을 기른다. 이 방법은 특히 암에 걸린 사람에게 효과적이다. 자신의 손바닥으로 할 수도 있고, 그게 안 되면 타인의 도움으로 할 수도 있다. 안수기도나 기공치료도 결국 이 원리이다. 처음 당장 효과가 나는 것은 아니지만 인내력을 가지고 장기적으로 꾸준히 지속하면 생각 이상의 효과를 본다.

무가(武家)에서는 공력을 증가시키기 위해 복식호흡을 하는데, 이때 의식을 배꼽 아래 단전에 두는 방법과 양손을 모아 주먹을 쥐고 그곳에다 의식을 두는 방법이 있다. 어느쪽에 의식을 두던 차츰 수행이 익어 가면 점점 기운이 모여 따뜻해지다가 나중에는 손이 뜨거울 정도에 이르게 되는데, 이후에는 임맥(任脈)과 독맥(督脈)을 관통해서 기운을 신체 각 부분으로 보내는 훈련을 한다. 이를 소위 대주천이니 소주천이니 하며 운기(運氣)를 행한다고 하는 것이다.

무예(武藝)처럼 내공 단련을 목적으로 하지 않는다면 손에 기운을 모으는 것이 훨씬 빠르다. 왜냐하면 인간은 단전보다 손바닥과 뇌가 훨씬 연결이 견고하고 빠르기 때문이다. 대개 복식호흡을 하며 의식을 손바닥에 집중시키는 훈련을 하면 사람에 따라 조금씩 다르겠지만, 작심하고 수행한다면 백일 정도면 손바닥에 불덩어리를 쥔 것처럼 뜨거운 기운을 모으는 일이 가능해진다.

이 뜨거운 기운으로 환자의 아픈 부위에 갖다대거나 문지르면 간단한 급성은 그 자리에서 낫기도 하고, 절뚝거리던 사람이 갑자기 벌떡 일어나 정상대로 걷기도 한다. 막힌 기혈이 뚫려서 그러는 것이다. 갑자기 체한 사람은 배나 등에 손바닥을 갖다대기만 해도 쉽게 내려가기도 한다. 이게 기공치료의 기본 이치이지만, 기실 시중의 대부분 기공치료(안수기도)사들은 내공 수련도 없이 흉내만 내는 것으로 대부분 돌팔이들이다. 그나마 병행하는 스포츠 마사지 덕분에 약간의 치료 효과를 보는 것뿐이다. 물론 그렇다고 구조적으로 이미 심각한 환자에게는 별무소득이다. 또 그 순간에는 나아진 것 같았다가도 얼마 후 도로 원상으로 돌아가는 경우도 많다. 이런 경우는 여러 차례 반복해야 한다.

수련중에 생겨나는 이런 능력을 특이 공능이라 한다. 병을 낫게 해주는 수도 있고, 전기가 흐르는 두 전기선을 잡고 견디기도 하고, 차력적인 힘을 발휘하기도 한다. 하지만 그 특이 공능을 증가시키기 위해 수행을 계속하는 것은 나중에 자신의 건강에 치명적인 해를 끼치기 때문에 정통적인 명가에서는 이런 특이 공능의 계발을 금기시하고 있다. 수행이나 수련의 목표는 그런 잔재주 따위를 익히는 것이 아니기 때문이다.

기공 체조 중 육자결(六字訣)은 여섯 개의 음(音)과 함께 손바닥의 자기장(磁氣場)을 장부(臟腑)와 연결시켜 기혈 순환을 돕고, 인체의 위기(圍氣)를 다스리는 도인 체조이다. 그리고 종교인들이 행하는 안수기도 역시 이런 원리로 흥분된 상태에서 온몸의 발열을 유도하고, 손바닥으로 두들겨 환자의 막힌 기혈을 뚫어 주어 이따금 기적(?)을 행하기도 한다.

아무튼 인간의 손바닥은 이처럼 우리가 인식하지 못한 능력이 숨어 있다. 해서 무예인들처럼 그러한 수행 과정을 거치지 않더라도 보통의 사람이라 해도 손바닥을 건강에 잘 활용하면 장수에 최고가는 비결이 된다. 보통 사람도 누구나 손을 움켜쥐고 정신을 집중하면 금방 손바닥이 따뜻해지고, 땀이 나기 시작한다. 인체의 다른 부위에 비해 상대적으로 따뜻하면 아무래도 그쪽으로 기혈이 더 많이 흐르게 되고, 인체의 면역물질들이 저절로 그곳으로 집중하게 된다. 침이나 뜸의 원리도 마찬가지다. 손이 찬 사람은 두 손바닥을 마주 세게 비벼서 열과 자기장을 만들면 된다.

이때에는 그 장기의 세균이나 암 덩어리를 원망하지 말고, 내가 살아야 너도 살 것이 아니냐. 내가 죽으면 너도 죽는 것이니 우리 서로 싸우지 말고 같이 잘 지내 보자며 타협하듯 달래는 것이 유리하다. 마음을 그렇게 먹어야 몸[魄]이 편해져 면역 기능도 회복이 빨라진다는 말이다. 간단히 말해 자기 최면을 그렇게 걸라는 말이다.

환자가 진심으로 마음을 그렇게 먹고 반복하게 되면 세균이나 암세포들도 결국 느끼게 된다. 해서 이전처럼 모질게 숙주를 해치지 않는다. 치료나 약물 주입도 독하게 하지 말고, 어떻게 해서든 그들을 달래면서 무력화시켜야 한다. 억지로 암세포를 떼어내야겠다고 수술을 하려들면 어느새 암세포들도 그걸 알아채고 어떻게 해서든 자신들의 종족을 안전하게 널리 퍼뜨리려고 애를 쓰기 때문이다. 나중에 암이 재발하는 것도 어쩌면 이런 이유 때문이 아니겠는가.

물론 과학적으로 증명이 되지 않는 억지소리, 혹은 지나친 상상이라 치부할 수도 있다. 하지만 모든 세포 하나하나, 모든 세균 하나하나마다 다 나름대로 살아가는 방식과 종을 보전하고 퍼뜨리려는 본능이 다 있다. 그게 생물이 아니던가. 그들에게 인간과 같은 종합적인 인식 능력은 없을는지 모르나, 본능적인 생존 의지(魄)가 없을 수 없다고 본다. 단지 우리 인간처럼 의식하고 표현하지 못할 뿐이다. 아니 표현하고 있음에도 우리 인간이 그걸 알아채지 못할 뿐이라고 하는 것이 더 정확할 터이다. 각 세포마다 따로 뇌가 없어 인간적인 사고 체계로 인식하거나 표현하는 것은 아니지만, 그냥 본능적으로 느끼고 행동하는 것뿐이라고 보는 것이 옳다. 혼(魂)이 발달하지 않아 굳이 혼백으로 분리할 것이 없을 뿐이다.

그외에도 손을 이용한 도인양생공은 수없이 많다.
우선 손바닥을 문질러 따뜻하게 해서 얼굴의 각 부위를 마사지하는 것이 기본이다. 수도하는 사람은 아침에 일어나면 가장 먼저 이것부터 행한다. 요령은 대개 대동소이한데, 이미 시중에 수많은 책으로 소개되어 있으니 그대로 따라 하면 되겠다.

　다음으로는 손바닥으로 얼굴이나 신체 부위를 찰싹찰싹 때려 주는 방법이다. 그리고 이왕이면 맨살을 때려 주는 것이 좋다. 따끔따끔한 자극은 침을 놓을 때처럼 자극을 주는데 침에 비해 반복적으로 여러 번 제 스스로 할 수가 있어서 매우 간편하고 효과도 좋다. 이를테면 평소에 아침저녁으로 얼굴을 두 손바닥으로 10여 차례 살짝 때려 준 다음 얼굴을 두세 번 문질러 준다. 이 방법은 필자가 아주 젊었을 적부터 애용해 왔는데, 그 바람에 항상 나이가 10년은 남들보다 젊어 보였다. 해서 너무 어리게 보여 어딜 가도 제대로 나이 대접을 못 받는 것이 싫어 지금은 행하지 않고 있다. 여성들의 얼굴 미용에 이만한 도인법은 다시없을 것이다.

　또 주먹으로 온몸을 두드려 주는 것도 매우 좋은 양생법이다. 팔다리는 물론 상체의 앞과 뒤를 양손 주먹으로 번갈아 돌려 쳐준다. 아랫배와 뒷허리, 배와 등 혹은 좌우 가슴을 동시에 '쿵!' 하고 10여 차례 쳐준다. 특히 아랫배와 뒷요추를 동시에 쳐 신장을 자극해 주면 허리가 튼튼해질 뿐 아니라, 신장 기능이 좋아져 절로 정력도 배가된다.

　특히 산책을 나서기 전에 다리 경락 중 족삼리(足三里)와 그 아래 위를 주먹으로 10여 차례 두드려 주면 걷다가 생길 수 있는 여러 가지 사고를 미연에 방지할 수 있다. 산책을 마치고 나면 역시나 다리 전체를 두드리거나 주물러 주어 뭉친 근육을 풀어 주어 기혈 소통을 원활하게 해주어야 한다. 특별히 경락 마사지를 배우지 않았어도 그렇게 주물러 주면 좋다. 혈(穴)자리란 게 글자 그대로 대부분 뼈와 뼈 사이, 근육과 근육 사이, 뼈와 근육 사이 틈새의 움푹 파인 곳들이니 그런 곳을 찾아서 꾹꾹 눌러 주면 된다. 그러다 보면 특별히 더 아픈 곳이 나오는데, 바로 그곳을 집중적으로 마사지해 준다.

침뜸과 거의 비슷한 효과를 내는 방법으로는 손가락(손톱)으로 얼굴의 각 혈들을 튕겨 주는 것이다. 마빡 때릴 때처럼 인지나 중지를 엄지에 걸쳤다가 튕겨내어 얼굴의 각 부위를 톡톡 튕겨 준다. 눈과 코·귀 가까운 부위를 튕겨 가다 보면 유난히 따끔한 곳들이 나오는데, 바로 그 부분들이 침을 놓는 경락들이다. 당연히 그 따끔한 곳들을 찾아 집중적으로 튕겨 준다. 마지막으로 귀 끝을 서너 번 튕긴다. 웬만한 코막힘이나 눈 침침함, 두통, 초기 감기는 그대로 달아난다.

침 대신 뾰쪽한 이쑤시개로 경혈을 살그머니 찌르듯 눌러 따끔한 자극을 줘도 비슷한 효과를 얻을 수 있다. 이 방법은 아무 때나 수시로 여러 차례 시행할 수 있어 오히려 침 맞으러 가는 것보다 더 효과적일 때도 있다. 더구나 얼굴에는 뜸을 놓을 수도 없고, 다른 부위에도 흔적이 남을까봐 뜸을 꺼리는 사람에게 유용하다.

또 제자리에 서서 온몸을 아래위로 흔들어 떨어 주는 방법도 더

없이 좋은 건강법이다. 제자리에 서서 온몸을 사시나무 떨 듯이 흔들어 주면 자거나 오래 앉아서 굳어진 신체 각 부위를 풀어 줄 뿐 아니라 다이어트에도 상당한 효과가 있다.

도인 체조의 기본은 호흡에 맞춰 사지 육신을 늘려 주어 기혈의 순환을 돕고 근육과 혈관의 탄력성을 높여 뇌졸중이나 뇌경색 등의 질병을 사전에 방지하는 것이다. 산책이나 운동을 하기 전은 물론 자고 일어났을 때, 오랫동안 책상 앞에 앉아서 일을 하거나 공부를 하고 났을 때에는 위의 요령들로 긴장을 풀어 주면 더없이 좋다. 당연히 참선·명상·기도 등 정좌(靜坐) 전후에도 행하는 것이 기본이다.

나이가 들어 이가 빠지게 되면 우리 인체는 그에 자동 반응하여 소화 효소를 덜 만들어내기 시작한다. 먹는 게 부실할 텐데 굳이 많은 소화액을 분비할 필요가 없기 때문이겠다. 하여 각종 양생도인법에서 빠지지 않는 것이 바로 고치(叩齒)이다. 아침에 일어나면 아래위 이빨을 딱딱 부딪쳐 이를 튼튼하게 하고, 혀로 잇몸과 입안을 두루 휘저어 침샘을 자극하여 분비된 침을 삼키는 요령이다. 치아를 부딪치면 그 가짜(?) 신호에 자극을 받는 간뇌가 곧바로 해당 기관으로 하여금 소화 효소를 분비토록 명령할 것이라는 말이다.

어금니는 턱관절을 지탱하는 기둥 역할을 하는데, 만약 어금니 등이 빠진 것을 내버려두면 이가 박혀 있는 치조골의 높이가 낮아지고 폭도 좁아지는데, 치조골의 감소는 안면의 저작 근육과 혈관의 감소로 이어지고, 이는 다시 뇌로 가는 혈액의 양이 줄어들게 하여 결국 치매 등 노인성 질환을 유발할 가능성도 자연히 커진다는 주장도 있다. 실제로 영국 킹스칼리지 런던대 연구팀이 노인 4천여 명을 조사한 결과, 치아가 없는 노인이 그렇지 않은 노인보다 인지 능력 장애가 나타날 위험이 3.6배가량 높았다고 한다.

양생(養生)의 기본은 성공(性功)과 명공(命功)이다. 성공이란 심리적 건강과 정신적 단련을 의미하며, 명공이란 육체적 단련을 말한다. 정신적으로 한가로운 삶을 누리고, 심리적인 면에서 허유청정할 것을 도인(導引)의 토대로 삼았다. 여기서 도(導)란 호흡(呼吸)·토납(吐納)·용호(龍虎) 등의 기공을 말하며, 인(引)이란 오금희(五禽戲)·팔단금(八段錦)·역근(易筋)·요가 등의 체조나 권법, 그러니까 동작을 말한다.

훌륭한 선생을 만나 도인(기공) 체조의 구체적인 요령과 동작을 익히면 더없이 좋겠지만 굳이 그러지 않아도 괜찮다. 위 동작들이 무슨 대단한 기술을 요하는 어려운 것들이 아니다. 그저 내키는 대로 자주 행하다 보면 스스로 요령을 터득하게 마련이다. 가슴(복부)을 중심으로 사지를 펼치는 동작에서 숨을 들이쉬고, 오므리는 동작에서 숨을 내쉬면 모두 기공 체조가 된다. 아무렴 동작을 멋있게 잘하는 것이 중요한 것이 아니라 아무 데서나 가볍게 자주 많이 행하는 것이 장땡이다.

모든 생물은 내적으로 자기 복원력을 지니고 있다. 인간도 마찬가지다. 움직이면 그 프로그램이 활성화된다. 대뇌의 의지로는 그 기관들을 단 하나도 가동시킬 수 없다. 해서 운동을 하라는 거다. 혼(魂)이 백(魄)을 조종하는 유일한 수단이다. 고인 물이 썩는 법! 산다는 건 움직인다는 거다. 걷는 것이 삶이고 행운이다. 진정한 만족(滿足)은 발가락에서 온다.

92. 뇌염 예방 접종과 돼지고기

드문 경우지만 가장 안타까운 것은 뇌염 예방 접종을 맞고 뇌막염에 걸린 학생의 경우다. 그때마다 백신이 불량품이다 아니다 하며 원인을 두고 갑론을박을 하는데, 대개는 원인 불명으로 흐지부지 운수 탓으로 돌리고 만다. 왜 다른 아이들은 아무 문제가 없는데 그 아이만 그런 일을 당했을까? 어쩌면 돼지고기 때문이 아닐까 하는 의심이 든다. 접종하기 전에 돼지고기를 먹었다고 했다. 물론 몇 명의 사례에 불과하고, 또 그 전날 돼지고기를 먹은 학생이 그 아이밖에 없지 않았을 터이니 확신을 가지고 주장할 수는 없겠다.

사실 돼지고기만큼 부작용이 심한 고기가 없다. 예전엔 잔칫집에서 돼지고기 얻어먹고 식중독에 걸려 사람이 죽는 경우도 종종 있었다. 하여 더운 지방에선 돼지고기를 요리할 땐 정향과 육계 등의 향료를 넣고 삶아 부패를 방지하고 있다.

게다가 돼지가 전염병에 가장 많이 걸린다. 해서 돼지 사육장에선 시도때도없이 예방 접종을 하는데, 만약 접종한 백신이 두꺼운

지방층에 남아 미처 다 분해되기 전에 도살되면 어찌될까? 그리고 하필 그 고기를 먹은 아이가 다음날 학교에서 뇌염 백신을 맞게 되면? 부작용이 생길 수 있지 않을까?

백신 접종 부작용으로 뇌막염을 앓고 나면 그 아이의 대뇌피질의 신경세포가 상당 부분 망가질 뿐 아니라, 이후 정상적인 시냅스의 생성과 기능이 어려워져 지적 수준이 크게 떨어지는 불행한 후유증이 따른다. 따라서 만의 하나의 사고를 예방하기 위해 학교에서는 백신을 접종하기 전에 돼지고기와 그 가공 식품의 섭취를 금하도록 계도했으면 한다.

93. 하등동물(무척추동물)과 몬도 카네

《몬도 카네》(Mondo Cane)는 1962년 이탈리아의 갈리에로 자코페티와 파올로 카바라가 감독한 다큐멘터리 영화로서, 의역하면 '개 같은 세상'이다. 영화의 내용이 상당히 충격적이어서 전 세계적으로 엄청난 화제가 되었고, 한국에서도 큰 성공을 거두었다.

한국인들의 정력제 밝힘은 이미 오래전부터 전 세계에 소문이 나 있다. 다른 민족에 비해 그다지 굶고 지내지는 않았다고 볼 수도 있지만, 그렇다고 풍족하지도 못했다. 농경민족으로 채식 위주에다가 검소함을 미덕으로 삼았던 터라 다들 몸이 허약했던가 보다. 해서 몸에 좋다면 뱀이며 개구리 등등 가리지 않고 먹어댄다. 특히 채식을 위주로 살다 보니 상대적으로 정력이 약하다는 콤플렉스에서 벗어나지 못해 정력제라면 사족을 못 쓰고 달려드는 버릇이 있다.

아무튼 그 바람에 한국인들은 못 먹는 음식이 없을 정도로 온갖 것을 다 먹는다. 소나 돼지는 말할 것도 없고 개조차도 잘 잡아먹는데, 살코기는 물론 대가리·발·꼬리도 남김이 없고 피와 내장까지 요모조모로 모조리 요리해 먹는다. 버리는 것이 없다. 어디 그뿐이랴. 혐오 식품 중에는 뱀·개구리, 심지어 지렁이까지. 그리고 바다에서 사는 생물이라면 동식물을 안 가리고 다 먹는다.

그런데 그런 식품(?)들이 과연 소문대로 보양식이 되고, 정력에 좋을까? 물론 과장된 속설들이 많지만, 가만히 들여다보면 대부분 이치에 닿는 것들이다. 특히 하등동물일수록 몸에 좋다는 주장은 논리적으로 설득력이 있다.

일반적으로 우리가 동물을 나눌 적에 고등동물과 하등동물로 구분한다. 세상에 고등한 것이 어디 있으며, 하등한 것이 어디 있을까마는 인간들이 제멋대로 나눈 것이다. 기실 고등동물로 분류된 것들의 형체를 이루는 세포들은 단백질 구조가 복잡하다. 그에 비해 상대적으로 하등동물로 분류되는 생물들은 그 구조가 단순하다. 당연히 신체를 이루는 기관들도 덜 복잡하다. 결국 가장 진화를 많이 했다고 할 수 있는 인간의 단백질 구조가 가장 복잡하다고 할 수 있겠다.

단백질 구조가 복잡하다는 것은 그만큼 많은 물질들이 필요하며,

보다 많은 화학 반응이 필요하다는 말이다. 하등동물에서는 없는 갖가지 기능을 가지고 있으며, 이를 행하게 해주는 복잡한 단백질로 이루어진 기관들을 가지고 있다는 말이다. 그러다 보니 탈도 많다. 복잡한 기계가 고장이 많은 것처럼 말이다.

생체에서 일어나는 모든 생리 작용은 화학 반응이다. 인체에서 이처럼 복잡한 구조를 지닌 단백질을 만들어내자면 다양한 영양소와 함께 화학 반응도 그만큼 복잡해진다. 그리고 이 화학 반응은 모두 생체 온도에서 일어난다. 그게 생체의 신비이다. 인간의 과학 기술이 아무리 발달했다고 해도 수만 가지의 인체 화학 반응 중 어느 하나도 실험실 상온에서 재현해내지 못하고 있다. 통상의 온도와 압력하에서 세포들이 온갖 효소와 호르몬·신경전달물질 등을 만들어내는 것을 보면 생명의 신비에 감탄하지 않을 수 없다.

한데 인체 내에서건 실험실에서건 이런 화학 반응에는 반드시 촉매제가 있어야 한다. 그 촉매제가 물일 수도 있고, 알코올일 수도 있다. 또는 각종 유기물이나 중금속일 때도 있다. 고등동물의 경우 이 지구상의 모든 유기물이 거의 다 사용된다고 보면 그다지 틀리지 않는다.

한데 고등한 동물이건 하등한 동물이건 우리 인간이 음식물로 섭취했을 경우, 몸 안에서 소화 효소로 분해되어야 필요한 영양소 및 에너지원이 된다. 그러니까 일단 분해되는 화학 반응을 거쳐 흡수되어도 괜찮은 기초적인 단백질 혹은 탄수화물·유기물로 분해되어 주어야 하는 것이다. 바로 이때 고등동물과 하등동물 중 어느것이 더 잘 분해되어 우리 몸에 쉽게 흡수되어 재활용되는지가 관건이 되는 것이다.

당연히 그 구조가 덜 복잡한 하등동물이 분해하기가 용이할 것이고, 또 흡수도 잘될 것이다. 그리고 그 구조도 기초 단백질로서 우리 몸의 아무곳에서도 별다른 거부 반응 없이 잘 수용되어 우리 몸의 일부로 재활용되거나 에너지로 소비된다. 또 분해 과정에서 까다롭지 않아 독성도 덜 만들어낸다. 분해되는 과정에 조금만 상해도 독성을 만들어내는 것은 소고기나 돼지고기 등 고등한 동물들이다. 생선이나 하등동물에서는 설사 상한 것을 먹어도 그다지 큰 탈이 나지 않는 것은 바로 이러한 이유 때문이라고 보면 된다.

지방 역시 잘 분해된다. 스스로 체온 조절을 못하는 하등동물들은 차가운 물이나 흙 속에 살아서 지방질이 저온에서도 잘 녹는다. 당연히 이를 섭취한 인간의 몸 안에서도 쉽게 분해되어 섭취도 잘된다. 가령 뱀을 먹으면 인체의 상온에서 그 기름이 너무도 잘 녹아서 흡수도 잘되고 배출도 잘된다. 뱀을 많이 먹는 사람의 눈에 뱀기름이 번들거려 살기를 띤 것처럼 보이고, 또 땀에도 기름이 번들거리는 이유가 거기에 있다. 상대적으로 소고기 기름덩이는 잘 녹지도 않고 딱딱하다. 당연히 소화도 잘 안 된다.

게다가 고등동물은 대체로 그 수명이 길어 그 몸 안에 쌓인 노폐물이나 중금속이 많다. 고래나 다랑어에 수은이 많은 것도 그런 이유 때문이다. 하등동물의 경우 대체로 그 수명이 당년생, 그것도 몇 달인 경우도 많다. 해서 하등동물을 먹고 탈이 나는 경우가 거의 없다. 알레르기 반응도 적다. 새우·굴·해삼·멍게·메뚜기·개구리·누에·지렁이 등등의 음식은 분해도 잘되고 흡수도 잘되어 보양식으로 그만인 셈이다. 게다가 질기지 않고 부드럽다. 혐오스럽다는 것은 인간의 편견이자 선입견일 뿐이다.

한국인들의 몬도 카네 근성도 근자에는 점점 사라지고 있다. 그흔한 뱀탕집이나 개소주집은 이제 찾아보기 어렵고, 보신탕집들도 뒷골목에서 간판 바꿔 달고 겨우 연명하고 있지만 그리 오래갈 것같지 않다. 동남아 뱀탕·뱀술 찾는 한국인도 많이 줄었다. 인류 최고의 미약(媚藥)인 비아그라가 나오면서 수많은 하등동물이 인간으로부터 해방되었다. 그렇지만 텔레비전이 온통 '먹방'인 것을 보면이 민족이 아직도 배고픈 기억에서 못 벗어난 것 같다.

94. 고기를 구워먹기 좋아하는 한국인들

구운 고기는 우선 냄새가 좋지만 그만큼 몸에 해로울 수도 있다. 어떤 음식이든 굽거나 태우면 형질 변경이 일어나기 때문이다. 하여 물이 귀한 사막이나 초원의 유목민들이지만 고기를 대개 삶거나쪄서 먹지, 특별한 경우가 아니면 구워먹지 않는다.

초원에서 방목으로 키우는 가축과 달리 한국처럼 작은 우리에서 사육된 소나 돼지들은 태어나자마자 바로 주사부터 맞는다. 그러고서 도축될 때까지 수많은 백신과 항생제를 맞는데, 당연히 고기에는 그러한 약성분들이 남아 있다. 그걸 인간들이 먹는다. 그 고기를 높은 온도로 굽게 되면 무슨 화학 반응이 일어날지 모른다. 정상 온도, 즉 생체 온도에선 절대 일어나지 않는 화학 반응이 일어날 수 있다는 것이다. 그것이 우리 몸에 이로울지 해로울지 명확히 알 순 없다.

물론 그런 성분은 대부분 도로 배설되겠지만, 만의 하나 우리 몸에서 전혀 새로운 작용을 할 수도 있다. 현대의 각종 질병의 일부분은 어쩌면 이처럼 고기를 지나치게 굽는 요리 때문일는지도 모른다. 특히 위암이나 대장암 치료를 받은 적이 있는 사람에게 구운 소고기나 돼지고기는 거의 치명적이다. 한국인들의 폭발적인 대장암 증가가 구워먹는 삼겹살 때문은 아닌지 의심이 든다.

95. 신태교(新胎敎), 구태교(舊胎敎)

세상을 사는 방식이 예전과 많이 달라지긴 했지만, 전통적으로 결혼이란 둘이 만나 자식을 낳는 것을 전제로 했었다.

한데 요즘은 아이 낳는 걸 싫어하는 부부가 있는가 하면, 두려움에 출산을 기피하는 여성들도 꽤 많다. 예쁜 몸매가 망가질까봐, 아이 키우는 만큼 자신들의 행복이 줄어들까봐, 경제적 부담에다 공부 뒷바라지가 힘들어서, 아이를 원래 좋아하지 않아서 등등 갖가지 이유로 안 낳거나 고작 한 명, 잘해야 두 명에서 만족하고 그친다. 어떤 젊은 부부는 자기들끼리 아이를 낳지 않기로 약속을 하고 결혼을 했는데, 그 부모들은 그것도 모르고 손주가 안 생긴다고 애를 태우는 경우도 드물지 않다. 그러니 이제는 물려줄 유산이 있으면 자식들에게 나누어 주지 말고, 손주 수대로 공평하게 나눠 줄 일이다.

그런가 하면 한편에선 자기가 혹시 부실한 아이를 낳지나 않을지, 아이가 자라다가 불치병에 걸리지나 않을지 등에 대한 불안감 때문에 임신을 꺼리는 여성도 많다. 아무튼 문명국일수록, 풍족해질수록, 의료 체계가 발달할수록 오히려 인구가 줄어들고 있으니 아이러니가 아닐 수 없다.

그런가 하면 시중에는 태교에 관한 온갖 상품들이 범람하고 있다. 음악 태교는 기본이고 요가 태교, 명상 태교, 영재 태교, 음식 태교, 미술 태교, 여행 태교, 동화 태교, 바느질 태교 등 끝이 없다. 아무거나 태교자만 갖다붙이면 된다. 마치 태교를 시키지 않으면 나중에 학교 수업 못 따라가는 지진아가 될까봐 뱃속에서부터 과외 수업 내지는 선행 학습을 시킨다고 야단법석이니 아무려나 가난한 사람은 둘은커녕 하나도 낳아 기르기 어렵게 되었다. 그런 신태교가 태아나 산모의 건강을 해칠 정도는 아닌데다가 남의 영업을 방해할 수 없어 그것들의 효능에 대해서는 필자가 이러쿵저러쿵 더 이상 언급하지는 않겠다.

어쨌든 필자가 평소 어린이들의 건강에 관심이 많다 보니 임신·육아에 안타깝고 한심한 꼴을 볼 때가 많다. 하여 (이미 전문가들이 언급한 상식적인 태교법은 제외하고) 신세대 부모들이 반드시 알았으면 하는 태교의 기본 이치들을 살펴보고자 한다.

96. 결혼 전 성기능 체크하는 법!

요즈음 부모는 물론 당사자들도 결혼 전에 건강을 체크하라고 하면 뭔 쌩뚱맞은 소리냐며 눈을 흘긴다. 병원에 가서 건강진단서를 떼라는 말이 아니다. 결혼해서 즐거운 성생활을 할 수 있는지? 또 어렵지 않게 임신을 해서 무사하게 아이를 낳을 수 있는지를 간단하게나마 체크해 보라는 말이다.

먼저 남자의 경우 성기능이 당연히 정상이어야 하는 건 물어보나마나겠다. 한데 종종 부실한 남성들이 있다. 결혼하고도 임신이 안되어 병원에 가서 진찰해 보면 아무 이상이 없단다. 그들 중 발기·사정까지는 정상적인데 임신을 못 시키는 남성들이 있다. 정력이 부족하고 정자의 수가 절대적으로 모자라서 정자의 활동력이 떨어지는 사람은 보약 좀 지어먹고 운동으로 건강 체질을 만들어 놓고 결혼하는 것이 매너겠다.

드물게 특이한 체질의 남성들이 있는데, 발기를 했음에도 불구하고 성기가 뜨겁지 않고 차가운 이들이다. 전문적인 용어로는 신기(神氣)가 일지 않는 남성이다. 육기(肉氣: 두툼한 모양새) · 골기(骨氣: 꼿꼿하게 단단해짐)까지는 정상이지만, 의기(意氣)가 없어 발기한 성기가 뜨거워지지 않는다. 차게 식은 핫도그와 같은 것이다. (남성의 경우 내키지 않는 섹스를 할 때 발기는 되지만 신기가 일지 않아 성기가 차가울 때가 있다. 새벽 발기도 그럴 때가 많다.) 이런 사람은 절대 여성을 임신시키지 못한다. 나아가 여성은 이런 남성과의 관계에서 쾌감을 느끼지 못할 뿐 아니라 갖가지 부인병도 각오해야 한다. 아무리 사랑을 해도 이런 상태의 남성은 절대 여성을 만족시켜 주지 못한다. 왜냐하면 이런 남성은 거의 매일같이 성관계를 요구하게 되고, 차가운 성기 때문에 여성의 질에 각종 오염이나 염증을 일으키게 한다. 심한 경우 여성이 신장염을 앓아 결국 신부전증으로 평생을 고생하는 불행한 사고(?)를 겪기도 한다. 결혼 전에 반드시 체크해야 한다.

여성의 경우, 아주 흔하디흔한 문제는 아랫배가 찬 경우이다. 결혼 전 부모는 딸의 아랫배가 찬지 따뜻한지를 반드시 체크해서 따뜻하게 만들어 시집을 보내야 한다. 아랫배가 찬 여성은 평소 생리통을 심하게 앓으며, 손발이 심하게 차거나 뜨겁다. 생리불순에다 질이나 자궁의 염증을 달고 다니기 때문에 나중에 자궁암에 걸릴 위험도 높다. 그러나 보니 당장 성생활이 즐겁지 않아 귀찮고 짜증나게 마련이다.

더 중요한 문제는 아랫배가 찬 여성은 임신도 어렵고, 임신을 한다 해도 유산 · 조산의 위험이 크다. 자연분만도 쉽지 않아 난산으로 고생한다. 당연히 미숙아나 기형아를 낳을 확률도 높아진다. 달걀을 암탉이 제대로 품어 주지 않으면 병아리를 까지 못하는 것과 같은 이치다. 자궁은 아기집이다. 무조건 따뜻해야 한다. 그렇게 냉증·부인병으로 고생하게 되면 얼굴에 자연히 검은 기미가 생긴다. 남성이 아무리 노력해도 여성이 성생활을 즐거워하지 않기 때문에 부부 관계도 흔들릴 가능성이 커진다.

반대로 아랫배가 따뜻한 여성은 성생활이 즐겁다. 뒤끝도 깨끗해서 오럴섹스 등 아무리 난하고 격렬한 섹스를 해도 여간해서 염증으로 산부인과 찾을 일이 없다. 임신도 잘돼지만 유산이나 조산·난산 걱정이 없다. 아이를 여럿 낳아도 기형아 없이 모두 무탈하게 잘 자란다.

97. 남성이든 여성이든 섹스는 무조건 뜨거워야!

신기(神氣)가 이르지 않는 남성은 보약으로도 어찌하지 못한다. 신경전달물질이나 호르몬 분비 시스템에 문제가 있어 정력제로도 치유가 안 된다. 그렇지만 아랫배가 찬 여성의 경우는 한약으로 능히 치유가 가능하다.

평소 냉한 음식을 삼가고, 운동을 해서 아랫배 근육을 강화시키고, 꽉 조여 기혈 순환을 방해하는 팬티나 브래지어 착용을 금하는 것도 매우 중요하다. 그리고 평소 따뜻하게 몸을 감싸되 멋 부린다고 배꼽을 내놓고 다니는 건 건강 측면에선 지극히 어리석은 행위이다. 샤워를 할 때에는 아랫배와 질 근처를 항상 따뜻한 물로 보온 뜸질해 주는 습관을 들이는 것이 좋다. 임신중이라면 당연히 아랫배를 따뜻하게 감싸서 태아가 따뜻한 집에서 자라게 해줘야 한다.

발기된 성기가 찬 남성도 섹스 전에 반드시 성기를 뜨거운 물로 따뜻하게 데워 줘서 여성 건강을 챙겨야 한다. 발기된 남성의 성기가 뜨겁지 않을 경우엔 섹스를 삼가는 게 좋다. 그럴 땐 여성도 섹스를 거부하는 게 낫다. 아랫배가 따뜻한 여성도 지속적으로 차가운 남성을 받아들이다간 결국 산부인과를 찾을 수밖에 없다. 섹스는 반드시 남녀 쌍방이 뜨거워야 한다. 마음도 거시기도 모두 뜨거워야 한다. 건강한 섹스란 뜨거운 것을 말한다.

98. 임신 휴가로 건강한 아이를!

사람의 적혈구·백혈구·림프구 등의 수명은 그다지 길지 않다. 넉넉잡아 100일 정도면 몸속의 피가 싹 바뀐다고 할 수 있다. 따라서 임신 100일 전부터 식이요법으로 혈액을 건강하게 바꿀 필요가 있다.

남녀 모두 최대한 가공 식품을 피하고, 자연식(유기농)으로 건강한 호르몬을 만들고, 체내 순환 계통도 청결하게 해서 임신을 준비해야 한다. 그러니까 임신 전후의 석 달씩(모두 6개월)은 섭생을 철저하게 챙겨서 태아를 보호해야 안심할 수 있다는 말이다.

　이때 여성은 지나치게 자기 식성을 고집하지 말고 싱싱한 야채를 많이 섭취하고, 평소 안 먹던 음식들도 골고루 먹어 줘야 한다. 간혹 충직한 남편이 임신한 아내를 위한답시고 아내가 좋아하는 음식만 부지런히 사다가 바치는 경우가 있는데, 이로 인한 편식은 태아에게 큰 영향을 미친다. 가령 태어난 아이가 유독 침을 많이 흘리는 경우는 산모가 임신중에 귤 등 신것을 많이 먹은 때문이다. 또 단것을 너무 많이 먹은 경우는 태어난 아이가 저능아일 위험이 커진다. 요즘은 산모의 편식 때문에 아이가 특정 음식에 알레르기 증상을 보이는 경우가 많다. 임신중에 갖가지 음식을 골고루 섭취했더라면 태아가 이미 뱃속에서 그 음식에 대한 적응력을 길러 나오기 때문에 그같은 가능성을 상당히 줄일 수 있다.

　그리고 피임중엔 절대 임신을 삼가야 한다. 질내에 삽입하는 살균성 피임약의 경우 정자나 난자에 상해를 입힐 수가 있고, 재수 없으면 그것이 묻은 채로 임신에 성공할 수도 있어 기형아 출산의 위험이 크다. 또 먹는 피임약은 여성의 인체 호르몬 분비 상태를 비정상적으로 만들기 때문에 역시 문제가 크다 하겠다. 임신 계획이 서면 늦어도 석 달 전에는 피임약을 끊어 인체의 기능을 정상으로 돌려 놓아야 한다.

　그외에 당사자들이 스트레스가 심한 지경에 처하였을 때에는 임신을 피하는 게 좋다. 희로애락 및 공포와 스트레스에 의한 호르몬이 태반에서 걸러져 태아에게 영향을 미치지 않는다지만 완벽한 조직은 없다. 비록 미미하지만 그것이 장기간 지속될 경우에는 반드시 영향을 미치게 마련이다. 학위 논문 준비나 연구 프로젝트 때문에 극도로 피곤한 시기, 심한 감기나 질병 등으로 약물치료를 받은 지 오래되지 않은 경우, 집안에 불행한 사고나 사건이 생긴 시기 등등 심신이 안정되지 않은 시기에는 임신하는 걸 피했으면 좋겠다. 직장을 다니는 여성이라면 임신 전후 넉넉하게 5,6개월쯤 휴직(휴가)을 취했으면 좋겠다. 특히 주야 근무를 불규칙하게 하는 직장이라면 더욱 그렇다.

너무 당연해서 아무도 지적해 주지 않는 것이 바로 햇볕이다. 남녀 공히 임신 전후에는 햇볕을 많이 쐬어 주는 것이 좋다. 특히 달거리 주기가 불규칙한 여성일수록 햇볕을 더 많이 쐬도록 해야 한다. 산모의 건강이 최고의 태교다.

99. 재임신 기간이 짧으면 기형아 출산 위험!

유산이 잦은 여성의 경우, 유산하자마자 얼마 안 가 또다시 임신을 하면 그만큼 유산할 가능성도 높아진다. 이는 출산 후에도 마찬가지다. 가벼운 생각에 빨리빨리 연년생으로 아이를 낳아 기르고 이후 편하게 살거나 직장을 다녀야겠다는 부부들이 자주 저지르는 실수다. 여성의 몸(자궁)은 대개(사람의 체질이나 건강 상태에 따라 달라지긴 하지만) 출산 후 최소한 1년은 지나야 정상 상태로 돌아온다.

몸이 허약한 여성의 경우 2년은 지나야 한다. 그런 다음에 임신을 해야 모든 면에서 안심할 수가 있다.

필자의 친구 중에도 그다지 건강치 않은 부인이 첫아이를 낳자마자 곧 둘째를 가졌는데, 중간에 유산기가 비치자 한약으로 몸을 보하는 등 법석을 피워 간신히 출산했지만 안타깝게도 다운증후군을 피할 수가 없었다. 이런 사례를 이유로 필자가 대놓고 말할 수는 없지만 임신(특히 초기)중 유산을 억지로 막는 것은 그다지 바람직하게 보지 않는다. 자연 유산은 그만한 이유가 있다. 태반이 아이를 정상적으로 키울 환경이 못된다는 뜻이다.

아무려나 아랫배가 따뜻하고 물[水氣]이 많은 여성은 그런 걱정 안해도 된다. 생기는 대로 아이도 잘 낳고, 또 아이들도 모두 튼튼하다. 유산이나 조산은 물론 난산도 안한다. 간혹 아이들을 열 명 이상 낳아 신문에까지 나오는 여성이 그런 체질이다.

100. 조기 교육보다 조기 임신을!

남성의 정자는 난자를 만나 핵만 전해 주면 제 할 일은 끝난다. 정자의 머리 부분은 핵이고 꼬리에는 남성의 미토콘드리아가 10여 개가량 붙어 있는데, 이들은 정자가 난자에 머리를 들이미는 순간 툭 끊어져 버려지고 핵이 들어 있는 머리만 난자에 들어간다. 그러니까 남성의 미토콘드리아는 정자를 그곳까지 유영할 수 있도록 해

준, 다시 말해 우주로 쏘아올린 로켓의 엔진과 연료통인 셈이다. 해서 핵이 난자에 도달한 순간 버려진다. 그러니까 태아는 난자에 들어 있는 모계의 미토콘드리아만을 유전받는 것이다.

모든 인간의 미토콘드리아는 20세까지는 선명하고 싱싱하다. 그런 다음 차츰 시들해져 간다. 여성이 늦게 임신을 하게 되면, 그 자손은 모계의 시들한 미토콘드리아를 유전받기 때문에 아무래도 건강 체질을 유전받기 어렵다. 그러니 가능하면 여성의 경우는 일찍 임신해서 아이를 낳는 것이 아이에게 좋을 것은 당연한 이치겠다.

그러니 아들 중에 누군가가 어린 여성을 꾀어 임신시킬 경우 웬만하면 유산시키지 말고 결혼시켜서 그 튼튼한 아이를 반갑게 맞는 것이 자손을 번창시키는 훌륭한 선택이라 하겠다. 국가적으로도 그렇게 태어난 아이를 돌보지 못해 외국으로 입양시키는 건 참으로 어리석다 하겠다. 이미 선진국에선 결혼 없이 여성이 아이를 가지고 가정을 꾸리는 것이 일반화되고 있다. 그러니 우리나라도 미혼모와 그 아이들을 체계적으로 적극 지원해 주어야 할 것이다.

아이도 일찍 낳아 본 여성이 아이를 잘 낳는다. 낙태를 하건, 유산을 하건, 출산을 하건 혼전 젊은 시절 임신을 해본 경험이 있는 여성은 나중에 결혼을 해서도 불임 걱정할 확률이 낮다. 인체의 임신 기능을 제때에 활성화시켜 놓았기 때문이다. 아이를 여럿 낳고도 재혼한 여성이 또 아이를 낳는 경우가 많은 것도 그 때문이다. 반면에 그런 조기의 임신 경험 없이 뒤늦게 결혼한 여성은 대부분 임신이 잘 안 되어 애를 태우다가 결국 인공 수정을 하는 경우가 잦다. 사람만 그런 게 아니다. 개나 소 등 짐승들도 발정 초기 2,3년을 임신을 못하고 넘기게 되면 불임이 되어 평생 새끼를 못 낳는 경우가 많다.

그외에 아랫배가 차지도 않고, 병원에선 남녀 공히 아무런 문제가 없다는데도 임신이 잘 안 되는 여성들도 있는데, 이들은 운동 부족이 원인일 때가 많다. 선진국이 될수록 여성의 임신이 점점 어려워지는 원인에는 입식 생활로 인한 운동(특히 아랫배 부근) 부족이 크게 작용하고 있다고 볼 수 있다. 해서 필자는 임신이 잘되어 상담하러 오는 여성에게 무슨 운동이든 좋으니 일단 아랫배의 살을 빼는 운동부터 하라고 당부한다. 아무리 임신에 좋은 보약을 달여먹어도 자궁 근처에 살이 너무 찌면 임신이 불가능하다. 배란된 난자가 정자를 만나 수정을 한 다음 수란관을 따라가 일주일 후에 자궁에 착상을 해야 하는데, 그 수란관이 조금이나마 압박이 되면 제 기일 내에 도착하지 못하고 중도에서 수명을 다하고 만다. 물〔水氣〕이 많은 체질의 여성은 수정란이 수란관을 통과하기가 수월하다.

따라서 운동으로 아랫배를 물렁물렁해지도록 해주면 좋은데, 이왕이면 엎드리는 운동 자세가 좋겠다. 아랫배를 따뜻하게 한 다음 남편이 부지런히 마사지를 해주는 것도 좋은 방법이 되겠다. 옛날처럼 바닥에 앉아서 일을 하거나 손걸레로 바닥을 닦는 운동(노동)이 임신에 도움이 많이 된다. 그 자세가 원시 동물적 시절의 자세다. 당연히 섹스 교합 자세도 여성이 엎드린 후배위가 임신에 유리

하겠다.

요즈음 동남아 등 살기 어려운 나라의 여성과의 국제 결혼이 많은데, 이왕이면 그 나라 시골 오지에서 온 여성이 아이도 잘 낳고 그 아이가 튼튼한 것에는 이런 이유가 있다. 그러니 머지않아 다문화 가정 자녀들의 자손들이 번창하고, 또 그 중에서 뛰어난 인물이 나올 가능성도 크다 하겠다.

101. 성기는 왜 뒷다리 사이에 있나?

신체적으로나 정신적으로 아무 문제가 없는 것 같은데, 성욕도 없고 발기도 잘 안 되는데 어떡하느냐? 옛날과 달리 요즘은 영양이 부족해서 정력이 부족한 남성은 드물다. 오히려 영양이 지나쳐서 문제인 경우가 더 많다. 모조리 운동 부족이다. 그러니 운동이나 열심히 하라는 것 외에 정력제나 보약을 권하고 싶지도 않다.

과학자들은 현대의 다양한 합성·오염물질들이 인체의 내분비계를 교란시켜 생식기 기형, 정자수 감소, 남성 신체의 여성화 등 각종 질환을 일으킨다고 지적하고 있다. 근자의 어느 기관의 연구에 의하면 다이옥신·농약·중금속·화학물질 등 환경 오염 물질들 때문에 남성의 신체 구조를 결정짓는 남성 호르몬인 안드로겐의 활동이 제대로 이루어지지 않아 성기나 고환의 크기에 영향을 주고 있다는 발표를 한 적이 있다. 성기가 작아지는 것뿐만 아니라 남성 신체 구조가 점점 더 여성화돼 청소년들의 키는 점점 더 커지고 있지만, 다리의 비율이 점점 높아져 여성의 신체를 닮아 가고 있다고 주장했다.

회춘공(回春功)이라 해서 특별난 것이 아니다. 모조리 하체(특히 사타구니) 운동이다. 성기를 움직여 주는 체조는 일단 모두 회춘공이라고 해도 된다. 다리를 많이 움직이는 운동이나 일을 하는 사람 중 정력이 부족하다고 느끼는 사람은 별로 없고, 또 여성의 경우는 임신이 안 되어 고민하는 경우도 극히 드물다.

그렇지만 운동할 시간이 없는데 어떡하느냐? 제자리에서 뛰는 운동이라도 하루에 1,20분씩 해주면 금방 회복된다. 나약한 인간이 영장류 시절 살아남은 것은 두 다리로 뛰어 도망을 잘 친 덕분이다. 본격적인(그럴듯해 보이는) 회춘 도인 체조는 따로 배워야겠지만, 일단 혼자 집에서라도 사타구니 안쪽과 아랫배·성기 주변을 부지런히 두드리고 마사지해서 근육과 신경을 풀어 주어 기혈 순환을 원활히 해주면 나이가 든 사람도 금방 회복된다. 당연히 여성에게도 좋다. 성기가 사타구니 사이에 위치한 이유다. 성기를 흔들어 주는 게 회춘공이다. 그러니 남녀 불문코 꽉 죄는 팬티부터 벗어던져 거시기의 자유부터 허하라!

102. 생식(生食)과 화식(火食)에 대한 오해

과학 문명의 발전 덕분인지 인간의 수명이 불과 2,3백 년 전과 비교해도 거의 두 배 가까이 늘었다. 앞일을 누가 알랴마는 인류가 이렇게 풍족하게 살았던 적이 없었음에도 사람의 욕심이란 게 끝이 없어 그도 부족한지 수명을 늘리기 위한 노력은 계속되고 있다.

　　이렇게 의학이 발달했지만 그 한편에선 아직도 섭생에 관한 증명되지 않은 속설들이 통용되고 있어 가끔 미련한 사고를 일으키기도 한다. 잠깐 이치적으로 생각해 보면 금방 알 수 있음에도 불구하고 옛사람들의 경험에서 나온 슬기(?)라면 맹목적으로 따를 때가 많다.

　　그 옛날 영장류 시절엔 인간도 다른 짐승들과 같이 후각이나 청각 등 감각이 예민했을 것이다. 한데 왜 지금의 인간은 그런 야생적 감각들이 퇴화되어 왔을까? 여러 원인이 있겠지만 가장 중요한 원인은 불을 다루면서 화식(火食)을 하기 시작한 때문일 것이다. 인간의 온갖 질병들도 대부분 화식에서 기인했다고 볼 수 있다.

　　사실 음식(고기)을 굽거나 삶아서 익혀 먹으면 맛도 좋고 소화도 잘된다. 이미 화식에 익숙해져 그에 맞게 진화해 온 인간에게야 그렇지 않겠지만 기실 생식이 몸에 더 좋은 건 사실이다. 큰 수술 환자들이 육회나 생선회를 많이 먹으면 회복이 빠른 것만 봐도 알 수 있다.

　　짐승이라고 해서 모두가 감각이 뛰어난 건 아니다. 집에서 기르는 동물들은 인간에 비하면 감각이 훨씬 발달해 있지만, 야생에 비하면 거의 절반은 이미 퇴화되었다고 할 수 있다. 인간 곁에서 화식을 한 때문이다. 가령 군부대에서 기르는 경비견인 셰퍼드들은 어렸을 적부터 생식을 시킨다. 절대로 익힌 사료를 먹이지 않는다. 화식을 시키면 가장 먼저 후각이 떨어지고, 다른 감각들도 무디어져 동물적 야성을 상실하고 만다. 왜냐하면 신경세포는 열에 가장 약하기 때문이다. 한번 손상되면 회복이 거의 불가능하다. 어린아이가 고열을 앓고 나면 벙어리나 장님·귀머거리가 되는 것도 그 때문이다. 해서 열이 나면 수단 방법 가리지 말고 머리 쪽 열부터 식혀 줘야 한다. 해열제가 없으면 얼음물로라도 응급 처치해야 한다.

요즘 생식을 한다는 사람들을 보면 대부분 채소나 곡식만으로 자연식이니 유기농이니 하는데, 이는 좀 문제가 많다. 동물성 단백질도 반드시 필요하다. 가만히 앉아 수행만 한다면 모를까 근로를 하자면 그만한 에너지를 채식으론 감당할 수가 없다. 서양인들이 굽는 시늉만 한 스테이크를 즐기는 것도 그만한 이유가 있다. 특히 운동선수라면 채식이든 육식이든 무조건 생식이어야 한다. 어쩔 수 없이 화식을 할 경우엔 살짝만 익혀야 하고, 그마저도 반드시 식혀서 먹어야 한다.

103. 사리(舍利) 만드는 비결

사리란 산스크리트어에서 '주검'을 뜻하는 '사리라(sarira)'라는 말에서 유래된 것으로, 원래는 석가모니를 화장하고 난 뒤에 남은 유골을 가리켰다고 한다. 후대에는 고승이나 덕망 높은 사람을 화장한 뒤에 유해에서 발견되는 구슬 모양의 결정체를 사리라 하여 신앙의 상징으로 귀히 여기고 있다.

사리는 일반 화장을 해서는 나오지 않고, 다비를 해야 나온다고 한다. 일반 화장은 너무 고온이라 사리가 있어도 녹아 버려 수습이 안 된다고 한다. 다비는 땅 속에 거대한 물 항아리를 묻고 밀봉을 한 다음 흙을 덮어 장작을 쌓고 고승의 유체를 그 위에 얹어 화장을 한다. 그리고 화장을 마친 뒤 항아리를 파내면 그 안에 작은 유리알 구슬들이 있는데, 그걸 사리라고 한다. 뼛속에서 수습되기도 한다. 성분은 전체적으로 뼈와 유사하나 프로트악티늄과 리튬·티타늄이 함유되어 있으며, 푸석푸석한 결석·담석과는 다르다고 한다.

사리가 왜 나오는지에 대해서는 아직 확실하게 밝혀진 바가 없다. 화장에 쓰이는 짚과 장작의 성분이 고열에서 뼈와 반응하여 얻어지는 결정일 것으로 추측하고들 있다. 그러니까 소의 뼈와 장석·카오리나이트를 가마에 구워 본차이나 도자기를 만드는 원리와 비슷하다 하겠다. 일반적으로 도력이 높아야 나온다고 믿지만, 유명 고승 중에도 사리가 안 나오는 경우가 있는가 하면 일반인에게서도 많은 사리가 나올 때도 있다.

전국 사찰에는 역대 고승들의 수많은 사리탑들이 있다.
사리를 워낙 중요하게 여기다 보니 사리가 적거나 아예 안 나오게 되면 공(功)이나 덕(德)이 적었다고 섭섭해할까봐 본인이나 그를 따르는 신자들에게 여간 신경이 쓰일 수밖에 없다. 하여 예전에 어느 승려는 다비 후 사리가 나오지 않자 제자들이 쉬쉬하며 유리구슬 몇 개를 넣어 사리탑을 세워 준 일도 있다.

과연 사리가 많이 나오면 도력이 높은 사람일까?

추측하기에 오랜 기간 동안 고행을 많이 한 사람들에게서 사리가 많이 나올 확률이 높은 건 어느 정도 일리가 있다고 여겨진다. 고생을 많이 한 사람은 섭생이 열악하여 뼈에 정상적인 성분 외에 중금속이나 기타 이물질이 많아 사리 생성에 역할을 했을 수 있다는 말이다.

가령 예전에 필자의 집에 암탉 한 마리를 키웠었는데, 그 닭이 낳는 알이 참으로 가관이었는데 표면이 불순물로 까칠까칠했다. 산중턱의 외딴 집인데다가 한 마리밖에 없어 알 껍질을 만드는 데 필요한 조개껍질 가루를 사다 줄 수가 없었다. 자세히 들여다보니 온통 연탄재투성이였다. 껍질을 만드는 성분이 모자라자 연탄재를 쪼아먹어 섞었던 것이다. 어쩌면 그 계란을 다비로 화장했더라면 자잘한 사리가 한 주먹쯤 나왔을는지도 모르겠다.

그러니까 도력이 높다고 해서 사리가 나오는 것이 아니라, 그 암탉처럼 산에서 기름진 음식이나 육고기를 못 먹고 푸성귀에다 잡곡(선식, 특히 가마솥 누룽지)만으로 평생을 살다 보니 뼈 만드는 데 부족한 칼슘 대신 이런저런 불순물(사리의 씨앗)로 대체한 것이리라. 비슷한 예로 평소 물을 잘 안 마시고 진밥보다 고두밥을 즐기는 사람들이 담석이 많이 생긴다. (이런 사람들은 대체로 성격도 꼬장꼬장하다.) 그런 다음 다비할 때 오래오래 장작불을 잘 지펴야 유약(항아리에서 김이 올라와 탄 짚의 재에서 잿물이 나온다)이 자꾸 입혀져 크고 영롱한 사리를 얻을 수 있다.

그러니까 사리란 게 도력과는 상관이 없고, 섭생이 시원찮았던 사람에게서 나올 확률이 높다 하겠다. 고승이라 해도 평소 영양 상태가 좋고 차(곡차)나 음료를 많이 마신 경우에는 사리는 고사하고 담석도 못 만든다. 수년 전 입적한 어느 유명 승려는 "다비하고 나면 나의 사리는 찾지 말라"고 유언을 했다고 하는데 참으로 현명한 선택이라 하겠다. 평소 산골짜기 움막에 살았다지만 차를 애용하는 바람에 어차피 사리가 나오지 않았을 테니 말이다. 그분이 이 사실을 알고 그러한 유언을 했는지는 알 수 없지만, 어쨌든 사리를 남기려면 요즘처럼 웰빙 선식하며 수행하면 안 되겠다.

이 정도의 상식이면 이제 어떤 승려든 입적할 때 사리 걱정은 안 해도 될 테다. 염을 할 때 '사리의 씨앗'을 한줌 넣고 다비를 하면 될 것이니 말이다. 왕사리 만드는 것도 어렵지 않을 것이다.

[후기]

귀신 씻나락 까먹는 소리?

과학 문명이 첨단을 달리고, 그 어느 때보다 풍족한데도 불구하고 종교가 여전히 번성일로에 있는 유일한 나라가 한국입니다. 전국의 웬만한 명산 골짜기는 유명 사찰이 차지하고 앉아 관광한국의 주요 테마가 되어 있고, 변두리 산자락 곳곳에도 크고 작은 절들이 옹기종기 도사리고 있습니다. 도시는 말할 것도 없고, 거의 모든 시골도 교회나 성당이 그 동네 랜드마크로 우뚝 서 있습니다. 빈민촌에는 열 지붕 건너 하나씩 개척교회 십자가가 밤마다 빨간 불을 밝히고 있습니다. 일개 면의 땅을 다 사들여 왕국을 건설한 종교단체도 하나둘이 아닙니다. 그런가 하면 신선 사상을 버물려 만든 온갖 유사종교 내지는 신흥종교가 장마철 이끼처럼 골목골목마다 피어나고 있으니 가히 대한민국을 영성의 나라라고 할 만합니다.

철학이 없는 민족은 '왜?'가 없습니다!

솔직히 말해서 한민족은 철학을 해본 적이 없습니다. 배운 적도 없고, 가르친 적도 없지요. 스스로 만든 적은 더더욱 없었지요. 학문(學問)이랄 것도 없습니다. 오직 유교(유학) 경전을 외우는 걸로 학문(學文)했을 뿐이지요. 소위 경학(經學)입니다. 그러다 보니 예나 지금이나 철학을 공부한 사람은 넘쳐나는데 정작 철학자라 할 만한 사람은 안 보이는 겁니다. 선(先)지식 긁어모아 학자인 척하는 것이지요. 위대할 것까진 못되더라도 인류를 위한 작은 발명품 하나 내놓은 적 없습니다. (혹자는 한글·거북선·온돌·김치·된장을 주장할 수도 있겠으나, 그건 우리끼리만의 것이지 인류 문명 발전에 선도적 역할을 한 적이 없습니다.) 한국전쟁을 빼고 나면 세계사에 흔적도 없습니다. 한국사를 지워내도 아무 문제 없습니다. 있으나마나! 그만큼 존재감 없는 민족이자 나라였습니다.

한데 왜? 이 민족이 왜 이토록 종교에 집착할까요? 그렇게 진지한 민족인가요? 아니면 그만큼 미개하고 불안하고 미신적인 민족인가요? 수많은 종교가 큰 다툼 없이 공존하는 것을 두고 혹자는 한국인들이 그만큼 관대하다고 말합니다만 선뜻 수긍하자니 켕기는 구석이 너무 많습니다. 또 많은 이들은 한국에서 종교는 사업이라고 공공연하게 말합니다.

철학이 없으면 사람은 자기 생각을 못합니다!
자기 생각이라고 하지만 기실 모조리 남의 말을 주워섬기고 있습니다. 주관·주체 의식이 부족하고, 귀가 얇아 맹목·맹신적이어서 선동에 약하고 부화뇌동을 잘합니다. 신학은 넘쳐나는데 종교학(science of religion, 과학으로서의 종교)은 어디에도 없습니다. 한국에서 종교 사업이 번창할 수 있는 근본적인 요인은 바로 이 철학(교육)의 부재에 있습니다. 이미 어렸을 적부터 종교는 신성불가침한 영역이어서 감히 비판하면 안 되는 것으로 세뇌되었기 때문이지요. 무조건 그 앞에 엎어져 받들어야 한다고 가르치고 배웠습니다. 다행(?)히도 '종교의 자유'란 말도 같이 배우는 바람에 이 작은 동네에 온갖 종교가 콩나물처럼 자라나고 있는 것이라 짐작됩니다. 종교 영업의 자유까지 보장된 것이지요. 게다가 완전 면세입니다. 누가 어떤 귀신을 만들어 팔아먹든 검증받을 필요도 없거니와 간섭받지도 않습니다.

그나저나 한국에서의 그 어떤 종교도 가만히 들여다보면 기복적이고 유교적인 신앙 행태에서 벗어난 것이 없습니다. 성경이냐, 불경이냐, 무경(巫經)이냐, 텍스트만 다를 뿐입니다. 왜 그럴까요?

한국인은 통일신라시대 이래 스스로 주인장으로 살아 본 적이 없습니다. 국가적으로는 대국에 종속해서 연명해 왔고, 개인적으로는 대부분 노비적 근성으로 살아 왔습니다. 노비(하인)에겐 스스로 생각하고, 판단하고, 결정할 권한도 의무도 책임도 없습니다. 그런 건 모두 주인장의 몫이지요. 노비에겐 오직 복종만이 미덕이지요. 그리고 공손해야지요. 그래야 충직하다며 귀염을 받으니까요. '왜요?'를 입에 달았다가는 그날로 쫓겨나거나 맞아죽습니다. 노비에게 허용되는 권리(?)는 남탓·핑계·변명뿐입니다. 그 구실로서 신이 필요했던 겁니다. 잘못을 자신의 책임으로 돌릴 수 있는 자는 이미 노비가 아닙니다.

노비로 살 바에야 이왕 벼슬 높은 큰집 노비로 사는 것이 좋겠지요. 양떼나 정어리떼처럼 큰 무리에 속해야 보다 안심이 되는 거지요. 해서 교회도 큰 교회를 찾고, 남들보다 더 크게 보이기 위해 큰

집을 짓고, 사람들을 더 많이 끌어모아야 합니다. 당연히 그 귀신도 그만큼 권능이 세어진다고 여깁니다. 신앙심도 힘(권력)이니까요. 더불어 자신의 힘도 커진다고 여기지요. 게다가 산삼은 오랠수록 그 효능이 커지듯이 교회도 오래 다닐수록 신앙심이 더 돈독해진다고 여깁니다. 수직 문화·서열 문화·군사 문화·집단주의가 신앙심을 계급화하고 있는 겁니다. 당연히 복종이 강요됩니다. 순종·봉사·헌신이란 핑계로 부림과 착취를 당하지만 오히려 행복해합니다. 행복하다고 믿어야 된다고 생각합니다. 이른바 맹목(盲目)이지요.

그런다 해도 노비는 자기를 존중할 줄 모릅니다. 배운 적이 없으니까요. 마찬가지로 타인을 존중할 줄도 모릅니다. 그들이 타인을 존중(?)하는 것은 존중이 아니라 기실 아부 혹은 복종이지요. 잘 부려 달라는 부탁이자 혹여 불이익을 당하지나 않을까 하는 두려움에서지요. 갑질과 을질의 뿌리도 바로 이 노비 근성입니다. 아무려나 신앙이든 수행이든 단독행이어야 합니다. 스스로를 믿는 자가 주인입니다. 운명이든 신이든 귀신이든 사람이든 당당하게 일대일로 마주할 수 있어야 개인으로서의 주인이 될 수 있습니다.

종교적 신뢰는 복종에서 나옵니다!

복종 없이는 신뢰도 없습니다. 당연히 종교도 성립될 수가 없습니다. 본문에서도 말했지만, 인간이 신을 모시는 이유는 '불신'과 '믿음' 때문입니다. 인간은 인간을 속이지만, 신은 절대 인간을 속이지 않기 때문이지요. 종교가 번창한다는 건 그만큼 사람과 사람 사이에 신뢰가 없다는 반증이겠습니다. 요즘 한국인들이 애완동물에 심취하는 것도 어쩌면 그 때문일 수도 있겠습니다. 짐승이 사람을 해친 적은 있어도 결코 사람을 속인 적은 없으니까요. 자기 자신도 못 믿는 게 인간입니다. 절대자 앞에 똑같이 엎어지고 나면 왠지 너나 나나 하잘것없는 동격이 된 듯한 느낌이 들지요. 같은 신을 모시는 바람에 남들 사이보다 약간의 (가족적인) 신뢰가 더 생기는 것이지요. 그 보증인(?)으로 주인 모시듯 신을 세운 겁니다. 결국은 신 앞에 엎어져 자신을 믿고 싶은 겁니다.

그렇지만 기실 그 모든 권능과 열매는 누구의 것이던가요? 야바위꾼들이 종교산업에 매력을 느끼지 않는다면 그게 이상한 일이지요. 귀신 모시는 데 밑천 드나요? 하여 온갖 잡것들이 성경·불경을 흔들며 창업에 뛰어드는 거겠지요.

그렇지만 한국은 여전히 전설의 고향입니다!
양털가죽·개털가죽을 쓴 야바위꾼들이 국산 혹은 수입산, 구제품 혹은 신제품, 짜가 혹은 카피 귀신 구라로 노비들에게 앵벌이시켜 동네 사람들 호주머니 푼돈을 갈취하는 게 고작입니다. 만약에 한국의 기라성 같은 종교사업자들이 그 뛰어난(?) 능력을 진즉에 산업이나 상업에 바쳤다면? 이병철·정주영에 이어 워런 버핏·조지 소로스·빌 게이츠·스티브 잡스·손정의·제프 베이조스·일론 머스크·마윈·마크 저커버그 같은 인물이 줄을 잇지 않았을까요?

드라큐라, 뱀파이어, 수퍼맨, 베트맨, 아이언맨, 스파이더맨, 반지의 제왕, 백설공주, 킹콩, 닌자거북이, 드래곤볼, 은하철도, 스타워즈, 에이리언, 킹콩, 죠스, 해리포터…! 한데 왜 우리 귀신들은 환생도 못하고 아직도 그 옛날 그 모양 그 꼴로 헛간에 숨어 쥐들이 먹다 흘린 씻나락이나 주워 까먹으면서 연명해야 한단 말입니까? 왜 서양으로 간 드래곤은 하늘을 펄펄 날아다니며 불을 뿜어대는데, 이 땅의 용들은 아직도 절간 처마 밑에 숨어 연기나 맡으면서 코만 벌름대고 있는지요? 왜 우리는 남 못잖은 기술력을 지니고도 명품을 못 만들고 남의 것을 사다 쓴답니까? 왜 귀신조차 남의 것을 사다가 섬겨야 한단 말입니까?

그런가 하면 요즘은 인공지능(AI)이 등장해 인간과의 게임에서 인간을 무참히 짓뭉개는가 하면, 도처에서 구(舊)귀신들은 감히 꿈도 못 꾸던 일을 척척 해내고 있습니다. 심지어 돈 만드는 귀신들까지 등장해 너도나도 밤낮을 가리지 않고 돈을 캔다고 야단법석입니다. 이른바 신(新)귀신들입니다. 한데 그것들의 모델이 인간일까요? 귀신일까요? 그러니까 인간다운 인공지능? 아니면 귀신 같은 신공지능? 거짓을 구사하느냐 않느냐에 달렸겠습니다.

천라지망(天羅地網)!
인간과 귀신의 경계가 없어지고 있습니다. 벌써 AI가 인간의 음성과 이미지를 합성해 실제와 똑같은 가짜 동영상 뉴스를 만들었다고 합니다. 그러니까 인간을 속이는 최초의 귀신? 당연히 귀신을 속이는 귀신도 곧 나올 겁니다. 귀신은 귀신으로 잡아야 하니까요. 하여 귀신이 귀신을 부리는 시대! 바야흐로 인간과 귀신, 귀신과 귀신들의 전쟁이 시작된 겁니다. 4차산업혁명? 미래산업? 시간까지

압축하는 시대에 미래가 무슨 의미가 있겠습니까? 쓰나미 덮치듯 신귀신·신문명이 밀어닥치고 있습니다. 반세기를 넘기기 전에 대한민국 대부분의 절과 교회들은 유령의 집으로 변할 겁니다. 태초가 그랬던 것처럼 혼돈의 시대입니다. 인간은 이제 당장 어떻게 살아야 합니까?

귀신은 형용사이지 동사가 아닙니다!

귀신은 상상으로 만듭니다. 그러니 애완견 한 마리 키우는 것보다도 적은 비용으로 얼마든지 만들 수 있는 게 귀신입니다. 도깨비(탈) 하나 잘 만들면 전 세계인의 주머닛돈 순식간에 내 통장으로 옮겨다 줍니다. 소설이든, 영화든, 게임이든 귀신놀음 하나 잘 개발하면 수십만, 수백만 명이 먹고 삽니다. 연극·영화·패션·스포츠·음악·의식·축제 등도 따지고 보면 귀신놀음이거나 그 놀음에서 파생된 문화라 할 수 있습니다. '믿음'을 세우기 위해 인간이 지불하는 비용이 실로 어마어마합니다. 탈(귀신)은 거짓이지만 병을 낫게 해주고, 즐겁게 해주고, 돈을 벌어 오는 그 자체는 진실입니다.

귀신은 자원입니다!

인류 최고의 영구 자원입니다. 자고로 귀신을 만드는 민족이 세상을 지배해 왔습니다. 귀신을 만들지 못하는 민족은 남의 귀신이나 모시면서 자자손손 노비로 살 수밖에 없습니다. 그렇다고 맹목적 신앙심으로는 절대 귀신을 만들 수 없습니다. 단언컨대 귀신은 모시기 위해 만든 것이 아니라 부리기 위해 만든 것입니다. 귀신이든 사람이든 모시는 자는 하인이고, 부리는 자는 주인입니다. 주인

의식을 가진 자만이 귀신을 부릴 수 있다는 말입니다.

* *

홍익인간(弘益人間) 홍익귀신(弘益鬼神)!

뛰는 놈 위에 나는 놈, 나는 놈 위에 올라타는 놈이 있습니다. 세상에는 귀신을 섬기는 인간이 있는가 하면, 귀신을 만드는 인간이 있고, 귀신을 부리는 인간이 있습니다. 결국 귀신을 만드는 자가 귀신을 부리고, 인간을 다스립니다. 도깨비든 허깨비든, 신이든 귀신이든, 공귀(孔鬼)든 양귀(洋鬼)든 그만큼 섬겼으면 됐지 얼마나 더 섬기렵니까?

세상이 바뀌었습니다. 바뀌어도 엄청나게 바뀌었습니다. 당연히 귀신 문화, 귀신 철학도 바뀌어야 합니다.

지금 당장 우리 아이들에게 찌질한 '전설의 고향'으로 겁주어 오줌싸개 만들지 말고, 일찍부터 귀신 부리는 재주를 익히게 해야 합니다. 귀신 부리는 배짱이면 무슨 일인들 못해내겠습니까?《해리포터》등 남의 귀신이야기 천권 만권 읽혀 봐야 남의 귀신 섬기는 것밖에 못 배웁니다. 제집 강아지가 옆집 주인한테 꼬리치는 꼴이지요. 그래서는 절대 주인 의식, 주동 의식 못 기른다는 말입니다. 모든 귀신은 자기를 만든 주인에게만 복종한답니다. 전 세계를 돌아다니며 조화를 부려 번 돈을 몽땅 주인에게 갖다 바칩니다. 자기 신화란 게 그래서 필요하고, 또 중요한 거지요. 해서 신화를 가지지 못한 민족은 문화 창조 못하는 겁니다. 그러니 당장 급한 건 종교학

(신학)이 아니라 귀신학이겠습니다. 아무려나 귀신을 제대로 알아야 귀신을 만들든 부리든 할 수 있지 않겠습니까? 귀신이 무서워서야 어찌 귀신을 만들겠습니까? 혼백론을 쓴 진짜 목적입니다.

　개뿔 같은 소리!

　맞습니다. 용(龍)만 뿔 달라는 법 있습니까? 개뿔, 쥐뿔인들 못 달아 주겠습니까? 미꾸라지만 용 되란 법 있습니까? 뭔 놈의 귀신들이 그렇게 엄숙하단 말입니까? 지렁이도 하품하면 뿔 달아 줘야 합니다. 땅강아지도 날개를 달아 주면 슈퍼맨, 배트맨, 아이언맨, 스파이더맨… 모조리 다 잡아옵니다. 제발이지 뻥을 치려면 제대로 칩시다. 또다시 말씀드리지만 진리는 지식이 아니라 지혜입니다. 명사가 아니라 동사입니다. '것'이 아니라 '짓'입니다. 찾는 것이 아니라 만들어 나가는 것입니다. 집단 무의식? 원형(Archetypes)? 명사화 작업은 버스 지나간 다음에 학문한다는 사람들이 하는 겁니다.

　말 같지도 않은 소리!

　맞습니다. 말이 되면 애당초 귀신도 없었지요! 하지만 어떡합니까? 말이 되는 건 돈이 안 되고, 돈이 되는 건 말이 안 되는걸! 사람도 그렇고, 귀신도 그렇습니다. 정치도 그렇고, …. 헛것이 진짜고, 진짜가 헛것입니다. 그러니 헛것을 고르시겠습니까, 진짜를 고르시겠습니까? 나는 대한민국이 아픕니다. 대한민국 귀신이 아픕니다. 귀신이 죽어야 귀신이 삽니다. 하여 귀신을 만들고 싶습니다. 큰 귀신을 만들고 싶습니다. 진짜 진짜 큰 우리 귀신 말입니다.

＊ ＊

모처럼 나선 긴 산책, 드디어 마칩니다.

길이란 게 가도가도 끝이 없습지요. 주제가 귀신인지라 간간이 헛소리를 섞어 보았습니다만 아무래도 좀 지루하셨을 겝니다. 털껍데기와 작대기 하나로 시작된 백만 년 귀신놀음, 너 모르고 나 모르고 귀신도 몰랐던 귀신 이야기, 말이 될 것도 같고 안 될 것도 같은, 밑도 끝도 없을 것 같은 이바구도 이쯤에서 마무리해야겠습니다.

혹여 바른 것이든 구부러진 것이든 작대기 하나 건지셨는지요? 아니면 들고 나왔던 것마저 버리셨는지요? 그래도 점(·) 하나는 남았겠지요? 일이삼(一二三)? 일십천(一十千)? 일시무시일(一始無始一)? 일종무종일(一終無終一)? 일체유심조(一切唯心造)? …? 작대기 하나가 온갖 요술을 다 부립니다. 어디 숫자놀음뿐이겠습니까? 글도 쓰고, 그림도 그리지요. 사람 홀리는 술법이야 세상에 널리고 널렸지요. 당장 인류의 절반이 그런 걸로 먹고 살지 않습니까? 그렇지만 점(·)은 커지거나 작아지기만 할 뿐, 요술은 못 부리지요. 하긴 먼지가 모여 별이 되고 우주가 된다니 그만한 요술도 없겠습니다만!

어쨌든 책값은 건지셨는지요? 혼백귀신심령(魂魄鬼神心靈)이 이번 산책으로 대충 갈무리가 되었는지요? 엄지발가락도 꽤 고생했을 겁니다. 따뜻한 물에 담가 주물러서 풀어 주십시오. 그나저나 이제 심심해서 어떡하지요? 저도 밑천 다 털어놓은 것 같아 허전합니다.

그렇다고 가부좌 틀고 앉거나 독서로 보내기에는 남은 세월이 너무 긴 것 같고… 해서 내일은 다른 길을 나서 볼까 합니다. 이번에는 사람들이 좀 많이 다니는 번잡한 길로 가보렵니다. 혹여 또 꼬부랑 작대기 비슷한 거 하나 주울 수 있을지…!

[참고 문헌]

《神의 起源》, 何 新 / 洪 憙 옮김 / 東文選 刊

《신화 미술 제사》, 張光直 / 李 徹 옮김 / 東文選 刊

《道》, 張立文 / 權 瑚 옮김 / 東文選 刊

《朝鮮의 占卜과 豫言》, 村山智順 / 金禧慶 옮김 / 東文選 刊

《曆과 占의 科學》, 永田久 / 沈雨晟 옮김 / 東文選 刊

《朝鮮民俗誌》, 秋葉隆 / 沈雨晟 옮김 / 東文選 刊

《原始佛敎》, 中村元 / 鄭泰爀 옮김 / 東文選 刊

《朝鮮의 鬼神》, 村山智順 / 金禧慶 옮김 / 東文選 刊

《道敎와 中國文化》, 葛兆光 / 沈揆昊 옮김 / 東文選 刊

《禪宗과 中國文化》, 葛兆光 / 鄭相泓, 任炳權 옮김 / 東文選 刊

《힌두교의 그림언어》, 안넬리제 外 / 全在星 옮김 / 東文選 刊

《중국문화개론》, 李宗桂 / 李宰碩 옮김 / 東文選 刊

《龍鳳文化源流》, 王大有 / 林東錫 옮김 / 東文選 刊

《중국고대사회》, 許進雄 / 洪 憙 옮김 / 東文選 刊

《甲骨學通論》, 王宇信 / 李宰碩 옮김 / 東文選 刊

《朝鮮巫俗考》, 李能和 / 李在崑 옮김 / 東文選 刊

《曼茶羅의 神들》, 立川武藏 / 金龜山 옮김 / 東文選 刊

《美의 歷程》, 李澤厚 / 尹壽榮 옮김 / 東文選 刊

《古文字學 첫걸음》, 李學勤 / 河永三 옮김 / 東文選 刊

《인도종교미술》, A. 무케르지 / 崔炳植 옮김 / 東文選 刊

《中國甲骨學史》, 吳浩坤 外 / 梁東淑 옮김 / 東文選 刊

《꿈의 철학》, 劉文英 / 河永三 옮김 / 東文選 刊

《女神들의 인도》, 立川武藏 / 金龜山 옮김 / 東文選 刊

《朝鮮巫俗의 硏究》, 赤松智城, 秋葉隆 / 沈雨晟 옮김 / 東文選 刊

《拳法要訣》, 金光錫 편저 / 東文選 刊

《禮의 精神》, 柳 肅 / 洪 憙 옮김 / 東文選 刊

《군달리니》, A. 무케르지 / 편집부 옮김 / 東文選 刊

《카마수트라》, 바짜야나 / 鄭泰爀 옮김 / 東文選 刊

《運氣學說》, 任應秋 / 李宰碩 옮김 / 東文選 刊

《宗敎學入門》, F. 막스 밀러 / 金龜山 옮김 / 東文選 刊

《아니마와 아니무스》, A. 융 / 박해순 옮김 / 東文選 刊

《中國武俠史》, 陳 山 / 姜鳳求 옮김 / 東文選 刊

《죽음 앞에 선 인간》, P. 아리에스 / 유선자 옮김 / 東文選 刊

《질병의 기원》, T. 매큐언 / 서 일, 박종연 옮김 / 東文選 刊

《중국은사문화》, 馬華, 陳正宏 / 강경범, 천현경 옮김 / 東文選 刊

《죽음의 역사》, P. 아리에스 / 이종민 옮김 / 東文選 刊

《生育神과 性巫術》, 宋兆麟 / 洪 熹 옮김 / 東文選 刊

《종교철학의 핵심》, W. J. 웨인라이트 / 김희수 옮김 / 東文選 刊

《융분석비평사전》, A. 새뮤얼 외 / 민혜숙 옮김 / 東文選 刊

《불교산책》, 鄭泰爀 지음 / 東文選 刊

《한국의 전통연희와 동아시아》, 서연호 지음 / 東文選 刊

《인간과 죽음》, E. 모랭 / 김명숙 옮김 / 東文選 刊

《漢語文字學史》, 黃德寬, 陳秉新 / 河永三 옮김 / 東文選 刊

《朝鮮神事誌》, 李能和 / 李在崑 옮김 / 東文選 刊

《요가수트라》, 鄭泰爀 지음 / 東文選 刊

《玉樞經硏究》, 具重會 지음 / 東文選 刊

《철학자들의 신》, W.바이셰델 / 최상욱 옮김 / 東文選 刊

《문화학습》, J. 자일스 외 / 장성희 옮김 / 東文選 刊

《밀교의 세계》, 鄭泰爀 지음 / 東文選 刊

《古文字類編》, 高 明 지음 / 東文選 刊

《중국소수민족의 원시종교》, 洪 熹 지음 / 東文選 刊

《金剛經講話》, 金月運 講說 / 東文選 刊

《탄트라》, A. 무케르지 / 金龜山 옮김 / 東文選 刊

《美術版 탄트라》, P. 로슨 / 편집부 옮김 / 東文選 刊

《과학에서 생각하는 주제 100가지》, I. 스탕스 外 / 김웅권 옮김 / 東文選 刊

《중국문예심리학사》, 劉偉林 / 沈揆昊 옮김 / 東文選 刊

《정신에 대하여》, J. 데리다 / 박찬국 옮김 / 東文選 刊

《武德-武의 문화, 武의 정신》, 辛成大 지음 / 東文選 刊

《원전주해 요가수트라》, M. 파탄잘리 / 박지명 주해 / 東文選 刊

《빠탄잘리 요가수트라》, S. S. 싸치다난다 / 김순금 옮김 / 東文選 刊

《스리마드 바그바드기타》, S. 브야사 / 박지명 옮김 / 東文選 刊

《搜神記(上下)》, 干寶 / 林東錫 옮김 / 東文選 刊

《性과 결혼의 민족학》, 和田正平 / 沈雨晟 옮김 / 東文選 刊

《中國房內秘籍》, 朴淸正 옮김 / 東文選 刊

《중국 탈의 역사》, 顧朴光 / 洪 憙 옮김 / 東文選 刊

《신의 존재와 과학의 도전》, C. 알레그르 / 송대영 옮김 / 東文選 刊

《요가학개론》, 鄭泰爀 지음 / 東文選 刊

《우파니샤드》, 박지명 주해 / 東文選 刊

《修行》, 權明大 지음 / 東文選 刊

《베다》, 박지명, 이서경 주해 / 東文選 刊

《반야심경》, 박지명, 이서경 주해 / 東文選 刊

《한자어원사전》, 河永三 지음 / 도서출판3 刊

《사유하는 도덕경》, 김형효 지음 / 소나무 刊

《몸의 의미》, 마크 존슨 / 김동환, 최영호 옮김 / 東文選 刊

《선종 이야기》, 洪 憙 편저 / 東文選 刊

《사유의 패배》, A. 핑켈크로트 / 주태환 옮김 / 東文選 刊

《불교란 무엇인가》, D. 키언 / 고길환 옮김 / 東文選 刊

《유대교란 무엇인가》, N. 솔로몬 / 최창모 옮김 / 東文選 刊

《상상력의 세계사》, R. 보이아 / 김웅권 옮김 / 東文選 刊

《윤리학―악에 대한 의식에 관하여》, A. 바디우 / 이종영 옮김 / 東文選 刊

《종교철학》, J. P. 힉 / 김희수 옮김 / 東文選 刊

《우주론이란 무엇인가》, P. 코올즈 / 송형석 옮김 / 東文選 刊

《동물성―인간의 위상에 관하여》, D. 르스텔 / 김승철 옮김 / 東文選 刊

《진리의 길》, A. 보다르 / 김승철, 최정아 옮김 / 東文選 刊

《한국종교문화론》, 趙興胤 지음 / 東文選 刊

《철학이란 무엇인가》, E. 크레이그 / 최생열 옮김 / 東文選 刊

《욕망에 대하여》, M. 슈벨 / 서민원 옮김 / 東文選 刊

《철학적 기본 개념》, R. 페르버 / 조국현 옮김 / 東文選 刊

《지각―감각에 관하여》, R. 바르바라 / 공정아 옮김 / 東文選 刊

《도덕에 관한 에세이》, C. 로슈 外 / 고수현 옮김 / 東文選 刊

《쥐비알》, A. 자르댕 / 김남주 옮김 / 東文選 刊

《증오의 모호한 대상》, J. 아순 / 김승철 옮김 / 東文選 刊

《이성의 한가운데서-이성과 신앙》, A. 퀴노 / 최은영 옮김 / 東文選 刊

《도덕적 명령》, 포르셍연구소 / 우강택 옮김 / 東文選 刊

《개인-주체철학에 대한 고찰》, A. 르노 / 장정아 옮김 / 東文選 刊

《이슬람이란 무엇인가》, M. 루스벤 / 최생렬 옮김 / 東文選 刊

《내 몸의 신비》, A. 지오르당 / 이규식 옮김 / 東文選 刊

《신학이란 무엇인가》, D. 포드 / 강혜원, 노치준 옮김 / 東文選 刊

《지능이란 무엇인가》, I. J. 디어리 / 송형석 옮김 / 東文選 刊

《유토피아》, T. 파코 / 조성애 옮김 / 東文選 刊

《코란이란 무엇인가》, M. 쿡 / 이강훈 옮김 / 東文選 刊

《죽음-유한성에 대하여》, F. 다스튀르 / 나길래 옮김 / 東文選 刊

《성서란 무엇인가》, J. 리치스 / 최생렬 옮김 / 東文選 刊

《철학의 기원에 대하여》, C. 콜로베르 / 김정란 옮김 / 東文選 刊

《지혜에 대한 숙고》, J. M. 베스니에르 / 곽노경 옮김 / 東文選 刊

《심리학이란 무엇인가》, G. 버틀러 外 / 이재현 옮김 / 東文選 刊

《잠수복과 나비》, J. 도미니크 보비 / 양영란 옮김 / 東文選 刊

《인도철학입문》, S. 헤밀턴 / 고길환 옮김 / 東文選 刊

《인류학이란 무엇인가》, J. 모나한 外 / 김경안 옮김 / 東文選 刊

《하늘에 관하여-잃어버린 공간》, M. 카세 / 박선주 옮김 / 東文選 刊

《약물이란 무엇인가》, L. 아이버슨 / 김정숙 옮김 / 東文選 刊

《무신론이란 무엇인가》, G. 바기니 / 강혜원 옮김 / 東文選 刊

《믿음에 대하여-행동하는 지성》, S. 지제크 / 최생렬 옮김 / 東文選 刊

《종교에 대하여-행동하는 지성》, J. D. 카푸토 / 최생렬 옮김 / 東文選 刊

《가장 아름다운 하나님 이야기》, A. 보테르 外 / 주태환 옮김 / 東文選 刊

《민족학과 인류학 개론》, J. 코팡 / 김영모 옮김 / 東文選 刊

《나의 철학유언》, J. 기통 / 권유현 옮김 / 東文選 刊

《일신교-성경과 철학자들》, E. 오르티그 / 전광호 옮김 / 東文選 刊

산책의 힘